Richard Wagner
und
König Ludwig II. von Bayern

Briefwechsel

KORRESPONDENZEN

Herausgegeben von

Hannelore Schlaffer und Heinz Schlaffer

I

RICHARD WAGNER
und
KÖNIG LUDWIG II. VON BAYERN

Briefwechsel

Auswahl, Anmerkungen und Nachwort
von Kurt Wölfel

HATJE

INHALT

1 Wagner an Ludwig

Theurer huldvoller König!

Diese Thränen himmlischester Rührung sende ich Ihnen, um Ihnen zu sagen, dass nun die Wunder der Poesie wie eine göttliche Wirklichkeit in mein armes, liebebedürftiges Leben getreten sind! – Und dieses Leben, sein letztes Dichten und Tönen gehört nun Ihnen, mein gnadenreicher junger König: verfügen Sie darüber als über Ihr Eigenthum!

Im höchsten Entzücken, treu und wahr

Ihr
Unterthan
Richard Wagner.

Stuttgart. 3 Mai 1864.

2 Ludwig an Wagner

Verehrter Herr!

Ich beauftragte Hofrath Pfistermeister, mit Ihnen eine entsprechende Wohnung zu besprechen. – Seien Sie überzeugt, ich will Alles thun, was irgend in meinen Kräften steht, um Sie für vergangene Leiden zu entschädigen. – Die niedern Sorgen des Alltagslebens will ich von Ihrem Haupte auf *immer* verscheuchen, die ersehnte Ruhe will ich Ihnen bereiten, damit Sie im reinen Aether Ihrer wonnevollen Kunst die mächtigen Schwingen Ihres Genius ungestört entfalten können! –

Unbewußt waren Sie der *einzige Quell meiner Freuden* von meinem zarten Jünglingsalter an, mein Freund, der mir wie *keiner* zum Herzen sprach, mein bester Lehrer und Erzieher. –

Ich will Ihnen Alles nach Kräften vergelten! – O, wie habe ich mich auf die Zeit gefreut, dieß thun zu können! – Ich wagte kaum die Hoffnung zu nähren, schon so bald im Stande sein zu können, Ihnen meine Liebe zu beweisen. –

Mit den herzlichsten Grüßen

Ihr
Freund Ludwig
König v. Bayern

den 5. Mai 1864.

3 Ludwig an Wagner

Theurer, verehrter Herr!

Mein ganzes Innre drängt mich, Ihnen einige Worte zu schreiben, um Ihnen, verehrter Herr, die Gefühle kund zu geben, von denen ich erfüllt bin. Empfangen Sie vor Allem noch meinen innigsten, gerührtesten Dank für Ihre Liebe und Hingebung, mit denen Sie mir Ihre herrlichen Werke vorlasen. Ich kann nicht umhin, Ihnen zu sagen, daß ich jene Tage, an welchen ich Sie, theurer Freund, zu hören und zu sprechen das *wirklich für mich sehr große Glück* hatte, zu den schönsten meines Lebens zähle. – Alles was Sie schaffen, ist mir so nahe, so innig verwandt, geht mir so zu Herzen, daß es für mich ein wahrhaft paradiesischer Genuß ist. –

Sie glauben gar nicht, wie überglücklich ich bin, nun den Mann von Angesicht zu Angesicht schauen zu dürfen, dessen hehres Wesen mich seit meiner frühen Jugend mit unwiderstehlicher Gewalt anzog und fesselte! – Ich seufzte stets nach der Zeit, die mir vergönnen werde, Ihnen einigermaaßen wenigstens alle die Sorgen und Leiden zu vergüten, welche Sie so zahlreich zu bekämpfen hatten; jetzt, o Wonne, ist der Augenblick gekommen, jetzt, da der Purpurmantel mich umwallt! da ich die Macht habe, so will ich sie benützen um Ihr Leben, soweit es in meinen Kräften steht, zu versüßen. – Keine Bande sollen Sie fesseln: frei und unumschränkt Ihrer herrlichen Kunst nur sich hingeben, wie der Geist es Sie lehrt. Wenn ich Sie vor mir, wie neulich, gerührt durch die letzt empfangenen Eindrücke, sehe, wenn ich mir sagen darf: »Durch Dich ist Er glücklich und zufrieden geworden!«, so bin ich so über- und überglücklich, so erhoben durch wonnige Gefühle, daß ich den Himmel auf Erden wähne. Oft sagen Sie mir, daß Sie mir viel verdanken; aber das ist Alles wie ein leeres Nichts gegen das, was ich Ihnen zu verdanken habe. – Die schönsten Augenblicke meines Lebens habe ich von Ihnen empfangen, Alles, Alles von Ihnen, jede Freude, jede Wonne! –

O, auch ich rufe aus vollem Herzen mit Brünhilde aus: »Selig in Leiden und Lust lässet die Liebe nur sein!« – Diese Worte sind mir wie aus meinem tiefsten Innern geschrieben.

O wie sehne ich mich nach der Aufführung Ihrer Werke! –

Von Herzen wünsche ich, Ihre theure Gesundheit möge in Starnberg stets mehr und mehr sich stählen! – Nochmals meinen innigen Dank für die große Freude, für all die herrlichen Stunden, die Sie mir in Berg bereitet haben! –

Nun leben Sie wohl, mein theurer und verehrter Herr; mit den herzlichsten Grüßen und Wünschen für Ihr Wohl, verbleibe ich

Ihr
treuer Freund Ludwig,
König v. B.

München
d. 28. Mai 1864.

4 Wagner an Ludwig

Mein geliebter, huldvoller König!

Kürzlich schrieb ich einer geehrten Freundin, welche in den unerhörtesten Bedrängnissen meiner Lebensnöthe mit treuer Theilnahme mir beistand, daß ich, als ich Ende vorigen Monates, auf das gänzlich ungewisse hin, mich wieder in die Welt aufmachte, ein tief beruhigendes Gefühl in mir wahrgenommen hätte, gleich einem Bewusstsein davon, dass ich, nachdem ich so unerhörte Leiden ohne Verbitterung gegen die Menschen ertragen, nun ein Anrecht auf ein höchstes Glück gewonnen hätte; ja, dass dieses Glück meiner harren müsse, selbst wenn ich es nicht auffinden sollte, doch für mich vorhanden wäre. Mir war es, als ob vielleicht erst nach meinem Tode der Vorhang, der dieses Glück mir noch verberge, sich aufziehen könnte; diess beirrte mich aber nicht: dass es vorhanden, und mir bestimmt sein müsste, das gab mir meinen tief inneren Frieden. Wie musste dieses Glück beschaffen sein? – Fern lag mir diess ergrübeln zu wollen, denn es war undenklich. Nur Eines musste mir einleuchten als Bedingung des Quelles dieses Glückes: Liebe bei wirklicher Macht. – Gewiss wäre ich undankbar, nicht anerkennen zu wollen, wie schöne und edle Liebe mir schon zu Theil geworden; aber dieses Traurige hatte ich eben auch erfahren müssen, dass eben gerade die von mir geweckte Liebe demjenigen, der sie für mich empfand, zur völligen Qual ward, wenn der Liebende mich leiden sehen musste, ohne mir helfen zu können. So entstanden mir aus dem Mitgefühl der

Noth, die ich andern machte, nur stets wieder neue Leiden, und oft beunruhigten und verwirrten diese mich mehr, als die eigentlichen niederen Leiden des Lebens. – Wenn der treue Abgesandte, welcher mich in Stuttgart traf, aufmerksam über seine erste Zusammenkunft mit mir berichtet hat, so muss er auch gemeldet haben, dass ich, als er zuerst Ihre huldvolle Absicht, Ihre Geneigtheit mir bezeigen zu wollen, kundgab, fast traurig zusammenschrak: mein erstes Gefühl war, als ob ich nun wieder ein edles Wesen mehr in den Kreis meiner Leiden hineinziehen sollte. Ich war heftig gerührt und ergriffen; aber fast wehmüthig folgte ich dem treuen Abgesandten dahin, wohin er mich führte. –

Begreifen Sie nun, lieber herrlicher König, von welchen Gefühlen ich bewegt wurde, als ich das erste Mal mich von Ihnen trennte! Alles, was je in mein tiefstes Innere sympathisch gegriffen hatte, Jugend, Schönheit, hoher Sinn, edler Geist, zarteste Wärme, Feuer und jener ewige Zug göttlichstmenschlichen Mitgefühls stand in reinster Form verkörpert vor mir, – und, mit erhabenem Schauer erfasste es mich – die Macht, die volle Macht stand bei ihm! Nicht die Macht des gemeinen Reichthumes, die nie allein noch edles wirken konnte, sondern die volle königliche Macht des beglückenden Willens, der das Gemeinste adelt, wenn er es zu sich erhebt, der, was er erhebt, zum Gemeingut der Menschheit macht und so ihrer Entwickelung die Bahnen anweist. – Und diese ganze volle Königsmacht war von dem herrlichen, wundervollen Jünglinge, der Seinen Blick mit tiefster Theilnahme in mein Inneres senkte, voll und ganz begriffen, als solche erkannt, klug und kraftvoll gewahrt, um mit ihr zu wollen, dass ich glücklich sei! – Diess Alles enthüllte sich vor meinem staunenden Gemüthe. Der Vorhang zog sich auf: und wenn ich nun wie anbetend vor dem Allerheiligsten stehe, so wissen Sie auch die Rührung zu deuten, die mich immer wieder im Grunde meiner Seele erfasst, wenn ich meinem huldreichen Könige in das Auge blicke, und Ihm sagen will, was ich Ihm danke? Nun fassen Sie wohl, geliebter König, was ich sagte, wenn mir war, als ob ich nun gestorben und selig geworden wäre?

Nun ist alles erfüllt, und das Vertrauen in mein Vermögen, der Welt zu zeigen, was mir mein König ist, wächst grenzenlos. Nun wollen wir bewähren, was edelste Liebe ist: staunend soll die Welt inne werden, dass das Göttliche noch in ihr enthalten ist. Was aller Welt ein stilles, unerfassbares Geheimniss bleibe, wovon sie kaum wissen und begreifen soll, dass, und wie es vorhanden ist, das soll in edelsten Thaten und Werken laut zu ihr sprechen, und für alle Zeiten Zeugniss seines göttlichen Ursprunges geben. Denn nun ist mein König mir die Welt: Er ist mir Alles, was ich liebe! So bin ich Sein, und für alle Zeiten

Sein
treuester Unterthan
Richard Wagner

Starnberg,
30 Mai 1864

5 Ludwig an Wagner

Mein theurer Freund!

Empfangen Sie vor Allem meinen innigen Dank für Ihren lieben Brief. Ich ersehe aus ihm auf's Neue, mit welcher Liebe Sie an mir hängen und welch innigen Antheil Sie an Allem nehmen, was mich betrifft. – Mit Bedauern las ich, daß Herr v. Bülow wieder erkrankt ist; von Herzen wünsche ich ihm eine gute Besserung. – Mein theurer Freund, ich ersehe aus Ihrem werthen Schreiben an mich, daß die Erwägung unsrer jetzigen Zustände (der Kunst- und Lebensanschauung) Sie stets mit Schmerz erfüllt und dieß mit Recht; – doch wir wollen Muth fassen; – das Bewußtsein, einen großen und edlen Zweck vor Augen zu haben, soll uns stählen! – Nach einer finsteren Nacht steigt ja oft um so leuchtender der helle Tag herauf. – Nach Nacht und schwerem Kampfe wird der Sieg nachhaltig und glänzend werden! – Sie fragen mich, ob es mir genehm wäre, wenn Sie hieher in das schöne Hohenschwangau und zu mir kämen! – Seien Sie überzeugt: keine größere Freude könnte mir hier zu Theil werden, als meinen geliebten Freund hier zu sehen. – Dann wird es hell und licht in meiner Seele, dann wird mir die hehre Natur in verdoppeltem Glanze erscheinen! – Mein Geist und mein Herz werden jubeln, Sie zu sehen! –

Sie glauben gar nicht, wie groß meine Freude darüber ist, daß Sie den Wunsch hegen: »Bayer zu werden«! – Fest überzeugt bin ich, daß ich Sie zu meinen allertreusten Unterthanen zählen kann; wohl mir, daß ich solch einen Freund besitze! – Als ich Ihnen neulich schrieb, habe ich den majestätischen Rhein nur von Weitem gesehen; ermessen Sie nun meine Freude, als ich ihn bei einem Ausfluge, den ich nach dem alten, ehrwürdigen Köln machte, in der Nähe erschaute! – Welch' malerische Ufer, wie stolz und hehr erhoben sich die grauen Mauern der Burgen des Mittelalters! – Doppelt groß war der Genuß jener Schönheiten, da ein Buch (die Rheinsagen enthaltend) mein Begleiter war. – Und nun der erhabene Dom zu Köln! – Ein Muster der gotischen Bauart! – Ein herrliches Kunstwerk will ich ihn nennen; aber, sieht man ein solches Merkmal der menschlichen Kunst, mit um so größerer Liebe soll sich der Kunstfreund hinwenden zum vollendeten Kunstwerke, in welchem sich Dichtung und Musik innig verschmelzen, um so deutlicher soll es dem Menschen werden, daß die Architektur für sich selbst *nichts,* sondern nur Mittel zu dem *einen, großen* Zweck sein soll! – Vereinsamt bringt sie nur Gebilde ohne *wahres inneres* Leben hervor. – Doch nun muß ich schließen. – Wie freue ich mich Sie, theurer Freund, an dem Orte begrüßen zu können, wo Alles mich an Sie mahnt; denn mehrere Ihrer Dichtungen las ich hier zum erstenmale! – (Wie freue ich mich auf den fliegenden Holländer!) –

Mit herzlichen Grüßen!
Ihr
Freund und König
Ludwig.

Hohenschwangau
d. 16. Aug. 1864.

6 Wagner an Ludwig

Mein geliebter, theurer König!

[…]

Hier ist alles so neu und beispiellos, dass ein staunendes Zögern wirklich recht natürlich ist. Ein Künstler, der ein Kunstwerk vor sich hat, für welches in der Ausübung und Gewohnheit der bisherigen, verwandt scheinenden Kunst gerade das Wesentlichste eigentlich garnicht vorbereitet ist, und der somit ein gänzlich Ungekanntes in das Leben rufen will, so dass es plötzlich bestimmt, und aller Welt fasslich dastehen soll, – wie durch Zauber hervorgerufen: – zu diesem nun tritt, wie aus den Wolken, ungeahnt, durchaus unerwartet, der *Andere,* der ihm zuruft: Die Welt verspottet Dich, Deine Freunde zweifeln, Du selbst verzweifelst, – aber *Ich will,* denn ich begreife Dich, aus meinem eigenen Innern erkenne ich Dein Kunstwerk, und, was Du eben nicht kannst, das vermag Ich, denn ich bin der König! – Hierfür giebt es kein Beispiel, und in dem Beispiellosen, gänzlich Unvergleichlichen sogleich sicher und bestimmt sich zurecht finden zu wollen, müsste fast beweisen, dass der so schnell Gefasste es in Wahrheit gar nicht begriffe. – So komme ich denn erst allmählich zur Besinnung. Innig vertraut mit dem, was geleistet werden soll, sammle ich mich nun, die Mittel zu erwägen, durch welche es ermöglicht werden muss. –

Die Schwierigkeit ist ungeheuer. Ein einziges Gespräch mit Einem der Unglücklichen, welche im gemeinen Geleise der Theater- und Musik-Routine, wie bewusstlose Maschinen sich bewegen, wirft mich oft plötzlich in die Flucht vor der Welt zurück, um mich da zu bergen, wo ich wenigstens das Wehe eines solchen Verkehres nicht zu leiden habe. Und doch muss es sein! Desshalb – Muth! –

Es ist eine gute Fügung, dass gerade jenes frühere, anspruchslosere, und doch bereits meinem wahren Style angehörige Werk, der »fliegende Holländer«, zunächst mir Veranlassung giebt, den Verkehr mit dieser wunderlichen Theaterwelt wieder anzuknüpfen. Der Zufall will, dass gerade dieses Stück den vorhandenen Kräften nicht unangemessen ist, und ich darf ernstlich hoffen, eine correcte, vollkommen deutliche und wirksame Darstellung meiner Idee zu stande zu bringen.

Diess wird gelingen; ich bin dessen sicher und fühle mich durch dieses Bewusstsein bereits einigermaassen gegen den inneren Vorwurf beruhigt, meinem erhabenen Beschützer auch mit gar nichts mich thätig erweisen zu können. – Nun aber, – nur ein Schritt weiter, – und das Seufzen der Unzulänglichkeit beginnt! Tannhäuser, Lohengrin, endlich – Tristan! Mit Bangen ersehe ich, dass hier das Ausserordentliche bereits in Rechnung gezogen werden muss, wenn diese Werke in dem einzig beabsichtigten ausserordentlichen Sinne vorgeführt und verständlich gemacht werden sollen. Da beginnt nun das Tasten und Suchen nach dem Unbekannten,

Kaum-Vermutheten, fast nur durch blinden Zufall Anzutreffenden. Hier muss denn wirklich dem Glück vertraut werden, und während ich sorge, dass das einzig mir bekannte Gute für unsern Zweck gewonnen werde, muss andererseits zu hoffen bleiben, dass das gütige Geschick als heiliger Gral in seinem Schwanennachen den ungekannten Retter uns herbeisende. Von Schnorr hoffe ich nächstens bestimmte Auskunft über sein Kommen zu erhalten; auch habe ich ihn angelegentlich über die Möglichkeiten seiner gänzlichen Uebersiedelung nach München befragt.

Bei meinem grossen Unglauben an das Vorhandensein solcher künstlerischen Kräfte, welche für meinen Zweck sich als sofort brauchbar erwiesen, wird mir andererseits die Nöthigung immer näher gebracht, darauf zu sinnen, wie diese Kräfte mit der Zeit selbst zu bilden, oder mindestens in der Weise vorzubereiten seien, dass man sie endlich nicht von gar zu weit her, und nur auf gut Glück zu suchen habe. Was mir bisher immer noch sehr ferne lag, zwingt sich daher meiner näheren Untersuchung auf, nämlich, wie man sich der Bildung und Vorbereitung der nöthigen künstlerischen Kräfte auf organisatorischem Wege versichern könnte? Dass alle unsere Kunstschulen und Conservatorien gerade für die Kunst, von der hier die Rede ist, gar nichts genützt, im Gegentheil nur noch geschadet haben, ist für mich zwar eine unzweifelbar begründete Erfahrung: noch lag es mir aber fern, die Gründe hiervon anders, als nur prinzipiell und allgemeinhin mir zum Bewusstsein zu bringen. Ich sehe nun ein, dass es nöthig sein wird, mir hierein genauere Einsicht zu verschaffen, um die Ursachen der Unproduktivität solcher Institute gründlich kennen zu lernen, und dagegen die etwa zweckmässig dünkenden Mittel zur Abhülfe in Erwägung bringen zu können. Gewiss wird hierbei auf die empfindlichsten Schwierigkeiten getroffen werden; denn hier liegt das ganze Handwerkerthum der Kunst, mit seinem bedauerlichen Proletariat, offen vor uns ausgebreitet: nichts anderes als dieses, und seine Interessen, die schliesslich immer nur persönliche sein können, liegt hier aber eigentlich der gemeinen Welt nahe, und wird von ihr, so als wäre es die Kunst und *ihr* Interesse selbst, begriffen. Ich hege daher eine fast ehrfürchtige Scheu, an diese Gebiete zu streifen, und diese, mir doch wohl leicht verzeihliche Scheu ist kein geringer

Grund meiner allgemeinen Muthlosigkeit, meiner bisher genährten inneren Verzweiflung am Heile der Kunst.

Mein gnädiger Freund wird mir daher vielleicht huldvoll gestatten, dass ich hierin äusserst vorsichtig und für das Bestehende rücksichtsvoll zu Werk gehe: ich werde mich bemühen, die Wahrheit nach redlichstem Ermessen Seiner hohen Einsicht offen frei zu legen, zugleich aber auch auf das Angelegentlichste trachten, die Mittel zur Erreichung der gewollten höheren Zwecke nur in möglichster Uebereinstimmung mit den Rücksichten auf die menschliche Schwäche und die begründeten Interessen der bürgerlichen Welt in etwaigen Vorschlag zu bringen.

Wie ich hiermit auf ein bisher mir ganz fremdes Gebiet gerathe, bekenne ich auch, mit aufrichtigem Zagen, noch fern davon zu sein, mir wirkliche Erfolge davon zu versprechen. Nur werde ich inne, dass ich nicht so in der Luft schweben bleiben darf, wenn es endlich heisst: »Verwirkliche!«, und ich halte es daher für eine völlig mir gebotene Pflicht, Eurer Majestät das Versprechen zu geben, mit redlichem Eifer selbst auf diesem Gebiete zu forschen, welche Vortheile für das Gedeihen einer edleren Blüthe der Kunst aus einer zweckmässigen Organisation der für sie berechneten Bildungsanstalten zu gewinnen sein dürften.

Für das Nächste aber bin ich wirklich herzlich froh, die Möglichkeit einer reinen künstlerischen Leistung, welche ich meinem huldvollen Beschützer darbringen darf, vor mir zu sehen: mit wahrer Freude gehe ich daher daran, eine schöne Darstellung meines armen verwünschten Seefahrers vorzubereiten, welche hoffentlich gelingen und einiger Maassen die Wege zu weiteren Erfolgen bahnen wird.

Noch hoffe ich inbrünstig auf die gnädige Erlaubniss, am ersten Abend der ersehnten Rückkehr Eurer Majestät in die Residenz von unsren Militärmusikern das bescheidene, aber freundliche Tonstück spielen lassen zu dürfen, dem ich fortfahren werde den traulichen Titel eines »Geburtstagsgrusses« an Eure Majestät beizulegen, wenn gleich es nun erst einige Wochen nach dem für mich so unglaublich segenvollen Tage meinem holden, herrlichen Könige zu Gehör kommen durfte. –

Mir ist – (so eitel bin ich!) – als ob ich jetzt mit einiger Maassen erleichtertem Gewissen wieder zu meinem Sinnen und Trachten zurückkehren dürfte. Genau genommen hat Alles, was ich denke und verbringe, nur den Sinn, meinem geliebten Könige zu zeigen, wie ich einzig und ganz von Dankbarkeit für seine unerhörte Huld erfüllt bin. Diese Dankbarkeit ist meine letzte Triebfeder für Alles, was ich noch beginne: meine Einsichten werden schwanken, meine Kräfte sich schwächen, – immer aber wird dieser Quell all meines Trachtens stark und frisch in mir fortleben.

Mit innigster Ergebenheit und lauterster Liebe verharre ich als

Eurer Majestät
getreuester Unterthan
Richard Wagner

Starnberg,
2 September 1864

7 Ludwig an Wagner

Mein theurer Freund!

Sie wissen, von welch wonnigen Gefühlen ich stets durchströmt werde, wenn ich Sie sehe, von Ihnen höre! – Deßhalb habe ich kaum nöthig Ihnen zu sagen, wie groß meine Freude war, als ich Ihren mir so werthen Brief erhielt; meinen herzlichsten Dank dafür! – Sehr wahr ist es, daß in den Kunstinstituten unsrer Zeit nie Erhebliches geleistet worden ist, und daß sie sämtlich einer gründlichen Umgestaltung bedürfen. – Schwer wird es sein, gerne gebe ich es zu, eine Verbesserung in diesem Gebiete in's Leben treten zu lassen; denn in unsrer Zeit und bei den größtentheils nur auf Gelderwerb sinnenden egoistischen Menschen ist der Sinn für die wahre, herrliche Kunst bereits sehr gesunken. – Dringend rathe ich Ihnen daher, mein theuerer Freund, bei der Ausführung Ihres neuen Vorsatzes zu Werke zu gehen, wie Sie in dem Briefe an mich es kund gegeben haben, *nämlich auf die vorsichtigste Weise.* –

Ich hege die feste Überzeugung, daß es uns gelingen wird, eine gründliche Reform im Gebiete der Kunstinstitute zu erzielen; denn *beharrlicher Wille, stete Ausdauer* vermögen viel! – Jedenfalls wird eine Bildungsschule gegründet werden müssen, für dramatisch-musikalische Darsteller. – Für unumgänglich nothwendig halte ich eine solche Einrichtung. – Aus ganzem Herzen danke ich Ihnen für Ihre Bemühungen um eine vollkommene Aufführung des fliegenden Holländers; wie innig danke ich Ihnen für die Liebe, welche Sie, mein theurer Freund, für mich im Herzen tragen! – Wie groß wird meine Freude sein, wenn ich am Abende meiner Ankunft in München das Tonstück zu Gehör bekommen werde, welches Sie, mein mir über Alles theurer Freund, für mich geschaffen haben! –

Wie ich höre, ist Franz Liszt in München; ich freue mich mit Ihnen, ihn endlich wieder bei sich zu haben. – Schonen Sie sich ja, arbeiten Sie nicht zu viel. –

Es ist spät; ich muß schließen! –

In ewiger Liebe

Ihr
wohlgewogener König
und treuer Freund
Ludwig.

Hohenschwangau
den 4. Sept. 1864.

8 Wagner an Ludwig

Mein erhabener, innig geliebter König!

Eurer Majestät gänzlich unerwarteter, wie unverdienter Gnade verdanke ich es, in eine neue hoffnungsvolle Lebenslage versetzt worden zu sein. Die Entschlüsse, welche unter so günstiger Einwirkung in mir reifen mussten, gedenke ich soeben meinem huldvollen Beschützer vorzulegen, und in Folge dessen ein wirkliches unterthänigstes Gesuch an Eure Majestät zu richten.

In der höchsten Reife meiner Kraft, stehe ich in meinem zwei und fünfzigsten Lebensjahr: ist mir erlaubt, gerade jetzt die Summe meiner Leistungen von mir zu erwarten, so darf ich doch auch nicht zögern, gerade hierauf meine Kräfte zu richten.

Ich habe beschlossen, jede andere Arbeit, so vortheilbringend sie mir ihrer leichteren Ausführbarkeit wegen sein könnte, für jetzt zur Seite zu legen, um dagegen einzig und sofort die Vollendung der Composition meines grossen Nibelungenwerkes in Angriff zu nehmen.

Hiermit glaube ich zugleich dem erhabenen Sinne meines, für das Höchste begeisterten huldvollen Beschützers zu entsprechen, und in dieser Voraussetzung ersuche ich Eure Majestät, mir den völligen Auftrag zur Vollendung meiner Tetralogie »Der Ring des Nibelungen«, sowie zur planmässigen Vorbereitung und endlichen Aufführung dieses Werkes in München, allergnädigst ertheilen zu wollen. Eure Majestät würden zu diesem Zwecke mir eine geeignete Niederlassung in München, sowie die Mittel, in der hierfür erforderlichen Zeit, ohne Nöthigung anderem Erwerbe nachzugehen, frei und unabhängig leben zu können, anzuweisen geruhen.

Durch diesen bestimmten Auftrag, welchem Eure Majestät mit Beziehung auf meine bei der Herausgabe des betreffenden Gedichtes ausgesprochenen Tendenzen, nach höherer Einsicht die grosse und weitreichende nationale Bedeutung beizulegen geruhen möchten, würde, nach meinem unmaassgeblichen Erachten, aller Welt ein edler, eigenthümlicher Zweck, ein Werk, dessen Aufführung Niemand beeinträchtigen, und dem Vaterlande Ehre bringen würde, klar und deutlich angekündigt; meine so sehr beneidete Stellung würde begreiflich, und nicht mehr ihrer vollen Schönheit nach zu verheimlichen sein, und Eurer Majestät würde es erwünschter Maassen leicht fallen, die mir zum Gewinn meiner völligen Arbeitsruhe noch nöthigen Vergünstigungen in Huld und Gnade mir angedeihen zu lassen.

Mit innigstem Vertrauen empfehle ich mein Gesuch demnach derselben Huld und Gnade, durch die ich jetzt einzig nur noch als Künstler für die Welt vorhanden bin, und verharre in Ehrfurcht und unverbrüchlichster Ergebenheit

Eurer Majestät
getreuester Unterthan und Diener
Richard Wagner

Starnberg,
26 September 1864

9 Wagner an Ludwig

Mein innigst geliebter, huldvoller König!

Wie der römische Heerführer, wenn er sich dem Tode, und das Heer dem Siege weihte, seinen Speer mitten in den Feind warf, so habe ich mit dem Entschlusse, der nur unter der magischen Einwirkung des wundervollen Willens meines herrlichen Beschützers reifen konnte, mich dem Untergange, mein Werk der Geburt, und meinen König zum Erben meines Ruhmes geweiht.

Meine Stimmung ist erhaben und begeistert wie nie. Jetzt erst, da es zur That werden soll, kann ich den ganzen Umfang, die weithin reichende Grösse meines Vorhabens erfassen.

Ich begehre drei Jahre voller königlicher Gnade, und am zweiundzwanzigsten Geburtstage meines hohen Herrn ist das Werk aufgeführt und durch Ihn der deutschen Nation erschlossen.

Eine Stunde der weihevollen Mittheilung und Besprechung – um diese flehe ich. Vieles muss geordnet und in Angriff genommen werden: Niemand, als mein Gottgesandter König, versteht – ausser mir – um was es sich hier handelt. –

Auf diese Stunde harre ich mit seligem Vertrauen, in hoher Freude und Liebe meinen holden Herrn verehrend als

Sein
treueigner Unterthan
und tiefbeglückter Freund
Richard Wagner

München
6 Oktober 1864

10 Ludwig an Wagner

Mein geliebter Freund!

Unmöglich ist es mir, diesen Tag vorüber gehen zu lassen, ohne Sie noch einmal zu versichern, daß auch ich überglücklich in dem Gedanken bin, Sie glücklich zu wissen! – Die Erfüllung unsres Wunsches soll nun nahen, das Werk, welches je in das Leben treten zu sehen Sie kaum zu hoffen sich getrauten, soll aufgeführt werden und zwar ganz nach Ihrem Willen. – Was ich meinerseits zu thun vermag, will ich thun und keine Mühen scheuen; dieß wundervolle Werk wollen wir der deutschen Nation zum Geschenk machen und ihr sowie den andern Nationen zeigen, was *»deutsche Kunst«* vermag! –

Sie, mein theurer Freund, sollen bald nun sehen, daß Ihr Streben nach Wahrheit das ächte war, die gräßlichen Mühen u. Leiden, die Sie durchzukämpfen hatten, sollen auf kaum geahnte Weise reichlich vergolten und gelohnt werden! –

Das Ideal, welches wir Beide uns ersehnten, soll nicht mehr in der Einbildungskraft schweben; es soll unsren Boden berühren! – Sie sind mir der Theuerste auf Erden; kaum sind Sie von Anderen so geliebt, als von mir. –

O Wonne des Gedankens, das Drama in seiner vollendeten Form soll uns werden! –

Mit innigster Liebe

Ihr

d. 7. Okt. 1864. treuer Freund Ludwig.

11 Wagner an Ludwig

Mein erhabener, geliebter König und Herr!

Als Columbus zu seiner grossen Entdeckungsreise ausziehen sollte, setzte er den König Ferdinand und den ganzen Hof in Erstaunen durch die Forderungen, an die er den Antritt einer Unternehmung knüpfte, für deren Ausführung er kaum erst die mit den unsäglichsten Mühen seines halben Lebens gesuchte königliche Autorisation erlangt hatte, und welche aller Welt immer noch als durchaus chimärisch erschien. Man schlug es ihm ab, und er war im Begriff, den

Wanderstab von Neuem zu ergreifen. – Was gab dem Manne diese unbegreifliche Energie, auf Bedingungen zu bestehen, die Jedem nur die unerhörte Habsucht eines Menschen aufzudecken schien, der lieber sein so lang erstrebtes Unternehmen aufgab, als einen Punkt seiner Forderungen nachliess? – Ein königliches Weib begriff ihn einzig: Isabella von Castilien erkannte gerade an der Grösse dieser Forderungen die Grösse der Ueberzeugung von der Wahrheit der Idee, die in Columbus' Geiste bereits die neue, unermesslich reiche, mit keinem Preis zu bezahlende Welt leben liess. Sie rief ihn zurück, und verpfändete die Diamanten ihrer Krone, um jede Forderung des Columbus zu befriedigen. – Vielleicht hätte ihn noch derjenige begriffen, der Zeuge der unerhörten Seelenleiden gewesen wäre, welche der Held auf dieser Entdeckungsfahrt, aller Welt verborgen, schweigend im tiefsten Innern ausstand; er hätte begriffen, dass dieser Mann mit Allem, was Königsgunst gewähren kann, im Voraus gerüstet sein musste, um *ein* hohes Gefühl seines Werthes als Gegengewicht in die Waagschale seiner Leiden legen zu können.

So, mein huldreicher König, trieb mich eine innere Noth, mich Eurer Majestät Gnade zu reichster Spende zu empfehlen, um mein Werk vollenden zu können. Was in der grossen Isabella Brust für Columbus sprach, hat Eurer Majestät Herz für mich und meine Unternehmung gestimmt. Sie sah die neue Welt des Entdeckers vor sich, und half sie aus den Wogen des Meeres aufsteigen zu lassen: So sieht mein König das Werk, das aus dem Boden einer ehrlosen Kunstöffentlichkeit der Gegenwart emporsteigen soll.

Dafür segne ich Eure Majestät, und bete die Macht an, die Sie zum Herrn meines Lebens machte! –

Ich habe reich und reichlich gefordert, um auf Alles gerüstet zu sein, Allem vorgesorgt zu wissen, und jeder Möglichkeit, nochmals fordern zu müssen, völlig vorgebeugt zu haben. Denn ich habe hiermit Eurer Majestät zu erklären für nöthig befunden, dass nie und unter keinen Umständen nun je mehr ein Wunsch für mein persönliches Interesse, in irgend welcher Form je wieder an Allerhöchstdieselbe gelangen kann und soll. Diess eben drängte es mich zu erreichen, und diess eben habe ich nun erreicht, dass von nun an jede meiner Beziehungen zu meinem erhabenen Freunde von jeder Berührung der Lebensnoth befreit sein soll.

Somit gebe ich nicht ein Versprechen, da der Gegenstand eines Versprechens nicht mehr vorhanden sein kann. Nur Eines gelobe ich: dass in diesen gesegneten drei königlichen Jahren die reichste Blüthe meiner Kraft sich der Welt erschliessen soll. –

So wage ich auch nicht zu danken: nur was ich leiste, kann einst sagen, was ich jetzt empfinde. Es ist gross und tief, wie die Gnade meines Königs, den ich ewig liebe und anbete als Sein

treueigner Unterthan
und hochbeglückter Freund
Richard Wagner

München
10 Oktober 1864

12 Ludwig an Wagner

Geliebter, einziger Freund!

Erschüttert, begeistert durch den herrlichen, gestrigen Abend muß ich dem Drange meines Innern folgen, Ihnen zu sagen, daß unnennbar die Seligkeit ist, von welcher ich durch Sie erfüllt wurde. – In überirdische Sphären ward ich entrückt, unermeßliche Wonnen habe ich geathmet. – Doch, was versuche ich, Ihnen diese Seligkeit zu schildern; hiezu reicht das arme, tonlose Wort nicht aus; ich kann nichts thun, als Sie anbeten, die Macht preisen, die Sie zu mir geführt. –

Ich fühle es klar und immer klarer, daß ich Ihnen nach Verdienst zu lohnen nicht im Stande bin; was ich auch thun, was ich für Sie auch unternehmen mag, es kann nur ein Stammeln des Dankes sein. – Ein irdischer kann einem göttlichen Geiste nicht vergelten; lieben aber, verehren, das kann er; meine erste, meine einzige Liebe sind und bleiben Sie ewig. –

»Da blick' ich auf zu einem nur d. Sterne,
Der an dem Himmel, der mich blendet, steht;
Es sammelt sich mein Geist aus jeder Ferne,
Andächtig sinkt die Seele in Gebet!« –

Geliebter, Heiliger! –

Einem Funken bin ich gleich, der sich sehnt in Ihrer Strahlensonne aufzugehen, von ihr beschienen zu werden u. die Erde zu verlassen, wenn sie ihr nicht mehr leuchtet. –

O wäre der Abend schon da, senkte sich doch die Sonne, käme der Mond, strahlten die Sterne, zum Zeichen, daß die Wonnen ihr Weben beginnen! – Ach, was ich glücklich bin! – In ewiger Liebe

Ihr
bis in den Tod getreuer, glückseliger
Ludwig.

München
d. 11. Dec. 1864.

13 Wagner an Ludwig

Mein stets huldvoller König!

Mir bangt durch die gestrige Einladung zur Probe der Geduld meines erhabenen Freundes eine zu harte Prüfung zugemuthet zu haben! Was mir – im Verkehr mit unsren bestehenden Kunstanstalten – gewöhnlich an Zeit gebricht, suche ich – in einer Art Verzweiflung – durch einen besonders conzentrirten Eifer beim Studium zu ersetzen, der mir zwar ausserordentliche Anstrengung kostet, der Leistung aber dadurch zu gut kommt, dass in kurzer Zeit etwas geleistet wird, wozu sonst nur durch sehr oft wiederholtes Probiren zu gelangen ist. – Was so der schliesslichen Aufführung zu statten kommt, kann dem Anhören der Probe nur höchst peinlich sein. Ich habe das Gefühl, meinen herrlichen Freund – gequält zu haben, und mache mir darüber sorgende Vorstellungen. – –

Ach! mein Himmel! Da kommt soeben der Brief. –

O! Ich Kleinmüthiger!!!

Also selbst in meiner Liebe zu Ihm, dem Einzigen, muss *Er* mich immer wieder mit Muth erfüllen! – Ich bin nichts mehr, ohne Ihn! Selbst zu lieben lehrt Er mich erst. –

Ja, ja! In meinem tiefsten Innern fühlte ich dennoch immer – auch jetzt! – dass *Er* über jedes Gefühl der Schwäche erhaben ist – Er *weiss Alles!* Gott offenbarte Ihm Alles!

O, mein König! Du bist *göttlich!*

Aber auch nichts ist mehr *in* mir und *um* mich, als dieses göttliche Element der erlösenden Liebe, wie es aus dem wunderbar tiefen Bronnen des Herzens meines himmlischen Freundes sich in mich und über mich ergiesst! Hier bin ich selig, los und frei, ganz Ich, ganz Er! –

Gesegnet sei der göttliche König meines Lebens!

Aus tiefstem Herzen, in edelster Begeisterung

Ihr
treues Eigen
Richard Wagner

11 Dez. 1864

14 Wagner an Ludwig

Mein inniggeliebter , wundervoller Freund!

»Könnt ihr der *Liebe* Wesen mir ergründen?« – Nein! – Nur die Liebe selbst kann sich ergründen; was ihr von ihr saget, kann nur ein Gleichniss sein: ihr Wesen selbst kann aber nicht ausgesprochen werden! – Nur Vorgänge und Wandelungen können berichtet werden: der Dichter, will er ein Bild der Liebe entwerfen, kann nicht anders, als treu die Begebnisse darstellen, wie sie sich aus dem innersten Grunde der Liebe auf der Oberfläche des Lebens gestalten. Aus dem tiefen Zwange, der jene Begebnisse gerade *so* gestaltete, haben wir auf die Gewalt der Macht zu schliessen, welche die Thaten und Entschliessungen leitete: aber schnell erkennen wir durch innerste, bewältigende Sympathie, dass diese Macht die unaussprechliche Liebe war. Ja, die eigne Liebe erkennen wir erst vollkommen deutlich an unsren Entschlüssen und Handlungen: die Räthsel unseres eigenen Innern werden uns erst deutlich gelöst, wenn den Begebnissen gegenüber wir zur Entscheidung gedrängt sind, und erst an dem Ausfall der Entscheidung erkennen wir den gebieterischen Haupttrieb der innersten Seele.

Wie glücklich fühle ich mich, mein herrlicher angebeteter Freund, dass ich immer neu wieder die Fähigkeit und Kraft in mir fühle, diesen einzig beseligenden Forschungen nach meinem eignen Inneren mich liebevoll hingeben zu können! Der oft bis zum Tod betrübte Genius meines Lebens weiss, wie Hoffnung und Glauben meinem Herzen entflohen: womit er mich stets wieder in das Leben zurückführte, war nur – die Liebe. Nur an ihr entzündete sich Glaube und Hoffnung wieder neu; erblassen diese, wenn auch lichtlos, doch warm blieb mir immer noch – die Liebe. Sie ist das göttliche Bedürfniss, welches immer neu mein Leben bildet, und ist mir durch ihre Macht nun Glaube und Hoffnung neu gegeben, so drängt es mich jetzt von Neuem, die holde Gewalt zu erfassen, um mich verständnissvoll ihrem erlösenden Zauber hinzugeben. So erfasse ich sie heut' und frage nach der klaren Bedeutung dieses innersten Bedürfnisses. Welches ist das Verlangen, das, wenn ich es stillen kann, mir allen Glauben und alles Hoffen erfüllt? Was sage ich aus, wenn ich mir sage, dass die Liebe zu meinem erhabenen Freunde mich einzig beglücken kann?

Der besondere Fall macht mir Vieles im Wesen der Liebe klar. Ich kann es deutlich aussprechen, denn es ist mehr als Empfindung, es ist Entschluss und That geworden.

Ein Jahr ist es her, dass das, was ich bin, wirken und wirken kann, meine Kunst – mir zur Last geworden war: ich erlag unter dieser Last, und sehnte mich, sie von mir zu werfen. Da rief mich der Engel: Du, mein Herrlicher, tratest zu mir, und riefest –: nimm Deine Last auf und wirf sie in mein Herz: aus ihm soll sie als ein heiliges Göttergeschenk Dir wieder zugetragen werden, das Dich mit mir zu Paradieseswonnen führt! –

Seit dieser Zeit hat Alles, was ich sinne, trachte und erstrebe, einen einzigen Zweck: – auf das Innigste zu erfassen, woran das Gefallen meines Freundes haftet, was ihm Freude macht, zu errathen, was Er will, was der Sinn Seines Wünschens und Beliebens ist. Jede Vorstellung meines eigenen Wollens trübt sich sofort, sobald ich mich von diesem einzigen Beweggrunde meines Verlangens, auch nur im Gedanken, entfernen zu wollen scheine. Ich frage mich dann plötzlich, ob all mein Streben und Trachten mir jetzt nur noch denkbar und möglich wäre, wenn diese tiefinnerste Triebfeder plötzlich stockte, wenn das Gefallen meines Freundes nicht mehr der Zweck meines Wollens wäre? O, unmöglich! Diess Eine, und nur diess Eine giebt meinem Streben einen Sinn! Nicht ein Atom von Uebertreibung, sondern die einfachste Wahrheit liegt darin, wenn ich es ausspreche: nicht meine Kunst will ich mehr, nicht an der Vollendung, an der Darstellung meiner Werke liegt mir, sondern: ich will thun, was meinem Freunde Freude macht, was Er will, dass ich thun möchte um Gefallen daran zu finden! Wäre diess Blasphemie an meiner Kraft? Ich glaube nicht, dass Jemand noch meinen Tannhäuser getadelt hat, weil er bekennt:

»Ich that's, – denn in Zerknirschung wollt – ich büssen,
um meines Engels Thränen zu versüssen.«

Hier bekennt Tannhäuser, dass es ihm nicht um sich, um das Heil seiner Seele zu thun war, sondern – um ein einziges seliges Lächeln des Engels, der sich um ihn, um sein verlassenes Seelenheil so tief betrübte; diess, mein holder Freund, ist – Liebe. – Und diess sind die Wunder der Liebe! Und hier hat mich eine augenblickliche Eingebung das Gleichniss finden lassen, welches das Wesen der Liebe in seiner tiefsten Bedeutung erklärt. Hier ward es That, was bei Andren nur edle Empfindung der Resignation blieb.

»Inbrunst im Herzen, wie kein Büsser noch sie je gefühlt« –

vollbringt Tannhäuser das selbstzerfleischende Werk der Sühne: bei jeder Pein, jeder schmerzlichen Demüthigung haftet seine Seele nur an dem einen Wunsche, der Geliebten zu gefallen. War diess ein freventlicher Wunsch? Womit einzig konnte die Geliebte erfreut werden? Nur das innerste Seelenheil des Geliebten, nur die Erlösung, die Heiligung des Freundes konnte Elisabeth die »Thränen tiefsten Mitgefühles« trocknen. Ist Er erlöst, so ist Sie selig! So lebt das Heil des Einen nur im Heile des Anderen; und während jedes der Liebenden nur um das Heil des Andren besorgt ist, ohne je daran zu denken, fördert es einzig doch sein eignes Heil. Wie? Nur das eigene Heil? – Nein! Seht, – da nahen sie, die Boten des Priesters mit der Verkündigung des göttlichen Wunders: der dürre Stab ist neu gegrünt, allen Sündern der Welt ist Gottes Gnade gewonnen! – Das ist das Werk, diess das Wunder, welches der Welt gewonnen wurde; da, als die Liebenden nur das Heil des Andren erstrebten, ward das Werk der Liebe selbst der Welt gewonnen!

Und diess Werk, – auch wir wollen es der Welt gewinnen! Aus dem Bunde der Herzen, von denen Jedes nur des Andren Wunsch und Willen fördern will, soll das Werk erstehen, das kein Einsamer bereiten kann! Nie, nie möge mein göttlicher Freund auch nur einen Augenblick in dem Bewusstsein schwanken, dass nur Seine Liebe mich begabt, und dass mein Werk nur dann gelingen kann, wenn es nicht mehr *mein* Werk, sondern das Werk meiner Liebe zu Ihm ist!

Heil! Heil dem Bunde! Selig und ewig beglückt der liebende Geliebte!

Treu und ewig sein Eigen

16 Febr. 1865 Richard Wagner

15 Ludwig an Wagner

Innig geliebter, über Alles theurer Freund!

Von tiefem Schmerz bewegt, greife ich heute zur Feder, um Ihren gestern an mich gerichteten Brief zu beantworten. –

Ich muß Ihnen eine Eröffnung machen, welche Sie hart berühren wird; wie schwer es mir wird, es zu thun, können Sie sich denken. – Gedenken Sie an die Liebe, mit welcher ich mich zu Ihnen hingezogen fühle, gedenken Sie an die Gluth dieser ewigen Liebe, welche, wie Sie, mein geliebter Freund, ja längst wissen, niemals erlöschen kann und wird und bemessen Sie darnach meine tiefe Trauer! – Ich muß meinem Einzigen die Mittheilung machen, daß Umstände, die ich gegenwärtig nicht besiegen kann, daß die eisern fesselnde Nothwendigkeit es mir zur heiligen Pflicht macht, Sie, wenigstens in gegenwärtiger Zeit, nicht zu sprechen. – Daß meine Liebe bis in den Tod Ihnen treu bleiben wird, daran werden Sie, ich weiß es, nie zweifeln. –

Die Hoffnung wird Sie und mich aufrecht erhalten, uns Kraft u. Muth geben; was wäre der Mensch ohne dieses kostbare Himmelsgut?! – Ja, fest hoffe ich auf glücklichere Zeiten, wir werden uns sehen und sprechen, wie damals! –

Die fürchterliche Fessel wird schwinden! – Muth! – Es wird gehen; hartes Loos; wer hätte das gedacht, ja nur geahnt! – Die Liebe kann Alles; wir werden siegen! –

Ewig

den 10. März 1865. Ihr Ludwig.

16 Wagner an Ludwig

Mein erhabener, herrlicher Freund!

So werde ich denn jeden Tag reicher durch diese letzte, höchste Liebe meines Lebens! –

Schöner, als durch Ihren Schmerz, konnte der Blick der göttlichen Erlöserin nicht zu mir dringen!

Ich weiss meine Seele geborgen, mein Heil gewonnen! –

Nun ein einziges klares Wort meines himmlischen Freundes, das mir deutlich sagt, was ich zu thun habe! –

Soll ich fortgehen? Soll ich bleiben? –

Was Sie wollen, das will ich. –

Gehe ich fort, so ziehe ich in ein fernes Land und kehre nie wieder nach Deutschland zurück: für meine Werke werde ich sorgen so gut ich kann, nur meine Person gänzlich von der Sache trennen. –

Bleibe ich, so hat nun mein herrlicher Freund mich stark gemacht, in Geduld mich fassen, jede Prüfung ertragen zu können: denn mein Glaube ist unerschütterlich.

So hat nur der Freund zu bestimmen: Ein Wort –, und freudig erfasse ich mein Schicksal. –

Doch muss sich das entscheiden, und heute noch! Meine Seelenkräfte sind in der äussersten Spannung: ich muss deutlich wissen, durch welchen Entschluss ich dem Geliebten Ruhe geben kann.

Was ich noch vermag, wird Sein Werk sein: Er ist bestimmt, weit über mich hinaus mein Werk zu vollenden. Ich kenne den Willen der Sterne. – Was ich wollen kann, ist nur Eines, – dem Willen des Schicksals zu dienen, das in meinem geliebten Herren der Welt, meinem armen Deutschland den grössten, edelsten Fürsten beschieden hat, dessen sie zu ihrem Heil bedürfen. Anders, als jener preussische Friedrich II mit seinem Voltaire, soll Ludwig der Deutsche seinem Volke vorleuchten! – Diess fasse mein Herr einzig in das Auge, und – über mich hin, oder – mit mir – diess ist sein Ziel! Nur Er kann entscheiden: denn Er ist mein Herr! Was ich nur ahne, in Ihm, im Willen Seines Herzens ist es klar niedergelegt! –

Diess eine Wort – wie es ausfalle – erwarte ich freudig als Befehl! –

Bis in den Tod getreu –

11 März 1865 Richard Wagner

17 Ludwig an Wagner

Theurer Freund!

Bleiben Sie, bleiben Sie hier, Alles wird *herrlich* wie zuvor. – Ich bin beschäftigt. – Bis in den Tod

Ihr

11 März 1865. Ludwig.

18 Ludwig an Wagner

Heiß Geliebter!

Mein Einziger!

Mehr und mehr verlangt meine Seele nach Ihnen! – Alles ja sind Sie mir! – Immer stärker wird in mir das Verlangen, Sie ganz zu kennen, noch mehr zu hören! – Ich möchte den Entwicklungsgang Ihres Geistes genau kennen lernen, um Sie vollständig begreifen zu können, möchte mich ganz u. gar in Ihre Anschauungen vertiefen. – Denn *nur* in *Ihrem* Glauben will ich leben, in *Ihrem* sterben und selig sein! – Könnte ich doch Alles erfahren! –

Schreiben Sie mir, geliebter Freund, ich bitte; bald hoffe ich Sie wieder zu sehen! –

Gestern wurden mir die Dekorations-Skizzen zu »Tristan« vorgelegt, die mir sehr gefielen. – Welche Wonne liegt in dem Gedanken, dieses Werk aufgeführt zu sehen! – Hätte ich das früher nur ahnen können, daß meine höchsten Wünsche erfüllt werden! – O, wie ich glücklich bin! – Ich kann Ihnen gar nicht beschreiben, wie es mich verlangt, von Ihnen zu hören, Sie vollkommen begreifen zu können! –

O, wenn dereinst das Programm vollständig erfüllt werden kann, wie Sie es mir entworfen haben, so wäre der Himmel auf Erden! – Doch, was sage ich, ist er es denn nicht jetzt schon? Mein Alles ist ja hier! Er liebt mich! – Er, dem meine Seele allein von allen Menschen gehört! –

Ewig

den 23. März 1865. Sein

treuer Ludwig.

19 Wagner an Ludwig

Mein angebeteter, wunderbarer Freund!

Wie freudig, wie traurig muss ich Ihrer gedenken! Bald schlägt mir das Herz hoch und stolz, wenn ich höre, wie schön, herrlich und sicher mein königlicher Engel seine Bahn wandelt, überall hin Staunen und Entzücken erwekkend: bald muss ich bangen und sorgen, wenn ich vernehme, er sei leidend, unfroh und gehindert. Und diess Alles in der Nähe, und doch so fern, dass mir ist, als träume ich es nur. – Welch wunderliches Schicksal! So ausserordentlich, so seltsam Alles, wie eine Sage, die wiederum wahrhaftig in mein Leben tritt! –

Mein inniggeliebter, einziger, herrlichster Freund! Mit Thränen in den Augen frage ich: – Wie geht es Ihnen? Sind Sie trübe? Sind Sie froh? – Wie ist es dem holdesten Könige zu Muth? –

Heut' ist wieder Char-Freitag! – O, heiliger Tag! Tief bedeutsamster der Welt! Tag der Erlösung! Gott im Leiden!! Wer fasst das Ungeheure? Und doch, gerade diess Unsägliche – das Allervertrauteste der Menschheit! Gott, der Schöpfer, – er muss der Welt völlig unbegreiflich bleiben: – Gott, der liebevoll Lehrende, er wird innig geliebt, aber nicht verstanden: – aber Gott der Leidende, – mit Flammen schreibt er sich in unser Herz; allen Eigensinn des Daseins schwemmt der ungeheure Schmerz hinweg, Gott im Leiden zu sehen! Die Lehre, die wir nicht begriffen, sie ergreift jetzt uns: Gott ist in uns, – die Welt ist überwunden! Wer schuf sie? Müssige Frage! Wer überwand sie? Gott in unsrem Herzen, – der im tiefsten Schmerz des Mitgefühles begriffene Gott! –

Ein warmer, sonniger Charfreitag gab mir durch seine heilige Stimmung einst den »Parzival« ein: er lebt seitdem in mir fort und gedeiht, wie ein Kind im Mutterschooss. Mit jedem Charfreitag wird er um ein Jahr älter, und ich fei're dann seinen Empfängnisstag, dem einst sein Geburtstag folgen soll. – Den letzten Charfreitag verbrachte ich als Flüchtling in München: ich war auf der Reise, und wollte an diesem Tage nicht weiterreisen; kränklich und leidend hoffte ich mich eine Nacht gut auszuruhen. Ich durchschlich einige Strassen der Stadt: es war rauhes, trübes Wetter. Ein Volk in Trauer wogte auf den Plätzen, aus den Kirchen. In einem Seitengässchen erblickte ich am Fenster eines Bilderladens zum erstenmal das Bild des jugendlichen Nachfolgers des so eben geschiedenen Monarchen. Mich fesselte die unsägliche Anmuth dieser unbegreiflich seelenvollen Züge. Ich seufzte. »Wäre Er nicht König, den möchtest Du wohl kennen lernen«, – sagte ich mir. »Nun ist er König, – Er kann von Dir nichts erfahren!« Schweigend und einsam wanderte ich weiter. – So traurig ich war, feierte ich doch an diesem Charfreitag den Empfängnisstag meines »Parzival« –, ja, das Bild in dem kleinen Gässchen hatte mich unwillkürlich wieder auf meinen Helden geführt: der junge König und Parzival verschwammen in Eines; schwach dämmerte das Ahnen – ich war so tief hoffnungslos! – und ward bald Erinnerung; ich gedachte des sonnigen Charfreitages der ersten Empfängniss. Ein liebevolles, zart-innig ergebenes Frauenherz hatte mich damals in Schutz und Sorge genommen: mein jahrelanger Wunsch war erfüllt worden; ich hatte ein einzelnes Häuschen mit freundlichem Garten, in wundervoller Lage, mit herrlicher Aussicht auf den Züricher See und die Alpen, beziehen können. Ich sass – es war der erste schöne Frühlingstag! – auf der Zinne meines Asyles, die Glocken läuteten, – die Vögel sangen, die ersten Blumen blickten zu mir auf, da war, nach tiefer Entrückung, der Parzival empfangen! – Nun wollte ich wieder an den Züricher See fahren, sehen und suchen, ob ich dort wieder ein Häuschen, still und abgeschieden finden könnte? Trüb und kalt aussen, keine Hoffnung innen, – müde, todessehnsüchtig, – was ersann ich da nicht Alles, an jenem letzten Charfreitage, hier, in München, – in der Nähe der höchsten Glorie meines Lebens, der Sonne, die in meine Nacht leuchten sollte, des Erlösers, des Heilands meines Daseins! –

Es ist – wundervoll, – denn es ist wunderbarer als der Dichter es erfinden kann! –

Ja! *Er* fand mich!

Mein angebeteter Freund! – Könnte ich von Ihm wieder scheiden? – –

Genug! – diess war Charfreitagfeier! –

Nun wird der »Tristan« geboren; er wächst, er gedeiht: jeder Tag bringt uns jetzt ein Fest, – ein Dankfest dem König »Parzival«! –

14 April 1865 Treueigen für ewig – Richard Wagner

Mein König!
Mein geliebter, holder Freund!

Der erste Brief, den ich von Ihrer Hand empfing, ist am 5ten Mai geschrieben: er gelangte an demselben Tage an mich, an welchem ich Sie zum ersten Male gesehen hatte.

Heut' fei're ich den ersten Jahrestag dieses wichtigsten Ereignisses meines wechselvollen Lebens! –

Dass ich in den Hafen der Ruhe mit diesem Jahre eingekehrt sei, kann ich nicht sagen: ob dieser Hafen mir je anders als im Grabe gegönnt sein kann, muss ich überhaupt fragen. Meine Lage und mein Verhältniss zur Welt werden stets die Störungen des Ungewöhnlichen, Ausserordentlichen erfahren: sie sind mir auch in diesem Jahre nicht erspart worden, und ohne Aufregendes, Spannendes, Beunruhigendes und Beängstigendes ist fast kein Tag desselben vorübergegangen. Diess bestätige ich. Und nun bekenne ich, dass mein ganzes früheres Leben mir werthlos und wie ungelebt erscheint, gegen dieses Eine Jahr. Kein Jahr meines vergangenen Lebens möchte ich um einen Tag *dieses* Jahres austauschen. Diess wundervolle Jahr, das ich in der immer heller strahlenden Sonne Ihrer Liebe verlebte, ist die Krone meines Lebens: es ist der Lenzmonat meines letzten grossen Lebensjahres; in ihm säete der Samen, der nun in den Sommermonaten dieses letzten Jahres zur Frucht reifen soll. –

Schöner als Sie, kenne ich Nichts und kann es nie erfahren! Was Sie mir sind, ist nicht zu fassen. Ich liebe Sie, wie ich nie lieben zu können ahnte! –

Und nun, mein holder Herr! Kommen Sie bald, und hören Sie unser Werk! Gewann mir Lohengrin Ihr Herz, so weiss ich, Tristan wird es mir erhalten. Die unerhörtesten Qualen und Wonnen der Liebe – mein Parzival wird sie alle in sich erleben, aus göttlich reinem Mitgefühl, und aus dem Sturm der Empfindungen wird Er erwachen – lächelnd, wie aus einem bedeutungsvollen, und doch schönen Traume. –

Donnerstag nächster Woche haben wir diejenige Generalprobe, welche wir bereits als Aufführung gelten lassen wollen, während wir uns für den folgenden Sonntag Schonung und nur Recapitulation der Generalprobe vornehmen, um am 15ten frisch und kräftig das Werk der Welt vorzuführen.

Also – bitte um Donnerstag!
Ganz Dank, Freude und unsägliche Liebe

Ihr
5 Mai 1865 Richard Wagner

21 Ludwig an Wagner

Innig Geliebter!

Die Wonne meines Herzens läßt mir keine Ruhe: ich muß Ihnen schreiben. – Näher und näher rückt der selige Tag: »Tristan wird erstehen!« Keinen ruhigen Augenblick, keine ungetrübte Freude kann mir zu Theil werden, wenn ich fürchten muß, der Urheber aller jener überirdischen Wonnen, mein Einziger, für den ich jeden Augenblick bereit bin in den Tod zu gehen, ist nicht vollkommen zufrieden; wenn ich glauben muß, eine finstre Wolke trübt Seinen Himmel. –

Leider kann ich nicht jeden Ihrer Wünsche bezüglich der Logen befriedigen; jedenfalls *muß* eine wenigstens reservirt werden, für Sie, theurer Freund u. einige Ihrer Freunde! – Verzagen Sie nicht, ich beschwöre Sie; bisher waren Sie überall genöthigt, mit dem leidigen Theaterwesen zu kämpfen; nun wird Alles reinster Vollendung entgegen gehen! *Vollkommenheit* sei jetzt die Loosung! – Ich lasse den Muth nicht sinken! – Tristan wird der erste bedeutende Schritt zu dem Wege der ersehnten Vollendung! – »Erfüllung«! – dieses Wort wird einst unser Ohr beseligen! –

Die Schranken der Gewohnheit müssen wir durchbrechen, die Gesetze der gemeinen, egoistischen Welt einstürzen, das Ideal wird und muß in das Leben treten! – Siegesbewußt wollen wir voranschreiten; Geliebter, Dich verlasse ich nie! – O, »Tristan«, »Tristan« wird mir nahen! – Die Träume meines Knaben- und Jünglingsalters werden erfüllt! – Mit der Gemeinheit der Welt dürfen Sie nichts zu schaffen haben, hoch über den Mühen der Erde will ich Sie tragen! – Glückselig sollen Sie werden! –

Meine Liebe zu Ihnen und Ihrer Kunst wächst mehr und mehr in mir und diese Flamme der Liebe soll Heil und Erlösung bringend werden. –

O schreiben Sie mir, ich sehne mich darnach! – Bis in den Tod

Ihr
den 10. Mai 1865. getreuer Ludwig.

22 Ludwig an Wagner

Ein und All!
Inbegriff meiner Seligkeit!

Wonnevoller Tag! – Tristan. – Wie freue ich mich auf den Abend! – Käm' er doch bald! Wann weicht der Tag der Nacht? – Wann löscht die Fackel aus, wann wird es Nacht im Haus? –

Heute, heute! wie zu fassen! – Warum mich loben und preisen? Er vollbrachte die That! – Er ist das Wunder der Welt, was bin ich ohne Ihn!? – Warum, ich beschwöre Sie, warum finden Sie keine Ruhe, warum stets von Qualen gepeinigt? – *Keine* Wonne ohne Weh; o wodurch kann endlich Ruhe, endlich ewiger Friede auf Erden, stete Freude für Ihn erblühen? – Warum stets betrübt bei aller Freude? den tief geheimnißvollen Grund, wer macht der Welt ihn kund? Meine Liebe für Sie, o ich brauche es ja nicht zu wiederholen, bleibt Ihnen stets! – »*Treu bis in den Tod!*« – Mir geht es wieder gut! – Tristan wird mich trotz der Ermüdung vollkommen wiederherstellen. Die herrliche Maienluft in Berg, wohin ich bald ziehen werde, wird mich vollends kräftigen! – Bald hoffe ich meinen Einzigen wiederzusehen! – Wie freuen mich Semper's Pläne; hoffentlich lassen die Pläne für den monumentalen Bau der Zukunft nicht zu lange auf sich warten! – *Alles* muß erfüllt werden; ich lasse nicht nach! – Der kühnste Traum muß verwirklicht werden! – Dir geboren, Dir erkoren! dieß mein Beruf! – Ich grüße Ihre Freunde; sie sind die meinigen!

Warum betrübt? bitte schreiben Sie! –

Tristan-Tag. – Ihr
[15. Mai 1865] treuer Ludwig.

Mein holder, wunderbarester Freund!

Wie Sterne des schöneren Himmels, den wir nicht von dieser Erde aus sehen können, – wie Blüthenfrüchte des Baumes, der in keinem Erdboden wurzelt, fallen Ihre wunderschönen Briefe in mein Leben!

Wie staunenswürdig ist hier Alles!

Was muss ich Alles leiden, um der grossen Liebe werth zu sein, die mir überraschend oft aus dem dürrsten Gestein der Wüste als erfrischender Quell lieblich entgegenrinnt! –

Unter manchen schönen Zeichen, die mir auch in neuester Zeit von meinem Leben in den Herzen der Menschen Kunde brachten, wähle ich Einiges aus, um dem hehren Geliebten einen Blick auch in jene Herzen zu geben. Ich wähle hauptsächlich die naiven, schmucklosen Bekenntnisse, wie sie von dorther mir kommen, wo ich »das Volk« suchen möchte, den unbefangenen, eindrucksfähigen, liebebedürftigen Menschen. Dieses »Volk«, mein Freund, ich weiss, es liebt mich überall; selbst in fremden Zungen wird es mir bezeugt, dass, was ich aus deutschestem Wesen erschuf, das reinmenschliche Gemüth überall und in jeder Nation urheimisch erfasst. Mein König, glauben Sie es nicht, was man Ihnen zu fürchten geben möchte: ich stehe *nicht* zwischen Ihnen und Ihrem Volke. Glauben Sie das nicht, und – handeln Sie kühn darnach! –

In der Abendstunde fuhr ich gestern von Tegernsee nach München zurück, wo ich meine tapferen »Löwen« zur Ruhe zurückgelassen hatte: die wunderbare, innig vertraute Freundin, meines Franz Liszt Tochter, begleitete mich. Sie hat nur noch einen Lebensfaden, und dieser webt sich in dem Wunderbande, welches Sie, mein Herrlicher, mit mir verbindet. Ich hatte den Freunden Tags zuvor auf einem traulichen Ausfluge in ein schönes Thal manche meiner widerwärtigen Erfahrungen von Menschen und Leben mitgetheilt: noch lähmte das Entsetzen darüber die Freundin. Jetzt versank sie in einen jener extatischen Schlafanfälle, die sie zu Zeiten plötzlich überraschen, und in welchen sie, aus tiefstem Schlummer, bald deutlich und zusammenhängend spricht, indem sie Traumbilder mittheilt, von denen sie nach dem Erwachen nicht die mindeste Erinnerung hat. So begann sie nun plötzlich folgendermaassen: »– Ja, ja! So hab' ich mir die Gralskirche gedacht. Das ist das rechte Altarbild, und diess die richtige Bedeutung des jüngsten Gerichtes des Michel Angelo in der Sixtina. Auf der einen Seite Deine Werke, eines strahlender als das andere: auf der anderen Seite Deine Lebenserfahrungen, eine scheusslicher als die andere; und oben in den Wolken – Parzival (so heissen Sie unter uns, theurer Freund!) als Weltenrichter. Da unten, ganz unten – oh, wie schrecklich! ich mag nicht hinsehen! Der ewige Verrath!« Sie verstummte, – und erwachte bald. –

Mein König! Mein Freund! – Wissen Sie auch, wie müde ich bin? – Müde, müde, sehr müde! – Doch, ich bin geliebt, und liebe! –

Bald, mein Trauter, muss es sich nun entscheiden! –

Gewiss aber, der Tristan lebt! Und glauben Sie auch das – diess ist etwas wunderbares! Anderes, Neues – kann ich der Welt bieten, – aber – Gewagteres? Unmöglich! Dass Tristan lebt, hier, in München lebt, – das ist unerhört. Jetzt könnte uns Alles leicht werden: denn – das Schwerste ist gelungen. –

Was erblickte nur die Freundin ganz unten auf dem Altarbilde der Gralskirche? – Sie kann mir's nicht sagen: sie weiss nichts von ihrem Traum. – Parzival –, der wird wohl Alles sehen! –

Innigsten Gruss aus tiefbeglücktem, stets neu gewonnenem treuestem Herzen dem holdesten, edelsten und geliebtesten der Menschen von Seinem selig zu ihm aufblickenden

München
25. Juni 1865

treueigenen
Richard Wagner

(Gestern war »Johannistag« – da liessen wir auch Hans Sachs leben.)

24 Ludwig an Wagner

Mein innig Geliebter!

In aller Eile, vor ich mich zur Ruhe begebe, einige Zeilen an den Theuren! – Vor Allem meinen herzlichen Dank für Ihren letzten, lieben Brief und jene Stimmen aus dem

»Volke«, deren Übersendung mir wahrhaft innige Freude bereitet hat; bei nächster Gelegenheit stelle ich sie treu zurück. –

Das Reinmenschliche, das ja in uns Allen schlummert, woran wir uns Alle als Brüder erkennen, muß, wie in Ihren unsterblichen Werken es sich offenbart, in der Brust eines Jeden zur *»läuternden«* Flamme sich entzünden! – Ja, das »Volk« läßt sich durch Nichts in seiner Denk- u. Gefühlsweise beirren; doch wohl denen, die es richtig leiten, glorreicher Sieg wird Ihnen zu Theil werden. – Wie merkwürdig ist das Traumgesicht Ihrer wunderbaren Freundin, dessen Inhalt Sie mir mittheilen! – Ein Wort darüber! In der Tiefe erblickte sie wohl die ewige Finsterniß, von welcher ich Ihnen jüngst schrieb, Sie wären berufen, sie zu erhellen, oben in den Wolken thronten *Sie* als wahrer Parcival; Ihr Geist wird durch seinen zündenden Strahl die Finsterniß der Bosheit, des Unglaubens bezwingen: auch jene Nacht wird zu ewiger Klarheit geführt werden und Licht und Wahrheit nur sollen zur Herrschaft gelangen; dieß ist Dein Werk! – Darum Muth, kein Zagen! – Strahlender Sieg! –

Ich schreibe dieß wieder auf einer abgelegenen Hütte in den herrlichen Bergen, Nacht herrscht in dem tiefen Thale; morgen will ich das Emporsteigen der ersten Strahlen des siegenden Lichtes bewundern, ein Vorbild Ihres dereinstigen, vollständigen Sieges! – Heute las ich in Gottfried's »Tristan und Isolde«: herrliches Gedicht, das auch von der unlauteren, kurzsichtigen Menge so viele Anfeindungen mußte erleiden! –

Auch ich dachte am neulichen Johannistage an Hans Sachs und die Meistersinger.

Doch nun zur Ruhe; erscheine mir im Traum, heiliger Freund, beselige mich! –

Bis in den Tod

Auf Bergeshöhen
27. Juni 1865.

Ihr
getreuer Ludwig.

Mein geliebter, theurer Herr und Freund!

Auf Ihren wunderbar schönen Brief aus Linderhof habe ich noch in keiner andren Weise Ihnen antworten können, als durch – die Töne meines Tristan! – Mein König, ich befinde mich nicht wohl: das Leben wird mir schwer und mein Kunstwirken ist nicht leicht. Auch hat mich das ganze Wiederaufleben dieses seltsamen Tristanwerkes sehr angegriffen. Nicht die Bosheit der Welt – sondern das Ueberschwere meines Wirkens und Schaffens, mit dem ich in dieser Welt, diesem Jahrhunderte wie ein Fremdling, fast wie ein Thor mich befinde, ist es, was mich niederdrückt. Jeder Schritt kostet mich die Anstrengung einer weiten, mühseligen Reise: diese Welt, dieses Jahrhundert mir vollkommen heimisch zu machen, so dass ich in ihr mich wohnlich zu Hause fühle, – darf ich noch hoffen, dass es gelingen soll? Wäre es nicht besser, mich ganz daraus zurückzuziehen? Ich kann Ihnen, mein trautester Mitempfinder, nichts sagen von mir, ohne, um recht verstanden zu werden, stets wieder auf diese Grundstimmung meiner Seele hinzuweisen. Erst von diesem Grunde aus finde ich dann wieder die vertrauliche leichtere Weise, in welcher ich, ohne zu heucheln, auch wieder das besprechen kann, was meinem holden Herren Freude machen soll. – Versuche ich es denn, sie auch jetzt wieder anzustimmen: ich thue es so innig gern! –

[…]

Mein König! Ihre Liebe, Ihre Huld und Neigung für meine Kunst, wie für meine Person, legen mir ernste Pflichten auf. Die Maassregel, welche ich Ihnen vorzuschlagen mich entschloss, ist ein wichtiges und strenges Glied der Kette, welche vollständig geschlossen werden muss, wenn meine Mission heilbringend für einen entwürdigten Zweig der grossen menschlichen Kunst ausfallen soll. Hier heisst die Wahl so: entweder die Musik bleibt eine nur unterhaltende, nach Belieben angenehm schmeichelnde Kunst, die wir gelegentlich zu unsren Prunkfesten, oder zu unserem gemeineren Behagen herbeiziehen, und demgemäss uns mit ihr abfinden; oder: sie nimmt mindestens die Bedeutung ein, welche im 16ten Jahrhundert der Malerei zu theil ward, als Raphael der Cardinalshut zugedacht sein konnte, und dem geringsten seiner Gehilfen adelige Ehren zu theil wurden. Mehr, als die Malerei jenem Jahrhunderte und der Menschheit überhaupt sein konnte, kann und soll die Musik, die *ich* meine, diesem Jahrhunderte und der Menschheit aller Zeiten sein. Diess ist mein Glaube. Nun kann ich nur Zweies: – gänzlich verstummen, gänzlich verschwinden; oder: – in Allem und Jedem, was ich wirke und schaffe, diesem meinem Glauben gemäss streben und gründen. –

Ich weiss, dass Sie, mein herrlicher Freund, mir von Gott gesandt sind, um meinen Glauben zur Religion werden zu lassen. Zu unserer Gründung bedarf es eines vollständigen Bruches mit der alten Gewohnheit der Anschauung. Keiner kann Ihnen rathen, was er nicht begreift. Nie aber werde ich meinem Könige etwas rathen, was nicht zugleich recht und billig, sowie praktisch wohlbegründet und durchführbar ist. Niemand aber kann über das Praktische und Durchführbare von Maassregeln urtheilen, deren Sinn und Bedeutung ihm entgeht. Viele Beweise des höchsten und festesten Vertrauens meines erhabenen Freundes in die unerschütterliche Redlichkeit, die wohlerwogene Zweckmässigkeit, und praktisch bewährbare Durchführbarkeit meiner Vorschläge, habe ich im Dienste meiner Sendung noch zu fordern. Ich weiss genau, wohin meine erste Bitte in diesem Betreff zielt, und bezeuge, dass ihr Sinn von denjenigen allein verstanden werden kann, welche, wie mein König, so tief und edel für die Kunst empfinden, dass sie in dieser Liebe, auch das Amt der Gerechtigkeit auszuüben nicht beschwerlich finden. Vielleicht fällt diese Gerechtigkeit hier schwer: desto nothwendiger, sie zu üben! –

Mit innigstem Vertrauen und gränzenloser Liebe, grüsse ich den erhabenen Freund als

München
5. Juli 1865

Sein allergetreuester
Richard Wagner

26 Ludwig an Wagner

Ueber Alles Theurer!

Es drängt mich, heute, an dem Abende, den Sie mir heilig und unvergeßlich gemacht haben, Ihnen noch aus voller Seele meinen innigsten Dank auszusprechen für die Seligkeit, die Sie mir bereitet! – Ich sehe, die Sprache hat keine Worte, um Ihnen mein Glück zu schildern, meine Dankbarkeit auszudrücken; dieß können nur Töne nennen, was jetzt mich bewegt. –

Preis und Anbetung Dir, der Du mehr bist als ein Mensch, Dich erfüllt eines Gottes Geist. – Wie *sehne* ich mich, Sie morgen zu sehen! Es dürstet meine Seele nach Ihnen! –

Treu und liebend in Ewigkeit

Ihr
für Sie glühender
Ludwig.

Berg 12. Juli 1865.

27 Wagner an Ludwig

»Ein Engel stieg aus lichten Höhen zu künden Gottes heil'gen Rath!«

O mein König!

Sie sind schöner als die Schönheit! – Ich staune und bete! – In mein Herz kehrt wie durch göttlichen Zauber Ruhe! Ruhe! –

Der Schlaf floh mich: er wird heute Nacht wiederkehren! – Treu den Lehren meines Engels will ich leben und sterben! Und umfängt mich einst die göttliche Klarheit, im Auge Gottes werde ich den Blick meines Freundes wiedererkennen! –

Treueigen
Richard Wagner

[Berg, 13. Juli 1865]

28 Ludwig an Wagner

Mein Einziger!
Wonne meines Lebens!

Nun bin ich wieder in den herrlichen Bergen, in Gottes freier Natur und denke stets an den Geliebten. – Mit welch inniger Freude und Begeisterung denke ich der für mich so wonnigen Stunden, die wir neulich zusammen im Gespräche verlebten. – Noch an demselben Tage ließ ich an das Ministerium des Cultus den Befehl in Betreff des Musikconservatoriums ertheilen und an das Handelsministerium wegen des provisorischen Theaters. – Das monumentale muß diesem in nicht zu langer Zeit folgen; die Mittel müssen sich finden. –

Da wegen der unerträglichen Sonnenhitze das Reiten am Tage in Wahrheit eine Qual, statt einer Freude wäre, so verließ ich neulich nach Mitternacht Berg und zog auf treuen Rossen nach meinen lieben Bergen. – Strahlende Sterne erhellten den Pfad, magisch schien das Mondenlicht durch die düsteren, ehrwürdigen Bäume. – Da trat mir Ihr Bild, mein theurer Freund, auf's Neue vor das geistige Auge und auch der Gedanke an Ihre himmlischen Werke, die ewig lebenden, beseligte mich. –

Mit jedem Tage, ja mit jeder Stunde erglühe ich mehr und immer mehr für meinen Theuren und für Seine Schöpfungen. Und nun die Original-Partituren! Der Himmel senkt sich auf die Erde, überstrahlt sie mit Seinen Wonnen! – Als ich an den Ufern des malerisch gelegenen Walchensees vorüberzog, da begrüßte mich der erste, goldene Strahl der majestätischen Sonne, und machte die Gipfel der Berge in rosigem Lichte erglühen. – Hier wohne ich in einer stillen und trauten Hütte, umgeben von herrlichen Tannen mit frischem Grün geschmückt; durch eine Lichtung blicke ich in herrliche Fernen, Berge und Thäler liegen vor mir ausgebreitet. – Die Töne der Verklärung aus »Tristan« umschweben mich, entzücken das geistige Ohr! – Ich lese über den »Ring des Nibelungen« und über Thüringische Sagen. – Alles Heil ist für den Dichter im Mythos zu suchen; Preis Ihrer Lehre! –

Wie sehne ich mich, von Ihnen nun in alle Geheimnisse Ihrer heiligen Kunst eingeweiht zu werden, genaue Kenntnisse Ihres Systems und seiner Entwicklung zu erlangen, Ihre Ansicht über die verschiedenen Kunstarten zu erfahren. – Ich bitte Sie inständig, mir Kunde von all diesem genau zu geben! –

Schon sehe ich die mächtige Fahne Ihrer Schule weithin in die deutschen Gaue wehen, von Nah und Fern strömen sie daher, die Jünger Ihrer Kunst, sich um Ihr Banner zu schaaren; was der kühnste Traum kaum gezeigt, es wird verwirklicht werden. Vor Jahren etwa dachte ich mir: Keine Sorge kann dir je an, du lebst in *einer* Zeit mit IHM! Schon dieser Gedanke hat mich beseligt und nun! – – – Nun kenne ich Ihn und liebe ich Ihn! – Den Gott der Liebe will ich preisen, er hat zu mir Dich hergeführt – – – –! – Wenn ich denke, wie allein fühlte ich mich damals, umgeben von blöden Menschen, die trüber Wahn gefesselt hielt, die keine Ahnung hatten von dem Wesen meines Erglühens nach Ihnen und Ihren Werken. – Wie sehnte ich mich nach Erlösung. – Nun trink' ich gnadenreiche Wonnen, in die kein ird'scher Schmerz sich mischt, aus Deines Geistes hehrem Bronnen! – Mein brünstig Sehnen nie erlischt. –

Dein Wille muß erfüllet werden,
Und müßt' ich d'rob zu Grunde gehn,
Mich Dir zu weih'n kam ich auf Erden,
In Deinem Dienst soll sie mich seh'n,
Stets mehr und mehr Dich zu erkennen
Dahin geht meines Geistes Brennen. –

Hochkopf. – Ihr
(Bei der vordern Riß) treuer Ludwig.
[19. Juli 1865]

29 Wagner an Ludwig

Mein wunderbar gütiger Freund!

Ihre nie ruhende Huld legt mir die schöne Nöthigung auf, Ihnen früher schon ein paar Zeilen zuzusenden, als ich wollte, um Ihnen eine Ueberraschung machen zu können. Ich bin darüber, weil Sie es so wünschen, zum ersten Mal meinen

Plan zu »Parzival« schriftlich aufzuzeichnen: obwohl ich seit meiner frühesten Bekanntschaft mit diesem Stoffe, nie wieder die Quellen desselben zur Hand genommen habe, und auch jetzt noch vermeiden muss, mich anders als – eben diessmal – nur vorübergehend damit zu beschäftigen, schwillt mir doch der Gegenstand – selbst bei dieser Fassung – so reich und mächtig an, dass ich die Ausarbeitung nicht, wie ich Anfangs meinte, in etwa zwei Tagen beendigen kann. Ich brauche noch einige gute Vormittage: dann ist der Entwurf fertig, und der, für den er einzig bestimmt ist, empfängt die Arbeit dann sogleich.

Heute nun nöthigt mich Ihre himmlische Güte, Ihnen wenigstens meinen innigsten Dank für den herrlichen Brief, den ich gestern empfing, sowie für die grenzenlos huldvolle Einlage für meinen alten Freund Wesendonck in Zürich, so wie es jetzt geschieht, zuzurufen. –

Zugleich habe ich Ihnen noch einige Zeilen des Dankes von der armen Wittwe meines verlorenen Tristan, die Sie durch Ihre Gnade so unendlich beglückten, zu übersenden. Mögen Sie sie liebevoll aufnehmen! –

O mein gottgesandter Engel! Jetzt rufe ich Ihnen zu: – halten Sie mir treu: beschützen Sie mich mit mächtigstem Schutz! Denn – ich fühle es – das höchste Stadium meiner Productivität ist da. Ich bin von einem nie empfundenen starken Arbeitsdrange belebt. Wunderbar verbinden sich das tiefste Leid, der untröstliche Schmerz, und die höchste Freudenwonne, die ich im Genusse Ihrer Liebe empfinde, um alle Seelenkräfte in mir auf das Aeusserste anzuspannen. Nur durch nie unterbrochene, stets schaffende Productivität kann ich jetzt mein Leben mir begreiflich und erträglich machen. Ich sehe, die Zeit ist da, und meine grössten, vollendetsten Werke werde ich nun erst schaffen, und zwar in ununterbrochener Reihe, bis an meinen Tod!

In Ihre Hände empfehle ich mich! Ich fühle mich in meinem angenehmen Hause, beim Blick auf meinen Garten, endlich vollkommen heimisch. Erhalten Sie mir unbedingte Ruhe, geben Sie mir Schutz gegen jede Störung der Welt! Lassen Sie mich in vollster Stille und Abgeschiedenheit, wie ausserhalb aller Welt: so gedeihe ich, und alle meine Werke. Sie wissen Alles, Alles habe ich an Ihr Herz gelegt: die Ueberzeugung, dass ich jetzt fertig und reif zur höchsten

Bethätigung meiner schöpferischen Kraft bin, – lässt mich heute selbst bitten! –

Was ich vor mir habe, und was nur Ich, kein Andrer je schaffen kann, ist ungeheuer: Sie werden es am Entwurf des Parzival sehen! Ich werde Alles vollenden, wenn ich ganz und einzig nur meinem Schaffen leben darf. –

Das wäre denn Ihr Werk gewesen: ich glaube und – hoffe, wie ich ewig liebe! –

Tausend Grüsse dem Theuren, Wunderbaren!

Ewig, ewig
Sein
Richard Wagner

29 August 1865
München

30 Wagner an Ludwig

Mein geliebter, holder Freund!

Die Welt mir jetzt ohne Sie zu denken, das will mir nicht mehr gelingen! Mir ist, als hätte ich alle meine Sinnwerkzeuge bereits verloren: nur ein sinnendes Hirn hätte ich noch, ernährt und immer rege erhalten durch ein warm quellendes Herz. Nun sind Herz und Hirn, wachend und träumend, restlos beschäftigt, neue Welten zu bauen, die ich nicht mehr sehen und hören kann, sondern die einzig vom Aug' und Ohr meines Freundes wahrgenommen werden sollen: erquickt es ihn, so gelang es mir! Diess nur hat noch für mich Sinn.

Ich ahnte diese höchste Möglichkeit der Liebe: gegen den Schluss des zweiten und dritten Bändchens von »Oper und Drama« stellte ich sehnsuchtsvoll dieses Verhältniss dar: die Liebe, welche den älteren mit dem jüngeren Manne verbindet. Ich bezeichnete nicht: Vater und Sohn, weil das geschlechtlich Natürliche mir in keiner Weise vorschweben konnte; sondern: den älteren und den jüngeren Mann! Nicht: Lehrer und Schüler, denn diess will sagen: Ueber und Unter, ich wollte volle Gleichheit; nur die göttlich anregende Verschiedenheit des Alters. Das Werk der Liebe dieser Beiden galt mir als das wahre »Kunstwerk der Zukunft«. Im erhabensten Sinn ist das Ideal erreicht: – hier stehen *Wir!* –

Nur bekenne ich, dass mir oft noch der Schwindel ankommt! Kann mir dieses grenzenlose Glück gegönnt sein? – Die eigentlich fruchtreichen Erfolge Ihrer königlichen Liebe beginnen jetzt erst in mein unmittelbares Bewusstsein zu treten. Die Welt kann sich die Triebfeder des schaffenden Künstlers nicht anders als im Ruhm vorstellen: Dass nach Ruhm *streben* bereits Eitelkeit ist, und dass nie das Unächte das Aechte erzeugen kann, muss den allermeisten verborgen bleiben. Somit kann der wahre schaffende Künstler auch nicht durch Ruhm befriedigt werden. Wir erkennen auch hieran, was das Merkmal des grossen Künstlers ist: würde er durch erlangte Berühmtheit befriedigt sein, so würde er auch auf der gewonnenen Kunsthöhe stehen bleiben und fortan nur noch nach dem Modell seiner bisherigen Arbeiten weiter schaffen. Diess thun in Wahrheit die geringeren Talente. Den grossen Künstler kennzeichnet nun, dass er nicht bei den Werken, die seinen Ruhm begründeten, stehen bleibt, sondern in immer neue, kühnere Kreise des Schaffens sich erhebt, wodurch er sogar seinen Ruhm preisgiebt: denn nur Wenige, und immer Wenigere können ihm jetzt folgen: er entschwindet seinen Zeitgenossen in den Wolken, und erst die Nachwelt erkennt ihn dort, findet die Wege zu ihm. – Wehe dem, der nun, von nun an, wo er für die Nachwelt schafft, von der Mitwelt abhängt! Sein einziges Glück kann jetzt sein, in den Wolken ruhig erhalten zu werden, um sich und seinem Schaffen einzig anzugehören. Ist diess nun die Liebe, die wahre ächte Liebe, die ihn dort erhält: dann fand er ein Glück, das ihn – fast schwindlig machen kann! –

Mein wunderbarer Freund! Mich machen Ihre himmlischen Versicherungen immer kühner. Worin aber besteht diese Kühnheit? Ach! lediglich in der sinnenden Sorgfalt, mir die einzig rettende Freiheit meines Geistes vollständig zu erhalten. Glauben Sie mir, ein so lebhaft empfindender Mensch, der so viel wie ich erlebte, hat endlich sorgfältig seine Kräfte zusammenzuhalten. Nicht die Kräfte des Geistes: diese sind – ich fühle es – unerschöpflich: aber die Kräfte des Gefühles, der Empfindung. Gewisse Erschütterungen, gewisse Sorgen und Beunruhigungen, gewiss! ich *kann* sie jetzt nicht mehr ertragen! Mein ganzes Leben, das auch meine Gesundheit so höchst nachtheilig zu bestimmen scheint, beruht auf der furchtbaren Ueberspannung meiner Nerven.

Ich sehe nun, hierfür hilft nichts, als die sorgsamste Beruhigung. So regle ich denn hiernach jeden, auch den unscheinbarsten Theil meiner Lebensweise. Ich muss genau darauf achten, was mich anstrengt, um es zu vermeiden, und dagegen durch Erfahrung beachten, was mich angenehm beruhigt und sanft anregt. Kann ich diess durchführen, so sehe ich volle Genesung und unerlöschliche Schöpferkraft vor mir: denn nur im Schaffen fühle ich mich endlich gänzlich wohl. Ich sehe ein, dass dieses mir nöthige Gedeihen an Gleichmässigkeit und angenehme Häuslichkeit, bei vollkommener Stätigkeit, gebunden ist: alles, was Zerstreuung heisst, Veränderung und Wechsel, regt mich auf und thut mir weh. Wollen Sie, Theuerster, wissen, wie ich jetzt lebe? – An meiner Thüre stehe ich als »Verreist« angemeldet. Niemand empfange ich. Verwandte, Freunde, – Jeder wird abgewiesen. Das ist hart: aber ich muss es, weil mich das Sprechen unerträglich angreift. Ich spreche zu lebhaft, und rede allermeist gänzlich vergebens: ich bereue jedesmal, mich unnütz ereifert zu haben. Diess kann ich – für jetzt – nicht anders von mir halten, als dass ich mich gänzlich isolire. Mein Hauptgenuss ist die Ruhe meiner angenehmen Wohnung: ich öffne des Morgens das Fenster auf den hübschen Garten, freue mich des lieblichen Anblickes, danke meinem gottgesandten Freunde, der mir dieses Asyl gewährt. Gewiss, Trauter, das thue ich jeden Tag – jeden Tag! Dann sammle ich mich zur Arbeit: schrecklich, wenn ich dann widerwärtige Briefe zu schreiben habe! (Ach, dagegen muss noch ein Mittel gefunden werden!) Jetzt arbeite ich meistens ruhig am 2ten Acte des Siegfried: es ist da viel zu thun, zu überlegen, zu – schreiben. Hiermit bereite ich mich auf den dritten Akt vor. – Um 3 Uhr speise ich, stets allein – so lange Bülow's nicht da sind. – Dann, um 4 Uhr, fahre ich schnell, um mich von Niemand erkennen zu lassen, in die Umgebung hinaus, um dort einsam zu promeniren. Mir bleibt gewöhnlich nichts übrig als – der grosse Park von Nymphenburg: seltener fahre ich nach Grosshesselohe. Da laufe ich mit meinem alten Hunde mich tüchtig aus, fahre wieder nach Hause, geniesse noch ein wenig den Garten, lese, nehme den Thee, freue mich der angenehmen, ruhigen Wohnung, (Sie sehen, das kommt immer) setze mich an den Flügel, zeichne hier und da etwas auf: lese, träume, und begebe mich möglichst zeitig zur

Ruhe. Glauben Sie nun, holder Freund, dass dieses, was ich Ihnen aufzählte, Alles, Alles ist, was ich mir ungestört erhalten wünsche? Nur eine Sorge habe ich, diese Lebensweise unterbrechen zu müssen: die Vorstellung einer plötzlichen, dauernden Störung erfüllt mich mit unsäglicher Angst. –

Ich schrieb es kürzlich auf: – was mir einzig die Welt erträglich macht, ist, wenn ich sie nur noch wie im Traume sehe. Ich kenne sie, ich trage sie in mir, ich brauche sie nicht mehr mit offenen Augen zu sehen, um sie zu verstehen. Im Traum sehe ich diess Abbild, aus dem ich meine Kunstwerke schaffe: aus diesem Traum mich wecken, heisst: mich dem Leiden überliefern.

Mein König! Ich muss es nun bald wissen, ob ich mich an diesen Traum gewöhnen darf: je lieber ich ihn gewinne, desto grausamer würde das Erwachen werden. Noch einmal, und – wenn es sein kann – bald, habe ich Alles zu ordnen, vollständig und würdig hinter mir abzuschliessen, um mich ganz in meinen schaffenden Traum einzuschliessen. Darf ich sicher sein? –

O, dass mir nur der König gewähren kann, was einzig der Freund mir zu gönnen vermag! Mir bangt es um den König, wenn mich der Freund entzückt. Die Klagen des Freundes über die Bürde des Königs greifen tief in mein Herz. Ich kann nur dem Freunde, nicht dem König etwas sein! Und doch, die Kraft, die mich beschützt, gewinnt der Freund nur durch den Zauberreif der Königskrone! Er muss ein ungeheures Schicksal tragen, Er muss ein ganzes Volk beglücken, Millionen gerecht und gnädig sein, um das Glück zu geniessen, den Freund beglücken, ihm ersetzen zu können, was die Welt ihm schulden muss, da die Nachwelt nicht seine Mitwelt ist. Nun fühle ich, dass mich die Sorge um den königlichen Freund beschleicht: ich empfinde die Lasten, die Ihn niederdrücken, die Sorgen, die Ihm obliegen, diese Pflichten, – diese Pflichten! Oft kommt es mir an, Ihm über dieses oder Jenes aus der so fernen, um Seinetwillen mir aber doch so naheliegenden Welt, eine Mittheilung zu machen: Ihn zu fragen, ob Diess oder Jenes Ihm nicht entginge; einen Wink, einen stillen Freundesrath zu geben? Dann seufze ich wieder und zweifle, ob ich Recht thun würde? Bis mich endlich die Begeisterung erfasst, und ich mir zurufe: »Mit dem ist Gott! Ist dieser nicht berufen, so war und ist es Keiner! Und so wird er Alles finden und wissen: wer wollte dem Auserlesenen mit seinem Rathe sich zugesellen wollen? –« Und so ist mein Glaube: mein Vertrauen in den Berufenen ist gränzenlos; Er wird einzig finden und thun, was Keiner Ihm rathen kann. – Wer wollte sich unterfangen, in die unsäglichen Wirren der politischen Verfassung des grossen deutschen Vaterlandes mit Sicherheit einzugreifen? Hier folgt Alles einem trägen Gesetz der Schwere; das Wort des Schicksals werden wir erst erkennen, wenn es fertig ist. Alles ist: dem edlen Theil der hülflosen Nation *ein Vorbild* geben, an dem er sich erquicken, stärken, dem er nachahmen, auf das er hoffen kann. Ein Vorbild hat das Volk nöthig, denn es bedarf des Glaubens. Zur rechten Zeit wird dann Alles wissen, wohin sich zu wenden. Um Seinen weltgeschichtlichen Beruf zu erfüllen, hat mein königlicher Freund nur Eines jetzt zu thun: – Sein Land, *Sein schönes Bayern zum beneidetsten deutschen Lande zu machen.* Das wird Er; daran kann Ihn Niemand hindern: denn hierzu bedarf es nicht überstürzender Neuerungen, welche leicht den Verdacht des Auslandes erregen und die gewaltsame Hemmung der Entwickelung herbeiführen könnten; sondern hierzu bedarf es nur des steten Vorbildes für alles Edle und Gute, das Beispiel wahrer Freiheit, das heisst: steter Wahrhaftigkeit.

Wie sollte ich nun zweifeln und bangen? Kann mein königlicher Freund Seinem Volke etwas anderes sein, als dieses Vorbild? –

Mein Trauter wollte schon öfter etwas von meinen politischen Ansichten wissen. Da habe ich etwas davon bekannt. Will der Geliebte mehr wissen? – Ach! es ist so wenig, was ich Ihm sagen kann, und wird immer auf dasselbe herauskommen. Was kann ich Besseres thun, als aus mir mit allen Geisteskräften zu trachten, Ihn, wenn Er von politischen Geschäften ermüdet und bedrückt ist, mit mir in jene Welt zu führen, wo ich Trost und Erquickung geben kann? In die Welt des Ideales? – Darum nun: –

»Welche Bedeutung es mit dem Kusse *Kundry's* hat?« – Das ist ein furchtbares Geheimniss, mein Geliebter! Die Schlange des Paradieses kennen Sie ja, und ihre lockende Verheissung: »eritis sicut Deus, scientes bonum et malum.« Adam und Eva wurden »wissend«. Sie wurden »der Sünde sich bewusst«. An diesem Bewusstsein hatte das Menschengeschlecht zu büssen in Schmach und Elend, bis es durch Christus erlöst ward, der die Sünde der Menschheit auf sich nahm. Mein Theuerer, kann ich in so tiefsinnigen Materien anders als im Gleichniss, durch Vergleichung sprechen? Den inneren Sinn kann doch nur der Hellsehende sich selbst sagen. Adam – Eva: Christus. – Wie wäre es, wenn wir zu ihnen stellten: – »Anfortas – Kundry: Parzival?« Doch mit grosser Behutsamkeit! – Der Kuss, der Anfortas der Sünde verfallen lässt, er weckt in Parzival das volle Bewusstsein jener Sünde, nicht aber als die seinige, sondern die des jammervoll Leidenden, dessen Klagen er zuvor nur dumpf empfand, davon ihm nun aber, am eigenen Mitgefühl der Sünde, der Grund hell aufging: mit Blitzesschnelle sagte er sich gleichsam: »ach! das ist das Gift, an welchem Jener siecht, dessen Jammer ich bisher nicht verstand!« – So weiss er mehr als alle andren, namentlich auch als die gesammte Gralritterschaft, welche doch immer nur meinte, Anfortas klage um der Speerwunde willen! Parzival blickt nun tiefer. – So blickt auch derjenige tiefer, der da nicht glaubt, was die ganze Welt glaubt, z.B. dass *ich* am Miserfolge meines Tannhäusers in Paris, oder an der Schmälerung meines Ruhmes in den Zeitungen, oder wegen mangelnder Anerkennung litt: Oh nein! mein Leiden liegt tiefer; wer es erkennen will, muss aus meinen Werken selbst das vernommen haben, was die oberflächlich Hinhörenden nicht vernehmen können. Glücklicherweise ist diess aber nicht das Bewusstsein der Sünde, sondern einzig der Erlösung von der Sünde der Welt. Wer hat diese Erlösung aus meinen Werken herausgehört? –

Holder Freund! Nun sehen Sie, wie ich plaudre! Gewiss, ich wüsste Ihnen viel zu erzählen, wenn Sie es nur öfter wollten. Ihnen so mein ganzes Leben, Alles, was ich sah und empfand, im trauten Verkehr mitzutheilen, Gott! welcher süsser, schönster, letzter Lebensgenuss! – Sie zu lieben, von Ihnen geliebt zu werden, – mein Trauter, wie göttlich tief beglückend für mich! Nichts will ich, als dieses Glück stets ungetrübt und würdig geniessen zu können: – und wiederum nur Sie können mir diess Glück verleihen! Somit, ich mag den Kreis bewegen wie ich will, immer bleibe ich darin, und immer und ewig bin ich Ihr Eigen, Ihr Erlöster

München
7 Sept. 1865 Richard Wagner

31 Wagner an Ludwig

Geliebtester Mensch! Edler holder Freund!

Heut' ist ein guter Tag: er brachte mir mit den aus Ungarn zurückkehrenden Freunden – einen Brief von meinem treuen Engel! –

Ich schreibe sogleich wieder, weil die Entfernung mich sehr drückt. In den letzten Tagen seufzte ich sehr nach einer Zusammenkunft mit dem Theuren. Wünsche ich jetzt nichts, als ungestörte Erhaltung meiner Arbeitsruhe, so fühle und ersehe ich doch, dass diese nur dann mir möglich sein wird, wenn ich weiss, das »hinter meinem Rücken« Alles klar und einverstanden ist. Dass nichts versäumt wird, um »nach aussen« das Werk vorzubereiten, welches ich von innen schaffe. – Deshalb heute eine kurze, aber bestimmte Besprechung. Nehmen Sie mich für Ihren »Intendanten«, der Ihnen berichtet. –

Auf die erhaltene Einladung ist Semper angekommen. Er entsagt dem verheissenen Glücke, dem König sich persönlich mittheilen zu dürfen: ich habe ihn hierüber beruhigt. Dagegen geht er dem gegebenen Auftrage nach, und studirt das Terrain Münchens zum Zweck der Wahl eines Bauplatzes für das Theater. Wir haben uns nun entschieden, und schlagen dem Verehrten Folgendes vor: –

Der König Ludwig II. (dessen Regierungsdauer mir auf achtundfünfzig Jahre prophezeit worden ist!) wird eine Strasse in München gründen, wie sie Sein erhabener Vater und Grossvater sich gegründet haben. Diess ist Sache der Zukunft, sie kann aber jetzt schon dem Plan nach von uns berücksichtigt werden. Diese Strasse wird als eine Verlängerung der Briennerstrasse, an der königlichen Residenz vorbei, durch den Schlossgarten, gerade aus bis an die Isar geführt werden, über welche dann eine Brücke hinüber zu dem erhöhten Ufer zu den Terassen führt, auf deren Anhöhe das ideale Festtheater stolz emporragt. Diess der einstens nach Zeit und Umständen gänzlich auszuführende Plan. Für jetzt würde an dem diesem Plane entsprechenden Orte, umgeben von der schönsten Promenade Münchens, in entsprechender mässiger Entfernung vom Maximilianeum zunächst das Theater selbst zu erbauen sein, welches dereinst durch die Brücke und die neue Strasse mit der Residenz in Verbindung treten soll.

Für das Theater selbst habe ich nun, durch genauestes Eingehen auf die idealen künstlerischen Erfordernisse, so wundervolle Aufgaben gefunden, dass Semper, der für solche Ausführungen einen wahren Adlerblick hat, staunend zu erkennen gab, dass er ein so originelles Werk von höchster Schönheit bisher noch nicht in das Auge gefasst hätte. Er wird nun unsre Ideen ausarbeiten, und den Plan, der uns Beide mit Enthusiasmus erfüllt, alsbald sorgfältig entworfen dem göttlich holden Urheber zur Ansicht und Prüfung vorlegen. –

[…]

Glauben Sie wohl, mein holder König, dass auch ich für eine andre Welt geboren war, als diejenige, die mich bisher umfing, und aus der nur Ihre göttliche Liebe mich befreien konnte. Die kurze Zeit, welche ich mich jetzt, im Genuss des liebgewordenen Grundstückes, von jedem Umgang zurückzog, um meine armen Nerven auszuruhen, hat mir einen Vorgeschmack von dem Leben gegeben, das einem so empfindungsvollen Organismus, wie dem meinigen, einzig geziemt: es giebt für mich nur einen glücklichen Zustand, ganz mir anzugehören, um ganz mich dem Geliebten geben zu können. Ich empfand diesen Zustand endlich einmal ganz rein und licht, während der fünf Tage, in welchen ich *für Sie* den Entwurf des Parzival verfasste. – Es war diess die schönste, ruhigste, zarteste und tiefgehaltvollste Zeit, deren ich mich seit Unendlichkeiten entsinne! Das ist für mich das Arkadien, mein Freund, von dem Schillers schönes Gedicht sagt: aus diesem Arkadien kamen mir heute die schönen Blumen in Ihrem Briefe. Für sie bleibe ich Ihnen noch den Dank, für diesen Gruss noch die Antwort schuldig! Die Blumen, die ich Ihnen senden kann, muss ich auf dem tiefsten Grunde meines beruhigten Geistes pflücken. Ich ahne es, – die Ruhe ist nah! – Nun träumen Sie in Ihrem Arkadien! Doch athmen Sie auf, erquicken und stärken Sie Sich: die Aufgabe Ihres Lebens ist ungeheuer! Dem Berufenen wird die Welt schwer: – *ich* – weiss es, und deshalb darf ich Ihnen Muth und Trost zurufen! –

Mit innigster Liebe
Ihr
treuester Richard Wagner

München
13 Sept. 1865

32 Wagner an Ludwig

Mein Theurer, unermesslich Gütiger, Schöner!

Es ist Sonntag! Immer noch lacht der Himmel unbewölkt. Wir haben einen langen und schönen Sommer. Unsrer Liebe Frühling! Wie gern stimmt sich meine Seele zu der Andacht, die mich durch Heilung zur Genesung führt. Meine Andacht ist, mich Ihrer Liebe ganz bewusst zu machen: ich versenke mich in die Tiefe Ihres ahnungsvollen Herzens, das mit allem Leiden und Streben mich in sich schloss, um mich zu erlösen, mich zu heiligen und zu weihen. Da wird es still um mich: Sonntagsruhe webt umher: aus tiefster Seele klingen die feierlichen Glocken der wohlgestimmten Weltharmonie. Ich bete, und – liebe Sie! –

Sie lieben – heisst für mich, das Beste sein, was ich sein kann! Süsser, lieber Herr meines Lebens! –

Unsre Liebe, mein Holder! – so wunderbar und unerhört, muss der Welt zu einem hohen Glück gereichen. Nun, da ich mich immer stiller und andächtiger sammele, suche ich die Aufgabe zu ermessen, die Wir zu lösen haben. Was ich bisher nur mit Verzweiflung im Herzen erkennen und bezeugen musste, darf ich jetzt mit hoffnungsvollem Eifer mir wieder vorführen, um aus dem Erkannten die nun lösbare Aufgabe Unsres Strebens klar und bestimmt zu zeichnen. Während ich das Tonfedergewand der Waldvögel webe, die deutlich zu Siegfried sprechen, denke ich daran, dem geliebten Helden meines Lebens jene Aufgabe aus meiner, durch mannigfache Leiden erkauften Welterkenntniss so gestaltet vorzuführen und zum Bewusstsein zu bringen, wie sie vor meiner Seele steht, – jetzt im Schimmer ernster, andächtiger Hoffnung. Ich darf jetzt die Sprache dieser Mittheilungen reden, denn zwischen Uns ist etwas vorgegangen, was mich nun zu prophetischer Deutlichkeit, zu genauer Verkündigung dessen zwingt, was mein Held nun hören kann, weil Er – ganz von selbst es hört. Es geht Ihm wie Siegfried mit dem Waldvogel. Zweimal lauscht er: das erstemal vernimmt er aber nur die Melodie; da möchte er auch den Sinn der Melodie verstehen: wie fängt er das an? Er wirkt eine grosse *That*: er erschlägt Fafner. Was nützt ihm die ungeheure That? Sieh da! er *versteht* nun auch den Sinn des Vogelgesanges. Klar steht vor ihm die Bedeutung seiner That, seine Macht, die

Verkündigung der hohen Braut. So verkünde ich dem theuren Siegfried meines Lebens den Sinn der That Seiner Liebe zu mir, Seine Macht: die Erweckung der hohen Braut durch Ihn: Deutschland – ist Ihm Brünnhilde! – Ich singe das Lied der Erweckung dieser Braut. Es ist ein ernstes, feierliches Lied: und doch traut und innig. Es ist das sinnige Wort vom »deutschen Geist«. –

Die Aufzeichnungen der letzten Tage ergehen sich über diess ernste Thema, und liefern gewissermaassen den Text zu mancher Melodie, die bisher in das Herz des Geliebten drang. Falle ich nicht lästig, so fahre ich fort, und führe das Thema nach mancher Seite hin noch aus. So überwinde ich die lange Entbehrung des ersehntesten Umganges auch ein wenig! –

[...]

Gewiß ist, daß mir der Weg vollkommener Heilung und Genesung immer kenntlicher vorgezeichnet ist: Weltvergessen durch thätigste Versenkung in schöpferische Arbeit! – O mein himmlischer Freund! Aus tiefster Seele segne ich Sie für diese Rettung meines Heiles! Kein Morgen bricht jetzt in meinem Leben an, an dem ich nicht mit liebevoller Inbrunst dem treuen Engel meiner Erlösung danke!

Alles Heil der Welt, alle Wonne des Himmels werde Ihnen!

In ewiger Liebe und Treue

München
23 Sept. 1865

der Ihrige
Richard Wagner

33 Ludwig an Wagner

Mein Freund! – Mein Geliebter!

Ja, mein Theurer, wir feiern Unsrer Liebe Frühling, einen ewigwährenden, wonnevollen Frühling, dem kein herber Herbst, kein frostiger Winter je folgt. –

Wie glücklich, wie überselig macht mich Ihre Liebe! –

Seit mehreren Tagen bin ich wieder in Hohenschwangau, wo ich, gestärkt und neu belebt durch den herrlichen, wenn auch kurzen Aufenthalt in den einsamen Berghütten, am vorigen Dienstag Morgens anlangte. –

Mit welch inniger Freude erfüllte mich Ihr Brief; mit welch lebhaftem Interesse las ich die Fortsetzung Ihres Tagebuches! –

Deutschland, Du wirst befreit aus den Ketten der Schmach und der Noth! – Wir wollen das Werk vollführen, mein geliebter Freund! »Wir erwecken die schlummernde Braut, die Schlaf so lange verschloß, wir bringen ihr *»ewige«* Wonne!« – Deutschland vertraue Deiner Macht, Deinem kräftigen Geist! –

Wie freue ich mich, den Theuersten nun in Siegfried's Wald, bei den Vöglein zu wissen, die den Helden warnen und leiten! O wäre auch ich wieder bei ihnen im Tannendunkel, im Waldesweben! – Dort ist mir wohl, im Sternenglanz, im Mondenschein! Ach könnt' ich doch auf Bergeshöh'n in Deinem lieben Lichte geh'n, um Bergeshöhle mit Geistern schweben, auf Wiesen in Deinem Dämmer weben, von niedrer Erdenpein entladen, in Deinem Thau gesund mich baden! – Ach, mich dort ganz zu versenken in Ihren Geist, Ihr Bild stets und ewig vor Augen zu haben! – Doch laß Uns dieser Stunde schönes Gut durch solchen Trübsinn nicht verkümmern! – Mein Feuer wird nie erkalten, es wirke das ewige Werk! –

Wann etwa gedenkt mein Geliebter Seine Reise nach Wien und Paris zu unternehmen, wie steht es um die neuen Instrumente? – Was hörten Sie von Semper in der letzten Zeit?

Ach, daß ich hier so wenig Zeit zum schreiben finde! –

Vermeiden Sie jede Berührung mit der profanen Außenwelt, ich beschwöre Sie, sie taugt nichts für Uns! – Schonen Sie sich! – Mit glühendem Feuer der Begeisterung erfüllt mich Alles, was Sie schreiben! – Deutschland! – deutscher Geist! –

In ewiger Liebe und Treue bis in den Tod!

Hohenschwangau — Ihr
d. 26. Sept. 1865. — Ludwig.

Durchschreiten Wir muthig die Lohe,
Uns weiche ihr fressender Zahn! –
Ich erkenne den Weg zur Vollendung. –

34 Wagner an Ludwig

O mein herrlicher, himmlischer Freund! –

Welches Glück umfängt mich! Ein wundervoller Traum wird mir zur Wahrheit! Wo soll ich Worte finden, Ihnen den Zauber dieser Stunde zu nennen? – Da bin ich, in der Gralsburg, in Parzival's erhabenem Liebesschutze!

Die Sonne lacht dem Wahrtraum. Ich bin glücklich, glücklich bis auf die letzte Faser meines Daseins! –

Wer sandte das Leiden, das nun den Geliebten befiel und Ihn mir fern hält? Wär' es der Dämon? oder ist es der Gott, der Uns ein kurzes sinnendes Schweigen auferlegt wissen will, um Ruhe zur Versenkung in die Tiefe der Seele zu finden?

Geduld! Ich bin in Ihren Engelsarmen! Wir sind uns nah, und meine ernste Freude sagt Ihnen, dass ich

glücklich bin! –

Bald vor den Augen des geliebtesten Menschen! –

Dank! Dank!

Treu und liebend

11 Nov. 1865 Richard Wagner

35 Ludwig an Wagner

Mein theurer Freund!

So leid es mir ist, muß ich Sie doch ersuchen, meinem Wunsche Folge zu leisten, den ich Ihnen gestern durch meinen Sekretär aussprechen ließ. – Glauben Sie mir – ich mußte so handeln. Meine Liebe zu Ihnen währt ewig; auch ich bitte Sie, bewahren Sie mir immer Ihre Freundschaft; mit gutem Gewissen darf ich sagen, ich bin ihrer würdig. – Getrennt – wer darf Uns scheiden? –

Ich weiß es, Sie fühlen mit mir, können vollkommen meinen tiefen Schmerz ermessen; ich konnte nicht anders, seien Sie davon überzeugt; zweifeln Sie *nie* an der Treue Ihres besten Freundes. – Es ist ja nicht für immer. –

Bis in den Tod

Ihr

[München, 7. Dez. 1865] treuer Ludwig.

(Soviel als möglich soll die Sache geheim gehalten werden, Ihrem Wunsche gemäß.)

36 Wagner an Ludwig

Mein theurer König!

Gewiss täuschen auch Sie Sich nicht über die Dauer meiner Entfernung. Ich bitte Sie daher, mir einige wenige Tage zu gönnen, um mein Haus und meine Angelegenheiten in würdiger Weise zu ordnen. Alles, was ich thue, ist nur Vorbereitung meiner Abreise, die, wie gesagt, in wenigen Tagen erfolgen soll. Lassen Sie mich nicht in unwürdiger Weise drängen, noch sonst wie belästigen. Vertrauen Sie meinem Edelmuth, und vor Allem meiner Liebe zu Ihnen, dass ich in keiner erdenklichen Weise irgend welche Beunruhigung für Sie, noch für sonst Jemand veranlassen werde. Dagegen bitte ich Sie dringend, dass meine Abreise – wie auch Sie mir versprachen – unbeachtet bleibe. Ich werde »um meiner Gesundheit Willen« an die milden Ufer des Genfer See's mich wenden. Beim Scheiden werde ich Ihnen mein einstweiliges Vermächtniss hinterlassen. Fern sei mir jeder Zweifel an Ihrer Liebe. Erhalten Sie mir Ihren Schutz. Beglücken Sie mich durch treue Pflege Unsrer Ideale!

Können Sie mir die nöthige Erklärung des Hofsecretariates, um welche ich Sie gestern ersuchte, nicht erwirken, so erachte ich es für nöthig, in gänzlich unherausfordernder Weise, ungefähr mit denselben Worten, von meiner Seite aus dieselbe Erklärung abzugeben. Wenn meine grössere Erklärung in Betreff des Wahren der mir von Ihnen erwiesenen Wohlthaten Ihnen lästig ist, so unterdrücke ich sie, wie ich überhaupt stets bereit bin, Alles zu thun und zu lassen, was Ihnen lieb oder unlieb sein könnte. Nur bitte ich zu erwägen, wie wichtig es ist, dass jene groben Vorwürfe, auf welche sich die gewünschte Erklärung des Hofsecretariates zu beziehen hätte, nicht auf Ihrem entfernten Freunde lasten. –

Bald ein letztes Wort des Abschiedes! Bis dahin bitte ich um Ihren königlichen Schutz für meine ungestörte Ruhe. In wenigen Tagen melde ich Ihnen, dass ich an der Schwelle Ihres Landes stehe.

Treu bis zum Tod
Ihr
Richard Wagner

München
7 Dez. 1865

37 Wagner an Ludwig

O mein König! Mein – Freund!

Nein! so wird es nicht enden, dass, was ein halbes Jahrhundert langsam und mühvoll in mir reifte, nun, da es an die Sonne Ihrer Liebe getreten ist, dem plumpen Spiele des Dämons der Verwirrung und des Misverständnisses zur Beute fallen sollte. Nein! Ein Augenblick ruhiger Besinnung, und Alles schwindet wie wesenloser Dunst! –

Ich bin krank und elend. Selbst am Ausgehen endlich verhindert, um mich mit müdem Auge nach einer ruhigen Wohnung umzusehen, schloss ich überwacht das Auge. Was sah ich da vor mir? Mein liebes Häuschen vor den Propyläen, den kleinen Garten, – die Pfauen wandelten drin herum, Sonne und Ruhe lag auf Allem. »Wie? ist denn heute mein Geburtstag?« frug ich: »es ist ja erst der *vierte* Mai?« Da sah ich mich um, und – Siegfried lachte: »das ist ja Dein Geburtstag: weisst Du das nicht?« – Da erwachte ich, weinte und – telegraphirte dem holden, leidenden Freunde! –

Nun seien Sie nicht bös, mein theurer König! Ich will Sie nicht ängstigen. Aber – eine neue Niederlassung suche ich mir nicht hier, und nirgends mehr. Ich will fortbleiben, so lange es Ihnen gut dünkt, aber, soll ich nicht wieder in mein Häuschen – zu Ihnen ziehen, so kehre ich nun nirgends mehr ein – nirgends mehr! –

Ich hab' an Lutz geschrieben: auch wegen der bösen Sache mit dem »Wankelmuth«: glauben Sie meiner ihm gegebenen Versicherung. Nicht ich (oh! Ich?) – aber Ihr Volk, glauben Sie, Ihr Volk – kommt auf solche Vorstellungen. – Aber was sagt das Alles! Das ist ja Alles Wust und Thorheit. – Doch Alles wird gut werden. Gott weiss, was das für eine Confusion war! Ich hörte und sah nicht mehr. Das darf nicht wieder kommen: gewiss! Jetzt geben Sie mir ein paar Jahre höchster Stille und Vergessenheit; nur Sie sollen von mir wissen: da mache ich meine Werke fertig. Man soll gar nicht mehr glauben, dass ich auf der Welt bin. Ich thue Alles, Alles – was man verlangt, wenn ich mich bald wieder in Ihrem Häuschen still, still verstecken kann. Lassen wir jetzt Alles, Kunstschule und Gott weiss was, wozu Wir Menschen gebrauchen. Wir haben jetzt keine Menschen. Kommt Zeit, kommt Rath: endlich wird's doch! Nur erst Ruhe und Werkeschaffen. Erhalten Sie mir Bülow's. Wenn er darum bittet, geben Sie ihm zunächst für ein Jahr gnädigen Urlaub: er reist dann und lernt Leute kennen, die Wir später brauchen. – Tauchen Wir unter, bis die Sonne wieder scheint, die liebe Maien-Sonne! Bleiben Sie mir nur gut, und zweifeln Sie nie an meinem Glauben! Aber auch gesund müssen Sie mir bleiben: straff und fest das Misgeschick ertragen! Die Tage von Hohenschwangau waren zu schön –: der Dämon will sein Recht! Jetzt nur treu und traut! Das ist die wahre Prüfung. Ach! Was *Wir* schaffen wollen, ist ja so gross, so neu, so umfassend: wie sollte das so schnell, wie gemeiner Grassamen im trockenen Boden Wurzel fassen! – Muth und Geduld! Machen Sie, Theuerster, gute Miene! Am Ende meinen es doch die Leute nicht so übel. Ich weiss, dass wer mich *kennt*, mir nicht Feind ist: nur bin ich eben schwer zu kennen. *Sie* kennen mich, und bleiben mir treu! Nicht wahr? Nun denn, wenn es so weit ist, still, ganz still stehle ich mich dann gelegentlich wieder in mein Arbeitshäuschen: kein Mensch soll wissen, dass ich noch existire.

Ist's Ihnen so recht, mein König, mein Heiland? Verzeihung, wenn die Bitterkeit mich übermannte: ich hab' viel, sehr viel gelitten. Doch meine heutigen Thränen haben Alles hinweggeschwemmt. – Gott mit Ihnen!

Pension du Rivage
près Vevey. Schweiz
20 Dez. 1865

Treu bis zum Tod
Richard Wagner

38 Ludwig an Wagner

Mein innig geliebter, mein einziger Freund!

Heute Nacht war's mir, als hörte ich im Traume das herrliche Motiv, welches bei Lohengrin's Ankunft in der Ferne erklingt (ein Zeichen nahender Freude!); als ich nun erwachend das Auge aufschlug, erhielt ich Ihren mir so theuren Brief. – O ich wußte es wohl, Wir verkennen Uns nie! – Je mehr ich über den Schritt nachdenke, den ich mit blutender Seele that, desto mehr sehe ich ein, daß ich unter den gegebenen Umständen gerade so und nicht anders handeln mußte; doch getrost, mein über Alles, Alles Theurer, es werden schönre Zeiten kommen. Lassen wir noch ein paar Monate vorüberziehen u. dann, o ich beschwöre Sie, kommen Sie wieder, beziehen Sie wieder Ihr Haus; es soll Ihnen für immer bewahrt bleiben. Dann bist Du wieder im ächten Land, im Heimatland, auf eigner Weid und Wonne, im Schein der alten Sonne, darin von allen Wunden Du selig sollst gesunden! – Alles wird gedeihen; auch Semper, von dem ich neulich Nachricht erhielt, arbeitet rüstig fort, das Rheingold wird ausgeschrieben; ich ließ Bülow ersuchen, mir nach und nach das Werk vorzuführen.

Sie haben ganz Recht, daß Sie keine neue, bleibende Niederlassung suchen; die Trennung soll ja nur kurz währen; ach, der Tag, der Tag! – Wir werden Uns wieder wie früher traut und selig sprechen, Ihren Geburtstag wieder freudig zusammen feiern! – O das Jahr war schön, war herrlich: Tristan! Tristan! wird das kommende Uns Siegfried bringen? [...]

Mir gegenüber steht Ihre Büste, umgeben von Blumen. Muth, Muth ruft sie mir zu; das Bild Unsres Tristan blickt auf mich hernieder. – Hoffentlich sehen Wir Uns in 2 bis 3 Monaten wieder! – Heil und Segen zum neuen Jahre, Preis dem Angebeteten aus ganzer Seele! Ihr Eigen bleibe ich im Leben und im Sterben! – Treu bis zum Tode

München
am 23. Dez. 1865.

Ihr
Freund Ludwig.

Mein einziger Freund! Wonne des Lebens!
Höchstes Gut! Alles! – Heiland, der mich beseligt!

(Daß Sie mir dieß Alles sind, erfahre ich mit jedem Tage auf's neue). – Vor Allem drängt es mich Ihnen zu sagen, wie ich aus ganzer Seele den schweren Verlust, den Sie erlitten, ermesse, Ihren Schmerz mit fühle, da Ihre Gattin verschieden ist. –

Nun, mein Geliebter, mein einziger Trost in höchster Trauer! nun muß ich Ihnen schreiben, wie es mir um das Herz ist. – Glauben Sie ja nicht, daß ich von jenem Pf. Ihre Rückkehr erbetteln will, nein, nein! – Das Schicksal will, daß Wir nur kurze Zeit noch geschieden sind; dann »ewige Vereinigung ohne Trennung«! Bei Allem, was Ihnen heilig, *beschwöre* ich Sie, kehren Sie hieher zurück, versprechen Sie mir dieß! Dann kommen endlich (ich weiß es, mir sagt es die innre, nie lügende Stimme) die goldnen, heiß ersehnten Tage, dann sind Wir vereint, dann reift das wonnige Werk, dann erhebt sich der wundervolle Bau, dann kommen die Tage der Nibelungen, Parcival's! –

Heiß Geliebter, Angebeteter, Herr meines Lebens! Sagen Sie mir Ihr Kommen zu! Glauben Sie mir, sonst *sterbe* ich! –

Die Freundin sandte mir den Anfang Ihrer Biographie, o setzen Sie dieselbe fort, ich *flehe darum*; o wie gottvoll ist die Entwicklung des darin wehenden Riesengeistes! – Heilig, heilig bist Du! – O wie schwebten mir beim lesen die herrlichen, ewig unvergeßlichen Tage von Hohenschwangau vor, dessen Sonne ewig beseligend strahlt! – Auf jene wonnevollen Tage hin kann kein ewiges Scheiden folgen, nein, nein! – Beziehen Sie wieder Ihr Häuschen, besuchen Sie Ihren Garten, schaffen Sie, leben Sie in Ihrer wunderbaren, heiligen Welt, lassen Sie mich streiten, kommen Sie viel zu mir, schreiben Wir Uns oft! Ich kann Ihnen nicht schildern, wie ich Sie liebe, das arme Wort reicht nicht aus; vor Ihrer Büste, welche der Blumen Duft magisch belebt, knie ich anbetend, ich vergieße Thränen, bittere Thränen, soll ich denken, daß Sie einst nicht mehr sein werden! – Bei Gott, ich will an Ihrem Todestage auch hinüber; o dann trennen sich Unsre Seelen nie, nie! – Mein Freund, o mein Geliebter, willst Du fliehen? Nein, Heißgeliebter! Diese Begeisterungs-Flamme soll herrliche Früchte tragen; kommen Sie zu dem Freunde, der Sie liebt, für Sie glüht, wie *kein* Sterblicher es vermag. – Schaffen Sie jetzt im Siegfried? – Erweckt Er bald die verheißene Braut? –

Die Entfernung jener Personen ist gegenwärtig ein Ding der Unmöglichkeit und doch können Sie die so dringend nöthige Ruhe einzig hier finden, wo das warme, begeisterungsvolle Freundesherz schlägt; vertrauen Sie der Alles vermögenden Macht der reinen, gottentstammten Liebe, sie wirkt Wunder! – Geben Sie die Niederlassungsgedanken im fremden Lande auf, ach es können nur Irrfahrten sein! – Hieher, theurer, einziger Freund! –

O hätte ich die Zungen von Millionen, Sie zu überreden! – Soll es denn nie geschehen, daß die großen Geister glücklich und zufrieden leben können, von ihren Mitmenschen bewundert und sie begeisternd? Und Sie, der strahlt wie eine Sonne in nie vergehender Pracht, der Shakespeare und Beethoven noch überragt, der die Kunst von Beiden in sich vereint und zu nie geahnter Vollkommenheit erhebt, Sie, dessen Name in tausend und aber tausend Jahren durch seinen bloßen Schall allein schon die Menschheit entzünden wird in Begeisterungs-Flammen, Sie, der nun endlich den ersehnten Fürsten gefunden hat, der sein Leben Ihnen weihen will, der mit jeder Faser des Seins Ihnen gehört, Sie sollten nicht »Alles« erreichen, wofür Sie glühen? – Wir *»wollen«* fest, und das geträumte, ahnungsvoll erschaute Ideal tritt in das Leben. – Das ist des Schicksals Wille! – Wir vereint sind »unbesiegbar!« – Die »Welt« wird an dem Beispiele, das Wir ihr geben wollen, zu schanden, der »Tag« verliert seine Macht, ewig dann währt Unser seliges Frohlocken. – O schreiben Sie mir recht bald, heiliger Freund!

Glühend für den einzigen Freund bis zum letzten Athemzuge, dem Geliebten treu bis in den Tod

München — Sein
am 28. Jan. 1866. — Ludwig.

40 Wagner an Ludwig

Tagebuch. Marseille: 28 Jan. 1866.

Roland's Tod. – Auch Roland? Wem fiel der Held? dem Verrath. – In höchster Noth stösst er in sein Wunderhorn »Olifant« – Kaiser Karl hört den Klageruf: »Roland ist in Gefahr!« – »Nicht doch!« beruhigt Ganelon, der Verräther. »Roland befindet sich ganz wohl: er ist nur auf der Jagd.« – Der Held blutet aus zehn Todeswunden – noch einmal sendet er den Ruf dem Freunde: Karl wird Angst – »Roland ist in Todesnoth.« – »Nicht doch!« schwört Ganelon: »mir selbst hat Roland aufgetragen, Dich nicht beirren zu lassen, wenn Du sein Horn hören würdest; er vergnügt sich in den Bergen. Glaub' es meinen Eiden!« – Und der König beruhigt sich wieder. –

– Nun liegt Roland sterbend mit dem Haupte an den Felsen gelehnt im Thal von Roncevaux. Ihn kümmert sein edles Schwert »Durandal«. Das soll in keines Gemeinen Hände fallen. Seine letzte Kraft wendet er auf, es zu zerbrechen; er schlägt an den Felsen an – vergebens, der Fels spaltet sich, das Schwert bricht nicht. (Das sind seine letzten Kunstwerke!) Da endlich rafft er die aeusserste Kraft zusammen, und schleudert das herrliche Schwert über die höchsten Berge des Thales hinweg: da fällt es in den Abgrund eines unnahbaren See's. Kein Mensch hat »Durandal« wiedergesehen. – Nun, noch einmal stösst er mit Todeskraft in sein Wunderhorn – furchtbar hallt es – und berstet. – Der König hört's: – der Verräther beschwichtigt ihn wieder. – Die Sonne geht unter: der Held seufzt den Namen der Geliebten – und stirbt. – Nun erfährt der König, dass er verrathen war. Der Verräther wird furchtbar bestraft. Vierhundert tausend Feinde müssen fallen; dreihundert Städte werden verbrannt. –

So – war es immer! –

Warum ist der Held immer fern von seinem Könige, und warum der Verräther immer nah? –

Warum, warum war selbst der grosse Kaiser Karl so leicht, so schrecklich leicht zu täuschen? – Er wusste, dass Ganelon und Roland sich feind waren! – Warum nun, da er das Horn hörte, glaubte er nicht seiner inneren Stimme, – warum den Schwüren des aller Welt bekannten Verräthers? –

Weil – Helden sterben müssen, und die Welt ihrer nicht werth ist. –

Und »Durandal«? –

Keiner wird es wieder schwingen!

41 Ludwig an Wagner

Telegramm
München, 31. Januar 1866
Herrn Richard Wagner Genève.

Ich höre des Hornes mächtigen Schall, o noch ist's Zeit! Hieher, hieher! Bestrafung Jener jetzt nicht möglich, alles wird werden.

Zum Kampfe für Dich will ich steh'n,
Sei's auch auf Tod, auf Untergeh'n.
O Horn, nun meinem Helden sage,
Daß er mir helf in meiner Noth.
Laß mich Dich sehn, wie ich Dich sah.
Wie ich Dich sah, sei jetzt mir nah.
Ich höre das Horn!

Ludwig.

42 Ludwig an Wagner

Mein treu geliebter Freund! – Mein Alles!

Wie wahr ist Alles, was Sie in Ihrem theuren Briefe mir schrieben! – Wie macht mich das feste Vertrauen, der unerschütterliche Glaube stolz, den Sie so treu bewahren; der Drang, die laute Stimme meines Innern ist so mächtig, so überzeugungsfest, daß ich sie nicht als Hoffnung allein bezeichnen kann; nein, es ist herrliche Wahrheit, ist das beseligende Gefühl der Gewißheit; o dieses Bewußtsein ist auf's neue anfeuernd und begeisternd; es läßt keine Muthlosigkeit, kein Verzagen aufkommen.

Wie innig freut es mich zu hören, daß der vorläufige Aufenthalt in Luzern an dem geliebten Vierwaldstättersee Ihnen angenehm ist; Sie schreiben mir, dort wollten Sie bleiben, bis ich Sie öffentlich vor aller Welt wieder einladen kann, nach München zu kommen. – Ich theile dem Freunde nun meine Absicht mit, Ihn zu bitten, vor dem Anfange des nächsten Winters hieher zu Seinem ständigen Aufenthalte zu kommen; ja, mein über Alles Theurer, mein einzig Geliebter, schlagen Sie mir dann die Bitte nicht ab! o dann soll das Geisterschiff nicht ruhelos mehr die Meere befahren, nicht mehr auf kurze, traurige Zeit an unwirthlicher Küste den Anker in den Grund senken, nein! – denn hier und, o Gott, ich weiß es, nur hier allein, kann Dein Schiff in sichrem Port ruhen. – Geliebter, o bitte, bitte schreiben Sie mir, in wiefern haben Sie durch die Behandlungsart meiner Unterbeamten zu leiden? o sagen Sie mir Alles; denn dem muß abgeholfen werden; denn alles Leiden, selbst das geringste, muß Sie nun auf ewig verlassen; ich kann es nicht tragen, den Gott auf Erden, den Angebeteten mir leidend denken zu müssen; Sie wissen, wie innig, wie glühend, wie verzehrend, mit welch mächtighehrer Gluth ich Sie liebe, und doch können Sie noch glauben, ich wollte von jenen Leiden nichts hören, – (was Sie mir in Ihrem letzten Briefe mittheilten). – Nun wird es bald ein Jahr, seit die wonnige Tristans-Zeit Uns mit Geist und Herz in den Himmel erhob; Sie glauben gar nicht, wie namenlos selig mich jene Zeit gemacht; o schreiben Sie mir bald, sagen Sie mir schon jetzt, ich *beschwöre* Sie, Sie wollen von Beginn des nächsten Winters an bei mir in München sein und dann nie mehr von mir scheiden. – O versprechen Sie mir es, denn ich halte es ohne den heiligen, den gottgesandten Freund auf der traurigen Erde – allein! verlassen! – nicht aus! – Sie sind meine Welt, mein Erlöser!

Traurig schleppen sich die Monde dahin; hie und da suche ich durch vereinzelte Conzerte und Aufführungen mich einigermaßen zu erheitern, zu erfreuen – ach ein schwacher Ersatz für das, was so lange mir fehlt; o trostlose Leere, niedre Menschheit! Wir haben, stolz dürfen Wir es Uns zurufen, keinen Theil an ihr! – O Immermangelnder, versprich mir zu kommen; denn dann nur lebe ich, sonst sieche ich dahin, gehe freudlos zu Grunde! – Im Mai will ich noch einmal die »Hl. Elisabeth« hören; am 11ten um 10 Uhr Morgens fahre ich zu längerem Aufenthalte nach Berg; um jene Stunde wird es 1 Jahr, seit die gottvolle Hauptprobe zu »Tristan und Isolde« begann; am 10. Juni soll »Lohengrin« gegeben werden, 1 Jahr nach der ersten Aufführung des »Tristan«; dann wird »Tannhäuser« gegeben werden; ich brauche es als Seelennahrung. – Ach, so sucht man sich eben das Leben einigermaßen erträglich zu machen; o Quelle des Lebens! heiß Geliebter, komme, komme! Den Winter nicht im Auslande, nein bei mir, bei der Freundin, bei Hans! kein Ungemach soll Sie je mehr betrüben, Wir schützen den Freund; o »Meistersinger«, »Nibelungen«, »Parcival«! – Keine Bosheit der Welt hat die Macht, die Flamme der heiligen reinen Begeisterung zu löschen und die wahre, gottentstammende Liebe zu vernichten; und in dem Gedanken, daß Sie mich wieder lieben, darin liegt himmlischer Trost, Glück ohne Ende, rasende Seelenwonne! – O wie liebe, wie liebe ich Sie! Gar keinen Reiz hat die »Welt« für mich: Sie sind die Sonne, durch welche allein die Erde Licht erhält, Sie schaffen Wüsten in Paradiese um; nun da Sie wissen, wie innig, wie treu ich Sie liebe, nun ermessen Sie meine Sehnsucht, mit Ihnen vereint zu sein! Lassen Sie mich nicht länger flehen, kommen Sie vor dem Winter. –

Ich liebe kein Weib, keine Eltern, keinen Bruder, keine Verwandten, Niemanden innig u. von Herzen, aber Sie! Sie, mein Angebeteter, Einziger! Gott hat mir diese Liebe in die Seele tief gepflanzt; stark ist der Zauber dieser Liebe, ich darf es sagen, heilig und mächtig, es entkeimt ihr Erlösungskraft, die Wonnen bereiten kann; Muth! Freude, mein Freund, Wir haben die Welt überwunden! – Treu bis in den Tod, liebend bis in jene Welten, ewig

München
21. April 1866.

Ihr
Ludwig.

43 Wagner an Ludwig

Mein lieber, theurer Wunderfreund!

Nur das Ideal kann Uns für das Leben einigen: nur die höchste Bedeutung, die Wir selbst jeder rein menschlichen Beziehung zwischen Uns geben, kann Unsrem Bunde seine volle, einzig ihn erklärende Würde bewahren: Wir lieben Uns wie zwei Menschen, welche über dem Gesetze der Welt stehen; Alles muss so edel, weit und erhaben sein, dass das Gesetz des Gemein-Menschlichen in keinem Maassstabe an Uns zu legen ist. Diess ist Königs- und Dichter-Liebe! – Die erhabene Grundlage dieser Einigung, die Uns wie in einer Sphärenwolke über die Gemeinheit erhebt, ist aber die Kunst: und welche Kunst? Eben die ideale, die idealste. Alles trübt sich zwischen Uns, und Wir sind unrettbar in das Loos der Gemeinheit herabgezogen, sobald in dieser Grundlage die idealste Bedeutung sich nur im Mindesten trübt. Sobald Sie eben nur ein königlicher Musikliebhaber sind, ich der beliebte Operncomponist bin – (und so sieht Uns die gemeine Welt an!) – ist der Zauber gelöst, und Wir haben kein Recht mehr, dem blöden Urtheil des Haufens zu trotzen. Desshalb –: nur dann können Wir der Welt, ja Uns selbst die Bedeutung Unsres Liebesbundes offenbaren, wenn Wir für die höchste Reinerhaltung dieser Grundlage mit zärtlichster Sorge bedacht sind. Meine Werke werden nie anderem als dieser idealsten Bedeutung angehören: wie nun aber sie der Welt vorführen und zum Verständniss bringen? In dem Gewande und der Form der gewöhnlichen Theater- und Musikliebhaberei? Da brechen Wir Uns selbst den Stab, und der Gemeinste hat ein Recht, Uns, ja Unsren Bund seinem Urtheile zu unterwerfen. Das wollen Wir eben nicht, und daraufhin, dass Wir unsre idealen Werke auch in der idealen Weise vorführen, zielen all die weiten und sorgsamen Pläne, deren Ausführung von der Gemeinheit der Welt Uns eben so sehr erschwert wird. Werden Wir diesen Widerstand überwinden, wenn Wir im Voraus nachgeben, und mit Unsren idealen Werken in die Arena ihrer gemeinen Kunstliebhaberei hinabsteigen? Im Gegentheil, Wir geben ihm Kraft. Nur verstümmelt oder doch undeutlich können Unsre Werke so zur Darstellung kommen: die Verstümmelung und Mangelhaftigkeit gewahren aber nur Wir; das Publikum glaubt Alles so in Ordnung vor sich zu haben, und urtheilt darnach – erstlich: dass sich das Alles doch nicht wesentlich von dem Gewöhnlichen unterscheide, und – zweitens – da *Wir* es ihm so geben – fragt es, da Wir diess mit dem Gewöhnlichen erreichen, warum da so besondere Anstrengungen, wie Unsre Pläne sie vorzeichnen, noch erst nöthig seien? Somit geben Wir ihm die Waffe, Unsre ideale Vervollkommnung zu bekämpfen, und die Verwirrung wird vermehrt. In diesem Sinne, mein geliebter Freund, besprachen Wir Ihren Wunsch von »Musteraufführungen« des Tannhäuser und Lohengrin für dieses Jahr: ich stellte Ihnen vor, aus welchen Gründen es selbst *mir* unmöglich sein würde, vollgültige entsprechende Aufführungen dieser Werke jetzt zu Stand zu bringen, und es war schön und herrlich von Ihnen, dass Sie sofort energisch von Ihrem Wunsche abstanden, und von gewöhnlichen Theateraufführungen meiner Werke in dieser Zeit nichts hören wollten. Die Sehnsucht – ach! die mir so liebe, theure Sehnsucht des Freundes, doch etwas in dieser langen Zeit von meiner Musik wieder zu hören, – wie tief und innig rührt sie mich: messen Sie dieser Rührung es bei, wenn ich bisher zu den mir gemachten Mittheilungen in Betreff der beabsichtigten Aufführungen schwieg. Die unaufhaltsam wachsende Schönheit und Erhabenheit Ihrer Liebe und Unsres Bundes giebt mir nun aber den Muth, der weichen Rührung zu wehren, und den Freund ganz und fest auf das Ideal Unsrer Sendung hinzuweisen. Hören Sie, Theurer! Ausser Frau Schnorr haben Sie für nicht eine meiner Gestalten ein nur irgendwie entsprechendes Darstellungstalent zu Ihrer Verfügung: Niemann ist ein roher, wenn auch in Einzelnem begabter, Effekthascher, der mir in tiefster Seele zuwider geworden ist. Wer soll nun diesen trägen, schlaffen, verbildeten und trivialen Elementen auch nur den äusserlichsten Rhythmus der von mir verlangten Darstellung vorzeichnen? Lohengrin, namentlich der zweite Akt, ist auf allen Theatern bisher noch schauderhaft falsch und unverständlich gegeben worden: nur ich – ich ganz einzig würde im Stande sein, unmittelbar mitwirkend, jeden Augenblick praktisch eingreifend und anweisend, Sinn und Verstand in diese Darstellung zu bringen. Bülow wird, unter meiner Anleitung, die Werke vollendet richtig und gut dirigiren; ohne meine persönliche Mitwirkung wird er die Musik besser und richtiger als irgend ein nur erdenkbar anderer Dirigent ausführen lassen: die scenische Darstellung ist nicht sein Fach, und hierfür fordert es eine Begabung und Erfahrung, wie ich ganz allein sie besitze. Die Scene wird unter allen Umständen fehlerhaft und gemein bleiben müssen. Die neuen Scenen des Tannhäuser sind geradeswegs vollständig unmöglich, weil ich selbst, und zwar sobald mir die ganz entsprechenden Mittel zu Gebote gestellt würden, erst die – in Paris gänzlich ungelöste – Aufgabe derselben meiner Kenntniss und Erfahrung als Problem zu stellen hätte. Unter solchen Umständen kenne ich gar kein peinlicheres Gefühl, als den Gedanken an diese beabsichtigten Aufführungen, und ich gestehe, dass die Vorstellung davon mein Inneres bitter und quälend bedrückte. »Wie schön« – sagte ich mir: – »Wie würdig, wenn *Er* der Trauer, vom Freunde entfernt zu sein, ja – ihn von Sich gewiesen zu haben, auch den wahren, dem Freund wie der Welt verständlichen Ausdruck gäbe, da zu verstummen, wo er schweigt. Kein Fest, sei es auch ein Erinnerungsfest, sollte die Zeit dieser Trennung gefeiert sehen: dem Todten könnte Er Festspiele bringen, dem Verbannten kann Er nur mit Verstummen Seine Trauer zeigen.« So mache ich es: keiner Einladung, selbst der freundlichsten und erfreulichsten bin ich gefolgt; ich hätte mich in manchem grossen Weltorte feiern lassen können, und meinen heimischen Feinden wäre vielleicht etwas damit zu sagen gewesen. Wie thörig –! Ich wäre erlegen, wenn ich nur den Versuch dazu hätte machen wollen, anders als zu Ihm, dem Geliebten, mit meiner Kunst selbst vor der Welt zu sprechen!! Keine Rücksicht der Klugheit wollte dagegen Stich halten. Gewiss! selbst diese kümmerlichen Aufführungen müssten mir, im Sinne der Welt, von »Nutzen« sein. Im Sinne der Welt – bekundet sich dadurch des Königs fortgesetzte Liebe zur »Wagnerischen Musik«; die Stücke werden, gerade unter den obwaltenden Umständen, von grosser mir sehr »günstiger« Wirkung sein: mein Andenken wird neu angeregt, die Theilnahme an meinem unverdienten Loose wird immer lauter werden: die Feinde werden kleinlaut, ängstlich. Vielleicht – ja, Alles recht nützlich und vortheilhaft! Aber – Unsre Liebe? Unser Bund? Ludwig's und Richard's Einheit, – was haben sie mit all diesen Rücksichten, diesen Vortheilen zu thun? Wie klein und nichtig, ein gemeines Günstlingsverhältniss, wären sie, wenn auf diese Weise ihren hohen, erhabenen Zwecken genützt werden könnte! – Nein! Fremd möge Uns diese Klugheit bleiben! –

Aber – Parzival ist so traurig, so verlangend, so bedürftig! Bin ich nicht grausam, wollte ich Ihm den tönenden Erinnerungstrost wehren? – Ach! auch diess kämpft nun wieder in mir: wie mir helfen? – Da sage ich denn: »Lieber, Sie sind König von Bayern, müssen einen Hof halten, und haben auch ein Hoftheater und ein Hoforchester: Sie können nicht vermeiden, mit all diesen Herrlichkeiten öfter sich abgeben zu müssen, und haben nun, als feinfühlender, kunstsinniger Herr nur dafür zu sorgen, dass die Unterhaltung so gut und schicklich wie möglich ausfalle. Gut denn! lassen Sie die Leute denn auch Lohengrin und Tannhäuser geben: aber verbinden Sie, unter den obwaltenden Umständen, keine besondren Ansprüche damit. Gebe man die Werke, wie man andre edle Werke auch giebt: so gut es eben geht; und Vieles wird besser, das rein Musikalische meistens sogar vollendet gut gehen, wenn Meister Hans mit voller Autorität am Dirigentenpult steht, und doch wenigstens das bietet, was nirgends sonst anzutreffen sein wird. Aber – nur keine ›Mustervorstellungen‹!«

Ach, Gott! Was möchte ich nicht Alles thun, dem Theuren auch nur eine kleine Freude zu machen! Schlimm steht es mit Uns: ich bin alt, und Sie sind jung. In gar keiner Weise kann ich mehr »Spielen«; und wiederum – ein edles »Spiel« ist ja der Keim der Thaten in der Jugend. –

Ich habe Alles gesagt. Meiner anbetungsvollen Liebe für meinen wunderbaren Freund war ich das offenste Bekenntniss meiner grossen Beklemmung schuldig. Er wähle nun, wie er wolle: meine Liebe heisst Alles gut! –

Gegrüsst aus voller Seele! Treu bis zum Tod!

Luzern
1 Mai 1866

Ihr
Richard Wagner

Einziger! – Herr meines Lebens!

Eine Bitte! – Die Gewährung derselben würde mich zum seligsten der Menschen machen, die abschlägige Antwort stürzte mich in's Elend. – Ich bitte flehentlich den Freund hieher zu kommen; nicht weit von Berg, wo ich jetzt bin und, verlassen, Höllenqual empfinde, ließe sich leicht eine geeignete Wohnung für den Theuren finden, etwa zwischen hier und Seeshaupt; an diesem Ufer des Sees herrscht Ruhe und Friede, die leidige Bahn durchzieht nicht diese friedlichen Gaue. –

Ach, hier den *Geburtstag* des Freundes feiern zu können, mit Ihm vereint, hier bald Ihn zu sehen, selige Tage mit Ihm zu verleben! O Du Heiliger, Inbegriff meiner Wonnen! – Es könnte ja auch die Freundin mit ihren Kindern in die Nähe ziehen! Was wäre das für ein Sommer! Im Winter wohnt dann der Theure wieder in Seinem Hause, ich will für Seine Sicherheit, Seine Ruhe bürgen. Die Menschen, die böse Welt, sie glaubte ihr Spiel gewonnen, sie kannte die Macht der heiligen, reinen Liebe und Treue nicht, sie glaubte, Wir könnten geschieden werden! – Ach! ich mußte den Schwan verwunden, bitter thut es mir in der Seele wehe! bitter! aber meiner Sendung ward ich nicht ungetreu! Ich weiß, wem ich zu Eigen bin! – Ich fühle mich ohne Sie, mein Geliebter, so namenlos elend, daß ich krank, innerlich sehr krank mich fühle; lange halte ich es nicht aus; solange Wir noch auf Erden sind, o laß Uns zusammen sein, Ihr Todestag ist auch der meine; dieß fühle ich immer deutlicher: Sie sind meine Welt, mein Gott! – Ach, daß so wenige Sie erkennen, begreifen! – Erbarmen Sie sich meiner, telegraphiren Sie gleich nach Erhaltung dieser Zeilen, Sie wollen kommen und zwar *bald*, sehr bald; kommen, um nie mehr zu scheiden; o erfüllen Sie diese flehende Bitte! glauben Sie mir, Ihr Freund geht sonst rettungslos zu Grunde. – In diesem Zeitpunkte kann ich nicht abreisen, wegen der vielen Geschäfte; ich möchte abdanken; auch dieses fiele mir leicht, wenn ich annehmen könnte, daß der Freund es will; mit Freuden verzichte ich auf die Güter der Erde u. folge Ihnen nach. In diesem Zimmer verlebte ich so überselige Stunden mit dem Gottgesandten! Diese Gegend war heilig durch seine Anwesenheit; und –

jetzt! – Marter! Verzweiflung! – Mein Grab ist nahe, o es ist weit u. groß; kann ich nicht leben mit und für Ihn, der Tod willkommen, feige und nur niederen Seelen eigen wäre es, sich ohne Grund zu fassen und in nichtigen Weltfreuden den Verlust von Paradiesen vergessen zu können.

Der Theure wird den Schmerzensschrei aus der blutenden Freundesseele verstehen; wird Er kommen? – Jeder Gedanke, jeder Nerv, jede Faser meines Wesens gehört Ihnen; wer vermag es, so innig, so treu, so glühend Sie zu lieben? o Sie können die Flehens-Bitte nicht unerhört lassen; sonst wird die Kraft meiner entflammten Begeisterung, die jetzt noch unüberwindliche Macht in sich trägt, diese Kraft wird dann in ihren Grundvesten erschüttert und »Wahnsinn!« bemächtigt sich meiner! – Heil Dir, Auserwahlter Gottes, Inbegriff alles Schönen, Guten, Vollkommenen! – Treu bis in den Tod

Ihr
Eigen
Berg 15. Mai 1866. Ludwig.

45 Wagner an Ludwig

Mein holder König! Mein geliebtester Freund!

Seit Tagen frag' ich mich, wie es zu beginnen, Ihnen jetzt noch etwas zu sein? Was ich Ihnen sagen und melden soll, um nicht störend an Sie heranzutreten, Ihnen nicht wohl gar ein bitter schmerzliches Lächeln zu erwecken? – Ich fasste da endlich an einer Empfindung, die mich mit unsäglichem Wohlgefühl durchströmte, den Muth, Ihnen etwas zu sagen: meinen Dank für Ihre wunderbar schöne Liebe, meine innigste Befriedigung durch Ihre segenvollen Wohlthaten. Jetzt erst, nachdem mir die letzte Hoffnung auf ein edles, grosses, meinem Kunstideale würdiges Vaterland gänzlich zertrümmert ist, muss ich ganz erkennen, was ich in Ihnen fand, was Deutschlands trauernder Genius in Ihnen mir gesandt! Und nun, weil ich Sie habe, weil Wir Uns fanden, kann ich fern von Land und Volk, das Uns nicht gehört, das Uns nicht kennt und versteht, in meiner letzten Heimath leben und weben, – und diese Heimath ist – Ihre Liebe, Unsre Liebe!

Mein Theuerster! Ich arbeite fleissig, und mit grosser Lust: – was sagen Sie dazu? Sie, so beklagenswerth dem Wüthen der Welt, dem Stürmen des Völkerschicksals ausgesetzt, zu dem Millionen angstvoll hinaufblicken, um aus Seinen Entschlüssen ihr Loos auf lange Zeiten zu vernehmen? Dünkt es Ihnen thörig oder weise, dass ich Ihnen, mitten unter den Schrecknissen und düstersten Sorgen, die Ihr junges Königsleben umlagern, von dem Wiedergewinn meiner heitersten Gestaltungskräfte melde, mit den[en] ich jetzt den zweiten Akt der Meistersinger in das tönende Dasein rufe? Ist es thörig, so muss es wohl seinen grossen, tiefen, vielleicht schmerzlichen Grund haben; denn mich, der ich vor Kurzem noch von den wildesten Sorgen um das verrathene, unrettbar verdorbene Vaterland auf das Leidenvollste zerrissen war, mich – der ich mit unabweisbarer Deutlichkeit den Verrath sich spinnen, die Halbheit, Feigheit, Unfähigkeit und Herzlosigkeit der unseligen diplomatischen Lohndiener erkennen, die elenden Folgen ihrer schlechten Macherei und Flickerei voraussehen musste, der ich machtlos nichts abwenden, nichts verhüten konnte, – nun, das Unabwendbare eingetreten, das Elend offenbar wird – nun erfasst mich die alte Kunstbegeisterung, dieselbe, die mir einst, da ich dem verrathenen Deutschland und seinen elenden öffentlichen Kunstzuständen für immer den Rücken wandte, den Riesenbau meines Nibelungenwerkes eingab, und die nun an die Vollendung alles Begonnenen mahnt, wie als ob doch Etwas von diesem geträumten hohen Deutschland der Welt offenbar werden sollte. Nun werd' ich Alles vollenden: und mein Vollendungswerk darf ich nun lächelnd beginnen; denn sein Wahlspruch heisst:

»Zerging in Dunst
das heil'ge röm'sche Reich,
uns bliebe gleich
die heil'ge deutsche Kunst!« – desshalb denn,

den Wahlspruch voran, – beginnen Wir mit den *Meistersingern!* Ach! dass ich so heiter jetzt meine Bestimmung erkennen, nach so unsäglichen Leiden und Enttäuschungen rüstig wieder beginnen und zu vollenden hoffen kann, – das ist ja eben das unermesslich, einzig wundervolle Glück Ihrer Liebe! O, seien Sie gesegnet, mein Engel, mein herrlicher Verheissener! Das Weltenschicksal, dem die Herrlichkeit des deutschen Geistes auch im politischen Leben einer grossen Nation auszuführen zu schwierig fiel, das nun seine Absicht entstellt und zerbröckelt aus seiner Hand sich winden lässt, das schuf Uns Beide, um das für das Leben *zu* Schöne im ewigen Spiegel der Kunst auszuführen und – vielleicht der Nachwelt so zu erhalten, dass dereinst man annehmen zu müssen genöthigt wird, die Nation, die so etwas aus sich gefördert, habe wirklich gelebt! – Und – Gottweiss! Welche Wunder dereinst wirklich Unsre Werke noch zu wirken bestimmt sind! Mit der Diplomatie, mein holder Freund, gelang es nicht, mit den Waffen auch nicht, denn zu den Waffen, wie zu der Diplomatie bedarf es grosser Köpfe und kräftiger Herzen –: nun, Gott weiss, wo die stecken, zu merken sind sie nicht! Da muss denn wohl einmal das Heil wo anders herkommen, und sehen Wir dabei, was mein Kopf und Ihr königliches Herz zustande bringen! – So – hoffe ich denn, weil ich nur noch auf *Uns Beide* vertraue. Das ist der Sinn meiner Heiterkeit! Wird es den hohen Geliebten verletzen, wenn ich in dieser fürchterlichen Zeit eben heute – wo vielleicht die erschütterndsten Nachrichten Ihnen zukommen, – Ihnen diesen heitren Glauben zum Troste mitzutheilen wage? –

[...]

Mit heit'rem Muthe konnte ich dieses Schreiben beginnen; mit schwererem Herzen kann ich nur schliessen. Könnte ich gedankenlos dem Freunde mein Lebewohl zum Gruss entsenden, ohne dass es mich der bitteren Stunde gemahnte, in welcher vielleicht dieser Brief in Seine Hände gelangt? Soll ich, um nur heiter zu erscheinen, verschweigen, mit welch hastigem Bangen ich jetzt zu den Zeitungen greife? Welche Schreckensnachricht kann mir jedes Blatt bringen, und wie muss jedes Unglück auf das Herz des gefühlvollsten Freundes wirken, der so plötzlich den Kreis seiner Sorgen in das Ungeheure erweitert sieht? Ach! besser und tiefer, als Sie gewiss glauben werden, erkenne ich die entsetzlichen Conflicte, in welche gerade der Geist Ihres Volkes unter den jetzigen Verwirrungen geleitet ist: die Folgen einer langen unseligen Verhetzung werden jetzt, wie sie den Führern den Muth zum ehrlichen, offenen Handeln raubt, dem Volke selbst die klare Besinnung zur Beurtheilung dessen, was unter so traurigen Umständen ihm nützlich ist, benehmen, und ich fürchte, es wird endlich nur nach verderblichen, blinden Trieben gehandelt werden: denn – *das ist meine grosse Klage* – die gebotene Gelegenheit zu einer grossen rettenden That ist schmachvoll versäumt worden. Welch traurige Bedrückungen muss ich nun für Ihr edles Herz voraussehen! Nochmals, werden Sie mir verzeihen, wenn ich Sie heute zu erheitern wagte? Ach, ich kann nur diess Eine: mit dem was ich bin und vermag, Sie trösten und vertrösten! Doch kommt mein Trost aus einer Welt, die doch wie ein heitrer blauer Aether über dieser Welt des gemeinen Leidens und der zerstörenden Leidenschaft schwebt. In ihr wird Gott zur Schönheit, das unermesslich Gütige zur erhabenen Anmuth: in ihrem Anblick konnte ich ruhig lächelnd nun von der Welt des thörigen Wahnes mich scheiden. Dort trägt mich Ihre Liebe, und von dort sende ich Ihnen den Gruss meines Liebesdankes: möge er mild tröstend sich um Ihr edles, angebetetes Herz legen! –

Möge der »Allergetreueste« fortfahren in Seinem heiligen Amte der edelsten Freundschaft; auch ihn grüsse ich herzlichst, und treu ergeben grüsst lächelnd in Trauer die Freundin mit mir.

Treu bis in den Tod!

Ihr
Liebe seliger Freund
Richard Wagner

Luzern
14 Juli 1866

46 Ludwig an Wagner

Theuerster, innig geliebter Freund!

Nicht vermag ich Ihnen die Wonnen zu schildern, welche mich beim lesen Ihres göttlichen Briefes beseligten! – Der Freund ist entflammt durch die Begeisterung zum Schaffen, durch sie, welche die hehren Werke hervorruft zum Heile, zur Erlösung der Welt! – Sein Geist hat sich wieder in jene heiligen, unermeßlichen Tiefen versenkt, webt aufs neue in jenen wunderbaren Welten, aus welchen einzig wahrer Trost entquillt; o dort ihn zu wissen! Wie glücklich macht es mich;

diese Kunde richtet mich auf, gibt neue Lebenskraft! Dank, tausend Dank aus brünstiger Seele!

Sehr ernst sind die Zeiten, viel trübe Tage muß ich erleben, aber Eines ist es, was in Schmerz und Trauer stets mich stärkt und wunderbar erhebt: meine Liebe zu Ihnen, Angebeteter, mein fester Glaube, mein grenzenloses Vertrauen auf Sie, Einziger, Stern des Lebens, von dessen Strahlen mein Dasein abhängt, mit dessen Verbleichen auch meine Sendung zu Ende ist. – Ja, mein Geliebter, Sie glauben gar nicht, wie namenlos glücklich mich Ihr Brief macht; auch ich bin nun ruhig und heiter. – Daß Sie die Aufführung der Werke, welche Sie nun schaffen, erleben werden, daran zweifle ich nicht; o das werden Tage, ähnlich jenen unvergeßlichen, an welchen »Tristan« geboren wurde; jubelnd denke ich daran zurück, es waren die schönsten Stunden meines Lebens.

O wie furchtbar, wie entsetzlich traurig sieht es in der Welt jetzt aus: die Geister der Finsterniß herrschen; ach, überall Trug und Verrath, Eide gelten nichts, Verträge werden gebrochen; doch noch gebe ich die Hoffnung nicht auf. Gott gebe, daß Bayerns Selbstständigkeit gewahrt werden kann; wenn nicht, wenn die Vertretung nach Außen verloren geht, wenn Wir unter Preußens Hegemonie zu stehen kommen, dann fort, ein Schattenkönig ohne Macht will ich nicht sein! O Deutschland! Mag Alles sich verlassen, die engsten, heiligsten Bande schnöde zerrissen werden: Wir bleiben Uns ewig treu; der Tag wird kommen, an welchem auch die Welt den tiefen Sinn Unsres unauflöslichen Bundes erkennen wird. – [...]

Einen herzlichen Gruß an Walther u. Hans Sachs. Besonders warm und herzlich war bei meiner letzten Reise der Empfang, der mir von Seiten der Einwohner der Vaterstadt Unsres Sachs zu theil wurde. Mit Begeisterung, ich bin dessen gewiß, wird dereinst Ihr Werk dort aufgenommen werden, dort, wo der Sinn für das Wahre und Schöne noch besteht. – Ach, hier ist es trostlos; doch Muth, auch hier wird es tagen! –

Ich bitte Sie, theurer Freund, geben Sie mir recht bald Nachrichten von Ihnen. O wie hart ist die lange Trennung für mich! O dieses fürchterliche Tagesgestirn, bald muß seine Macht zu Ende sein! – Heil und Segen rufe ich dem Theuersten auf Erden begeistert zu; wie gerne trüge ich Leiden und Mühen, wüßte ich den Geliebten für immer glücklich, läge es in meiner Hand! – Fest u. innig drücke ich in Gedanken Ihre Rechte, rufe betend vom Himmel Frieden und Freude, die kein Schmerz, keine Sorge mehr trübt, auf Ihr theures Haupt herab und bleibe unerschütterlich liebend bis in den Tod

Ihr
getreuer Ludwig.

München
18. Juli 1866.

47 Wagner an Ludwig

Geliebter!

Das Herz spricht und bestimmt: nun heisst es erst recht, den Kopf behalten! –

Nach Mittheilung Ihrer neuesten Kunde durch die Freundin, überfiel mich mit bleierner Schwere die Nöthigung zu einem kurzen Morgenschlafe. Von diesem erwache ich nun gestärkt, fühle den Kopf klar und hell; und wie dieser mir sagt, das Herz hat recht, gehe ich zweifellos daran, Ihnen für heute eine nöthige Antwort zu geben.

Ihr letzter Brief an mich, Theurer, Schöner! hatte mich bereits bis in den tiefsten Grund der Seele erquickt. So liebt man sich, und das ist Liebe! Alles Uebrige ist Politik, und davon weiss Gott nichts. Von Ihnen geliebt kann ich nur noch dichten und tönen: zu allem andren Sinnen muss ich mich zwingen! Gewiss ist es: – Wir sind allein! Das Wunder ist erschienen: der vollgereifte künstlerische Mann wird nur noch von dem schwärmerisch erblühten Königsjünglinge verstanden! – Nun heisst es: macht Eure Rechnung mit [der] Welt! – Und darüber bin ich denn her. –

Mein Ludwig! mein hoher Freund! Was Ihr Herz Ihnen mit so grosser Bestimmtheit sagt, hat mein eigenes Gefühl längst erkannt, und mein Verstand hat es begreifen müssen. Ich gebe Ihnen Recht, vollständiges Recht: somit widerspreche ich Ihnen auch nicht. Ich verlange auch keine Besinnungs- und Reue-Fristen, und fasse den ungeheuren Muth, die fürchterliche Verantwortung dafür, Ihrem Entschlusse nicht entgegenzutreten, auf mich zu laden. Ich sage Ihnen:

Ja! es giebt noch ein edleres Loos, als jetzt König von Bayern zu sein. Wollen Sie dieser Krone entsagen, so können Sie etwas noch höheres sein, als König von Bayern. Aber nur, wenn Sie diess werden wollen, darf ich Ihnen rathen diesen Entschluss auszuführen. Desshalb ist es nun meine Pflicht, Ihnen klar und bestimmt zu zeigen, welche Bedeutung Sie Ihrer Kronentsagung zu geben hätten, wenn Sie dieses höhere Dasein sich bereiten wollen. Somit: kein Widerspruch gegen Ihren Entschluss; aber sorgfältigste Verständigung über die Ausführung desselben. Er darf keine Flucht, kein Weichen auszudrücken scheinen: mit ihm muss ausgesprochen werden, was der Welt noth thut zu wissen. So können Sie mit Ihrer Entsagung ein heilsameres Werk verrichten, als Ihnen je durch Fortführung des Königsamtes möglich gewesen wäre. Hier muss daher mit grosser Besonnenheit und Sicherheit verfahren werden: ist dafür eine Zögerung nöthig, so bringen Sie ein letztes Opfer, indem Sie *mir* es bringen. Blicken Sie auf mich, und gewahren Sie, welch ungeheure Last der Verantwortung meine Zustimmung zu Ihrem Entschlusse auf mich wirft. Ich muss Ihnen, Theurer, diess zuvörderst klar vor die Seele führen. –

Die Meinung der Welt, wenn sie schliesslich auch nie Unsre innerste Seele beherrschen soll, ist doch nicht zu gering anzuschlagen: Alles, was Wir zu wirken haben, ist auf das Auskommen mit dieser Welt berechnet; ihre ungebrochene, allgemeine Meinung kann Uns zu völligen Fremdlingen auf dieser Erde machen, und jedes fernere Wirken Uns so sehr erschweren, dass sie es gänzlich unmöglich macht. – Diese Meinung wird nun sagen: »Unser hoffnungsvoller junger König, dem wir so viel Liebe entgegentrugen, ist uns durch diesen Wagner entwendet worden! Dieser hat Ihn mit seinen Zaubern umstrickt, so dass Er nun Volk, Land und Königspflicht vergisst!« Diess wird ertragen werden müssen, und – es wird nicht leicht sein! Mehr aber als diese Anklage, die schliesslich dem Unverständniss meines Wesens entspricht, hat mich die Klage des wahren Volkes zu treffen, welches gerade zu Ihnen, in Gegensatz zu andern jungen Volksfürsten, ein grosses, wenn auch noch unklares Vertrauen fasste: eben weil Sie so viel anders waren, als die gewöhnlichen Thronfolger, weil man halb unbewusst in Ihnen die ungemeine Anlage zu einer ganz ausserordentlichen königlichen

Erscheinung erkannte. Gerade, was Sie so sehr mit der jetzt München terrorisirenden Macht verfeindete, Ihr selbständigster Akt, meine Berufung, Ihre treue Freundschaft zu mir, hat diesem Volke, so dunkel es nur meine eigene Bedeutung ahnen konnte, eine besondere Hoffnung auf Sie und Ihren Charakter erweckt: als Sie mich scheinbar fallen liessen, war man – ich weiss diess – ganz erschrocken darüber, nicht aus Neigung für mich, sondern weil man glaubte, in Ihrer Festigkeit sich getäuscht zu haben. Was dieser Theil des Volkes, welchen ich die Jugend der bayerischen Nation nenne, nun verloren gehen sehen muss, wenn Sie der Krone entsagen, – diess, geliebtester Freund, muss wahrlich schwer auf meinem Herzen drücken. Gewiss beachten Sie das? – – Nun aber das Schwerste: – Ihr eigenes Loos, die fernere Zukunft Ihres Lebens! – O Himmel, mein Ludwig! Sie sind so jung, so neu noch in dieser Welt! Ausser einigen Schlössern Ihres Landes kennen Sie fast nur noch München: diess dünkt Ihnen Bayern, die Münchener Residenzbevölkerung Ihr Volk! Verzeihen Sie meiner vielleicht unzarten Kühnheit, die Ihnen fast wie ein Vorwurf sich ausdrücken mag. Verzeihen Sie es aber meiner schweren Sorge, dem Gefühle der furchtbaren Verantwortung, welches mich zerwühlt. Wird Ihnen die Welt stets so erscheinen, wie sie Ihnen jetzt dünkt? Gewiss nicht! Sie werden, indem Sie zum männlichen Alter reifen, die Welt erweitert finden, Ihrer Ansprüche gegen sie Sich bewusst werden: nie – dess bin ich sicher! – wird die Spannung auf das Ideale in Ihnen erschlaffen, aber das Mannesgefühl wird auch die königlichen Machtanlagen in sich verspüren: erst dann dürften Sie die *Macht* vermissen, die jetzt als beengende Last auf Ihnen drückt: Sie werden dann vielleicht erkennen, wie Sie schon jetzt diese Macht hätten verwenden sollen, um mächtige Zwecke zu erreichen; die Sehnsucht, das Versäumte nachzuholen, wird Sie stacheln, und – Sie werden dann Sich ohnmächtig fühlen! Königthum – glauben Sie! – ist eine Religion! Ein König glaubt an Sich, oder er ist es nicht. Wie, wenn dieser Glaube Ihnen aber nur jetzt fehlte, wenn er aber dennoch tief in Ihnen läge, und erst dann hell in Ihr Bewusstsein träte, wenn Sie die Berechtigung zu diesem Glauben von Sich gegeben hätten? Wenn – einst die *Reue* über Sie käme? – Sagen Sie, Geliebter! Wenn ich je einen Schatten auf Ihnen gewahrte, in welches Elend würde ich mich versenkt fühlen, Ihren jetzigen Entschluss nicht verhindert, ja – in tiefstem Grunde selbst veranlasst zu haben?

Gestehen Sie, Theuerster! dass ich Grund habe, Ihrem Entschlusse ein schreckliches Zagen entgegenzutragen! Sprechen Sie mir somit das Recht zu, mindestens zur höchsten Besonnenheit zu rathen, und – muss es dann sein – als unerlässliche Bedingung meiner Zustimmung, wenn es sich um diese handeln kann, die Wahrung der höchsten königlichen Bedeutung dieses Schrittes zu erbitten.

Welches könnte nun diese Bedeutung sein? – Sie wollen mir Ihr Leben weihen? Nun denn, lassen Sie mich Ihnen jetzt mittheilen, welches meine Wünsche und Ansichten in Betreff Unseres ferneren Zusammenwirkens sind, seitdem ich in Allem mir klar geworden bin. Bekenne ich Ihnen zuvörderst, dass ich endlich an meine Rückkehr nach München jeden Glauben verloren hatte. Durch äusserste königliche Machtwirkung musste ich zwar auch diese Rückkehr und ein erträgliches Bestehen dabei für möglich halten: da mir dieser Ort grenzenlos verhasst geworden ist, ich auch seine übelsten Eigenschaften, wodurch sie vor allen deutschen Hauptstädten in einem traurigen Sinne sich auszeichnet, genau studirt und erkannt habe, hätte meine Rückkehr nur die Ermöglichung des geliebten Umganges mit Ihnen zum Zweck haben können. Dass gerade dieser Umgang mit Ihnen, namentlich in München, aber nie ohne die aufreibendsten Störungen möglich gewesen wäre, liegt am Tage, und es überrascht mich nicht, dass diese Unmöglichkeit auch Ihrem Gefühle ganz deutlich geworden ist. So hatte mir denn die Noth Wilandsflügel geschmiedet, und folgender Plan war in mir entstanden. Die »Meistersinger« wurden zu Rettern in der Noth. Sie weisen nach »Nürnberg«, dorthin gehören sie, und dort sollen sie zuerst der Welt vorgeführt werden. Welche Schicksalsweisung! Nürnberg, der alte, ächte Sitz deutscher Kunst, deutscher Originalität und Herrlichkeit, die kräftige alte Reichsstadt, wohlerhalten wie ein edler Schmuck, lebt von Neuem durch den Fleiss seiner heitren, körnigen, aufgeklärten und freisinnigen Bevölkerung unter dem Schutze der bayerischen Krone auf. Dorthin, mein Geliebter, wollte ich Sie im nächsten Jahre berufen: dort sollte Sie ein Volk, verstärkt durch herbeigewanderte

Freunde meiner Kunst aus ganz Deutschland, jubelnd begrüssen, welches sich hochgeehrt und glücklich geschätzt hätte, Uns in seinen Mauern bewillkommnen zu dürfen: nichts trat Uns dort entgegen; Eifer und Liebe hätten Uns getragen, denn es galt zugleich der Wiederherstellung, der Erhebung des alten theuren Nürnbergs. Unser Erfolg ist gar nicht gross genug zu bemessen: dort – aber eben nur dort, muss plötzlich ganz Deutschland das Auge darüber aufgehen, was es mit Unsren »Musteraufführungen« für eine Bedeutung habe, die nicht mehr in Reihe und Glied mit den schändlichen Repertoireleistungen Unsrer Residenztheater, sondern rein und frei von allen Schlacken, der Nation als Geschenk geboten würden. Dort nun hätte man die Stadt gefragt, was sie dafür thun würde, Unsre Kunstschule in ihre Mitte zu bekommen, und dort hätte sie, ohne die ich vergebens geschaffen haben würde, ganz Deutschland zum Ruhme gegründet werden müssen. Gewiss war ich, dass unter der freundlichen fränkischen Bevölkerung meinem holden Könige es endlich besser gefallen haben würde, als unter jenem von Pfaffen verhetzten schwerblütigen Münchener Pöbel: dort in dem nahen Bayreuth hätte Er endlich seine Lieblingsresidenz gewonnen, und – mit der Zeit – hätte Er wohl die ganze Regierung in dieses Herz Deutschlands nach Sich gezogen, um München denen zu überlassen, denen es schon seinem Namen nach gehört. –

So, Theuerster, lebte und bildete es sich in mir aus, und dieser Gedanke machte mir wieder Muth: die Meistersinger erheiterten mich; endlich, endlich – arbeitete ich wieder mit Lust und Liebe an diesem sonderbaren Lieblingswerke.

Dieses Werk war zugleich auf Ihre Befreiung berechnet. Ja! die Meistersinger – »in Nürnberg« – sollten den König von Bayern aus seiner »Münch«-residenz hinaus in das frische, freiathmige Franken entführen –, in dasselbe »Franken«, wo mein »Walther« sich heimisch weiss, da »wo er Meister im Haus« – und Hans »Sachs« – der Sachse – sollte den Walther in Nürnberg krönen. – Das war mein ruhig wohlwollender Plan. Er hätte Bayern seinen König erhalten, auf den Alles Edle des Volkes doch einzig noch hofft. Nun verlieren Sie aber die Geduld: mein Walther will verzweiflungsvoll davon. Soll ich, wie Sachs, mir sagen: »Aufgepasst! das darf nicht sein!«? – Das wag' ich nicht, aber herzlich und freundlich theile ich Ihnen meinen Plan mit. Fühlen Sie den Muth ihn noch als König auszuführen –, oh! es wäre vielleicht ein grosses Glück! Was es Ihnen kostete, wäre – Geduld bis zum nächsten Frühjahr. Träte jetzt keine Art von Störung oder Veränderung in mein so sehr lang beunruhigtes Leben, so wäre ich mit Ende des kommenden Winters gewiss fertig. Dann ginge ich nach Nürnberg, wo bis dahin schon die Vorbereitungen getroffen sein könnten. Im Herbste besuchte ich Sie wohl einmal in Hohenschwangau, um »neu zu stärken meine Wunderkraft.« –

Fast möchte ich hier einhalten, und mit der Frage, ob Sie Sich Meister der Geduld bis nächsten Sommer fühlen, liebevollst bittend für heute schliessen. – Nicht will ich Ihnen jedoch schon heute noch verhehlen, dass ich Ihrem Entschlusse auch ausser Ihrer Beziehungen zu mir einen ernsten Beweggrund zuerkenne, der, wenn Sie ihn vollkommen bewusst und willensklar betonen würden, mich sofort von jedem Wunsche, diesen Entschluss geändert zu wissen, bestimmt abbringen würde. Kurz und ohne Rückhalt will ich bezeichnen, was ich meine. Der deutsche Bund hat sich elend bewährt: es kann kein wohlthätiges Gefühl sein, den Fürsten dieses Bundes, die nur ihre dynastischen Interessen, nicht aber die grossen Anliegen der deutschen Völker erkennen, einfach als gleich beigezählt zu sein; auf lange Zeit wird preussische Willkür Deutschland für seine Zwecke ausbeuten: bekennen Sie offen, dass die Würde des Königs des ältesten Stammlandes der Deutschen Ihnen diess nicht gestattet, so ist ein grosser, hochehrender Grund angegeben. Es kann aber ferner einem begeisterten, edel fühlenden Herzen nicht gegeben sein, als König von Bayern sich zum willenlosen Werkzeuge der römischen Priesterintrigen benutzt zu wissen: seit drei Jahrhunderten ist diess aber fast ausnahmslos das oft anerkannte Schicksal der bayerischen Dynastie. München ist die weltbekannte Brutstätte dieser schmählichen Ränke: ausgezeichnete Männer (ich nenne den Wohlthäter des Landes: Rumford) wurden trotz aller ungemeinen Verdienste stets wieder von jener furchtbaren Pfaffenmacht unterwühlt und entfernt, von derselben Macht, die den Messerstich auf *Thiersch* leitete, als dieser den Reformplan der Schulen vorgelegt hatte, die heute Schmach über mich und meine Freunde häuft, weil sie weiss, dass wir ihren

Zwecken zu dienen unfähig sind. Ich verstehe jetzt den leidenden, schwierigen und ängstlichen König Max II; mit zähester Mühe und sorgenvollster Vorsicht, war es ihm einzig möglich, diese Macht begütigend und klug einiger Maassen im Zaume zu halten. Ihr gehört aber München, sie hetzt und leitet den Pöbel, und vor ihr fürchtet sich Alles – Alles: keiner wagt sie zu nennen, kein Name wird bezeichnet; nur zuckt man scheu die Achseln. Pfistermeister kennt sie; seine Creaturen dienen ihr. Niemand kann sich gegen sie halten. Ich begreife Alles, und – eine freie, edle Natur, wie die meines holden Freundes – ja, sie hat eine andre Lebensaufgabe, als mit klug ängstlicher Sorge nach dieser Seite hin einzig sich zu vergeuden. Diese Macht hat aber die ganze bayerische Staatsmaschine in ihren Händen: kein Mensch wird angestellt, der ihr nicht verpflichtet ist. Hiergegen können nur grosse, gründliche Umänderungen der deutschen Gesammtgeschichte das Heilmittel bringen: der Einzelne vergeudet seine Kraft in einem nutzlosen Kampfe mit einer unnahbaren und doch überall thätigen, finsteren Macht. Erklären Sie offen, dass Sie auch nicht König heissen wollen, wo Sie es nicht wirklich sein können, so haben Sie einen zweiten Grund für Ihren Entschluss angegeben, der Ihrem Lande Heil, und Ihnen Ruhm bringen wird.

Den dritten Grund, mein Geliebter, den brauchen Sie dann nicht zu nennen: den wird die Welt erleben! Während Deutschland politisch sich vielleicht in einen langen Winterschlaf unter preussischer Obhut begiebt, bereiten *Wir* wohl und ruhig und still den edlen Herd, an dem sich einst die deutsche Sonne wieder entzünden soll. Diesen grossen Sinn könnte Ihr Entschluss, Ihre Bestimmungswahl der Welt bieten. Darum aber, damit jedes Kleinliche, Uebereilte, bloss Unmuthige daraus verschwinde, beschwöre ich Sie um klarste Besonnenheit und Vorsicht. Wir haben viel zu erwägen, im Voraus zu ordnen und vorzuzeichnen, ehe Sie Ihre Umgebung, durch Mittheilung Ihres Entschlusses, überraschen. Hierzu Sie für jetzt veranlasst zu haben, konnte heute mein alleiniger Zweck sein! Sie kennen mich nun ganz. Ich *wünsche,* dass Sie noch ein volles Jahr Geduld hätten: können Sie diess nicht, so muss ich Sie begreifen; soll ich Sie aber stets treulich begleiten dürfen, so müssen Sie bei und nach Ihrer Thronentsagung in höchster Glorie dastehen: würden

Sie Sich nur mir opfern wollen, so opferten Sie mich selbst; denn gänzlich müsste ich Ihnen entschwinden, wenn ich fürchten sollte, dass Sie je Ihren Entschluss zu bereuen Grund erhielten! –

Nun, Theuerster! Genug für heute! Ich bin sehr erschöpft, und könnte nicht eine Seite mehr schreiben! – Sie wunderbar Herrlicher! holder Genius meiner Seele! Ja, ich liebe Sie! – Kein Zweifel an mir! Melden Sie mir bald Ihre gütige Antwort auf mein Schreiben! Viele herzliche Grüsse dem theuren Friedrich: könnte er doch jetzt für einen Tag zu uns kommen! – Treu und ewig eigen,

der Ihrige

Richard Wagner

Luzern,
24 Juli 1866

48 Ludwig an Wagner

Mein innig geliebter, theurer Freund!

Es ist Abend, längst verklungen sind die rauschenden Festlichkeiten des Tages; es barg sich sein helleuchtender Schein, Sterne der Wonne erglühen! Ich sitze in meinem trauten, gothischen Zimmer in der hehren, altehrwürdigen Burg; mir ist fast zu Muthe wie unsrem Meister Sachs am Morgen des Johannistages, nach dem Straßenlärm und Gewimmel der vergangenen Stunden. – In keiner Stadt fühle ich mich so heimisch wie hier. – Die Bevölkerung ist intelligent und durchaus edel, unterscheidet sich darin so vortheilhaft von dem Münchner Plebs! – Ich wallfahrtete neulich zu Fuße zur Stelle, an der das Haus Unsres Sachs stand. Trotz des Dezembertages war mir, als erfüllten Frühlingsdüfte die Luft. Mir war so sommerlich um's Herz, ich wähnte die Stimme des Meisters zu vernehmen: »Wie lieblich duftet doch der Flieder«! – Ich feierte im Stillen Johannistag! – O wie zieht es mich hier zu Ihnen, wie sehnt sich mein Freundesherz nach trauten Stunden des Beisammenseins mit dem Theuersten auf Erden; doch deutlich ruft mir die innere Stimme zu: es ist Thatsache, ist Gewißheit, nicht fern ist die Zeit, in der Ihr Euch wiederseht, ohn' Trennen, hehr Entbrennen; heilige Tage nahen dann, das im Geist Erschaute wird vollendet. O Wonne! Entzücken! dann kniet der treue Walther zu des geliebten Meisters Füßen. Sie wissen, mein theurer Freund, was für mich der wahre Sinn dieser Reise ist: nicht die Beweise von Treue und Liebe meines Volkes allein sind es, die mich so glücklich machen, noch weniger die glänzenden Feste und steten Huldigungen (denn mich blendet der »Tag« mit seinem grellen Licht nicht mehr; wer des Todes Nacht liebend erschaut – – – – –); mich beseligt einzig der Gedanke, Sein Werk fördern zu helfen, »Seinen« Willen zu erfüllen; – Eine Zeile von Ihm, ein Brief der Freundin, dieß sind die Freuden, die theurer denn Alles mir sind; ja, Walther ist treu, er wankt nie und nimmer, stirbt lieber, als »Ihm« untreu zu sein; er kennt die Größe seiner Aufgabe, fühlt den Muth, die Kraft, die Ausdauer, sie würdig zu vollführen; dieß darf ich von mir sagen. –

[...] Wie selig macht mich die Aussicht mir die »Meistersinger« bis zum Frühling vollendet denken zu dürfen! – Dann werden Wir wieder vereint leben können; denn, mein geliebter Freund, wenn, was mir nun leider völlig und unbezweifelbar klar erscheinen muß, in München nie u. nimmer Heil Unsrem Wirken erblühen kann, so will ich den größten Theil des Jahres in Zukunft hier zubringen, hier im geliebten Nürenberg, das mir täglich theurer wird. Denn hier haben wir nicht jene tückischen Feinde zu fürchten, die Uns durch Anwendung von niedern und kleinlichen Mitteln so geschadet haben; auf Bosheit, vereint mit Dummheit, werden Wir hier nirgends stoßen. – Hier muß dereinst der große Kunsttempel sich erheben, hier wollen Wir die deutsche Kunstschule errichten, hierher Bülow berufen, hierher endlich bitte ich den heiß geliebten Freund nach Vollendung der »Meistersinger« zu ziehen, um stets hier zu bleiben; hierher nach dem ehrwürdigen, heiligen Nürenberg will ich kommen, um nimmer vom Freunde zu scheiden; hier wollen Wir gemeinsam den schönen, den kühnen Traum verwirklichen. – Schreiben Sie mir, ich bitte, bald, ob so es Ihnen recht ist, wenn ich den Entschluß fasse, um dem Theuersten auf Erden zu dienen, hier zeitlebens bleibend zu wohnen; ja, mein Freund, hier oder nirgends, denn endlich muß das heiß Ersehnte sich erfüllen: Wir müssen endlich friedlich gemeinschaftlich an einem Orte wohnen, denn ich bedarf des hart und so fürchterlich lang entbehrten Freundesumganges.

Hier blühen dann segensreich »Tristan«, »Meistersinger«, die »Nibelungen«! – Hier setzen sich dann die ewig mir unvergeßlichen Tage von Hohenschwangau fort, hier in den trauten Räumen der hohen Ritterburg berathen und besprechen Wir Uns, blicken selig hernieder auf die durch Uns beglückten deutschen Lande. Ja, hier wird man Uns mit Liebe entgegenkommen, hier gibt es Geister, die für Hohes und Heiliges erglühen, hier noch Herzen, die für Großes und Edles schlagen! – Tausend Segenswünsche der Freundin. – Treu u. liebend

bis in den Tod

Ihr

Nürenberg
den 6. Dec. 1866.

Eigen
Ludwig.

49 Ludwig an Wagner

Telegramm
München, 22. Januar 1867, 10^{05} *Uhr nachm.*
Herrn Richard Wagner. Luzern. Triebschen.

Dem theuren Sachs theilt Walther selig mit, daß er sein treues Evchen, daß Siegfried seine Brünhilde fand. Sophie innig über Brief erfreut. Sekretär morgen ab. Treu bis in den Tod.

Walther.

50 Ludwig an Wagner

Mein innig geliebter, über Alles theurer Freund!

[...]

Es ist möglich, daß ich in etwa 8 Tagen mich nach Paris zur Ausstellung begeben werde, obwohl jede Faser meines Wesens sich dagegen sträubt, das moderne Babylon, das ich verabscheue, zu besuchen. Ich hasse Paris, das ich als den Sitz der Herrschaft der Materie, der gemeinen Sinnlichkeit und gottlosen Frivolität halte und erkenne immer mehr die dringende Nothwendigkeit, als Gegengewicht zu diesem verfluchten Sodom u. Gomorrha der Neuzeit, den Sitz der Herrschaft des Geistes aufzuschlagen, wo alles Edle und Schöne seine Stätte finden soll; und in Ihnen, mein heißgeliebter Freund, verehre ich den Priester dieses reinen Cultus, den König dieses idealen Reiches, das Wir gründen wollen auf dieser Welt der Bosheit und des Hasses. Siegen werden Wir, das weiß ich, denn geheiligt sind Unsre Waffen, göttlich und lauter die Sache, für welche Wir unermüdet streiten. – Gruß und Segen aus den Tiefen der Seele! Gedenken Sie auch ferner in Liebe, mein Hort und höchstes Gut,

Ihres
bis in den Tod getreuen
Ludwig.

Berg den
12. Juli 1867.

51 Wagner an Ludwig

Geliebter edler Freund!

Wie das wohl möglich wäre, dass mir ein Tag verginge, ohne dass ich Ihrer Liebe gedächte? Bin ich erschöpft, müde und traurig, so schmerzt mich eigentlich nur die verlorene Stunde, die ich im Dienste Ihrer Freundschaft zu irgend etwas Schönem und Erfreuendem verwenden könnte: schwingt sich dann wieder meine Kraft auf, so freut mich ihre Ausübung, weil ich nun weiss, dass ich Ihre Liebe erwidern kann. Wäre ich nicht im tiefsten Inneren unvergleichlich glücklich, wie könnte ich diese Einsamkeit ertragen, in der ich mich nun immer heimischer fühle, weil ich da einzig ganz der Liebe und Freundschaft angehören kann. Und dass Sie mir diese erlösende Einsamkeit so schön und wohlthätig ermöglichten, dass ich wirklich wie ein freier Mann meine Umgebungen nach meinen Bedürfnissen einer wohlanständigen, edlen Ruhe zurechtlegen kann, das gewährten Sie mir, und gewährten es mir nicht, um etwa mit einem berühmt gewordenen Namen zu prunken, sondern um eben diesen stillen, schöpferischen Frieden mir zu geben und zu erhalten, der einzig mein friedloses Leben krönen konnte. Gedenken Sie immer der unglaublichen Wohlthat, welche Sie mir täglich erweisen, und empfinden Sie, mit welch tiefer Rührung ich immer im Genusse Ihrer Liebe versenkt bin! Was täglich das Herz mir neu erwärmt, sei Ihnen hier als fromme Morgenandacht wieder ausgesprochen! –

Nun gehen Sie nach Paris. Aufrichtig gesagt, mich freut diese kleine Unterbrechung Ihres gewohnten Verkehrs mit Menschen und Verhältnissen. Sonderbarer Weise ist dieses Paris zu der einzigen Stadt geworden, für welche ich ein gewisses Interesse neugieriger Theilnahme hege. Ich habe in so verschiedenen Zeiten dort gelebt, und so wichtige Phasen der Entwickelung meines Verhältnisses zur Welt dort erlebt, dass ich, wenn ich eben von meinem Verhalten zur Welt rede, dieses sich immer auf Erkenntnisse bezieht, welche ich dort am unwiderleglichsten gewann. Jetzt ist mir eigentlich nur noch eine Art von Unterhaltungsinteresse für die äussere Gestalt dieser Welthauptstadt übrig geblieben: komme ich nach einiger Zeit wieder in Paris an, so bin ich auf die neuen Bauten, Strassen und sonstigen Anlagen neugierig gespannt, wie sonst bei keiner anderen Stadt, in welcher ich gelebt habe. Und das ist wohl natürlich: von derjenigen Richtung, in welcher gegenwärtig die Welt läuft, ist Paris der Culminationspunkt, und alle übrigen Städte sind nur Stationen; es ist das Herz der modernen Civilisation, dahin ihr Blut strömt und von wo es wieder in die Glieder zurückfliesst. Da ich einst ein berühmter Operncomponist werden wollte, trieb mich mein guter Genius gleich nach diesem Herzen hin: hier war ich am Quell, und hier durfte ich schnell vollständig erkennen, was ich an den »Stationen« vielleicht erst nach Aufopferung meines halben Lebens erfahren hätte. Diese bestimmte Erkenntniss der wahren und richtigen Physiognomie der Dinge verdanke ich Paris, und noch heute ziehe ich es allen Orten der Welt vor, weil dort wenigstens in originaler Gestalt dasjenige zu Tage kommt, was überall sonst auch doch nur anzutreffen ist, aber leider bloss in schlechter, widerlicher Nachahmung. Ich könnte mich überwinden, eine neue Meyerbeer'sche oder Gounod'sche Oper in einem der Pariser Theater, für dessen Verhältnisse, Leistungen und Publikum sie berechnet ist, als culturhistorische Studie noch mit durchzumachen; in Berlin, Wien und München wäre mir diess durchaus unmöglich.

[...]

Vielleicht aber giebt Ihnen nun Paris ein nicht zu unterschätzendes Gegengift, welches sogar wohl zu einem Heilmittel gedeihen könnte. Dort ist die »Welt« so recht eigentlich vor Ihnen ausgebreitet: da Sie grosse Zwecke wollen, gebrauchen Sie Menschen; da wir keine vollkommenen finden, müssen Wir Uns schon nur mit einzelnen guten Eigenschaften begnügen. Der Umfang Ihrer Kenntniss solcher Eigenschaften wird sich dort – in der »Welt« – wesentlich erweitern; sie werden die Resultate solcher Eigenschaften in bei weitem mannigfaltigeren und schärferen Productionen erkennen, als diess in dem kleinen Kreise Ihrer jetzigen Umgebungen möglich war. Sie lieben z.B. das Theater: auch mir ist und bleibt es ja in einer gewissen Beziehung die »Welt«; auf dem, was heut zu tage das Theater leistet und zu leisten vermag, beruht ja am Ende der Grund aller meiner Folgerungen für das edelste Kunstwerk aller Zeiten. Schön! Sie werden, wohin Sie in Paris den Fuss setzen, die eigenthümliche Vollkommenheit in Allem gewahren, was sich vor das Publikum hinstellt; in dem kleinsten Theater wird vortrefflich gespielt, und jeder scenische Vorgang tritt mit einer Sicherheit und Bestimmtheit auf, von welcher man auf deutschen Theatern sehr wenig kennt. Sie werden in solchen Dingen die Tüchtigkeit und den Fleiss der Regie erkennen, und leicht einsehen, wo es bei Uns fehlt. Nun sehen Sie Sich aber auch einmal eine solche Dekoration, die Richtigkeit und das Sprechende des Costüm's an: wohl verfallen Sie dann darauf, wie gerade auch mir in Paris erst ein Licht darüber aufging, welche Bedeutung eine theatralische Aufführung gewinnen könnte, wenn sie zu einem höchsten Zwecke verwendet würde. Aufrichtig gesagt, dass Penkmayer und Dölle, und wie die guten Herren heissen, mir dieses Licht ebenfalls aufgesteckt haben würden, bezweifle ich. – Nun sehen Sie Sich aber wohl auch die grosse Stadt als Realität selbst an: ich will nicht sagen, dass sie schön ist, aber sie ist der vollständige Ausdruck Unsrer Zeit; Gebäude, Anlagen und Einrichtungen sind in voller Harmonie mit unsrer Civilisation, und können als ihr richtiger Repräsentant gelten, so dass aus dem Anblick von Paris im besten Sinne auf die Bedeutung unsrer ganzen modernen Civilisation geschlossen werden kann. Das ist lehrreich, und war es zum Mindesten mir. Man begreift auch, dass dieses Paris immer noch den Geschmack, ja die Geistesrichtung der ganzen heutigen Welt beherrscht; was gewahrt man in Petersburg, Berlin, Wien u.s.w. anderes als das Bestreben, Paris nachzuahmen, und, da diess nicht gut gelingt, sieht man auch ein, warum namentlich die europäische sogenannte vornehme Welt immer nur darnach trachtet, in Paris selbst sich so eigentlich recht erst in Schwung zu setzen. Und wirklich die Leute haben recht; wäre ich wie sie, ich machte es nicht um ein Haar anders: dort haben sie Alles in der Quintessenz, was sie zu Hause nur in schlechten Destillationen haben; mit Nichts, Nichts von dort kann ganz Europa wetteifern. Ich kenne nur Eines, was sie in Paris nicht erfinden, und selbst endlich dort nicht einmal nachahmen könnten –

das Festtheater und drin die Nibelungen! –

Das wird Ihnen klar aufgehen. Was Sie wollen und können, wird Ihnen dort, wo so Ungeheures bereits gewollt und gekonnt wurde, mit erhabener Ermuthigung aufgehen. Und, wenden Sie etwa dann Paris mit Verachtung den Rücken, so – würde es Ihnen etwa gehen, wie es mir ergangen, als ich nur die Werke entwarf, die Sie jetzt der Welt wirklich geben wollen und können. – Aber, dazu dann Menschen, die wir nicht zu verachten nöthig haben. – Nun sinnen Sie nach, Liebster! –

[...]

Von ganzem Herzen seien Sie mir gegrüsst, Lieber, wunderbar Unvergleichlicher! Alles Gute ist mit Uns, denn in Uns, aus Uns und zwischen Uns webt der reinste Gott seine Lebensfäden! Heil und Segen dem Geliebten!

Ewig

Ihr getreuester

Luzern. 18 Juli 1867 Richard Wagner

Mein theuerster, geliebtester Freund!

Ich kann nicht anders, ich muß Ihnen nochmals schreiben; auch weiß ich, Sie werden mir dieß vergeben. – O Gott, so weit ist es gekommen: Alles, Alles soll dahin sein, das glorreiche Werk, das herrlich begonnen, soll so zu Grunde gehen, so jammervoll enden; niemals wird, niemals kann dieß geschehen. – Mit Ueberdruß, glauben Sie, würde ich Ihre Klagen aufnehmen? o Gott, Sie kennen mich nicht, ich darf es sagen; wie können Sie vermuthen, daß ich die Ergüsse der innigsten, treusten Liebe so verkennen werde? welch ein Dämon will sich heimlich zwischen Uns lagern, um Uns zu entfremden, zu trennen? Bin ich denn ein Anderer geworden, kennen Sie den siegesfrohen Siegfried nicht mehr, nicht mehr den treuen Parcival? »Mitleidend leidvoll wissend ein Thor wird Dich erlösen.« Ich verstehe den Inhalt Ihres Briefes, kenne den Grund der Klagen, die mich so unselig wehmuthsvoll stimmen. O mein geliebter Freund, gelänge es mir, Sie zu überzeugen von dem wirklichen Stand der Dinge; ich kenne diese schändliche Presse, durch welche Sie jene verdammenswerthen Lügen und Verleumdungen über mich erfahren; wehe mir, hätte ich mich damals irreleiten lassen durch das, was ich von Ihnen erfuhr! ich folgte einzig der inneren Stimme, die mich zum Heile führte, fest bleibt mein Glaube; o Gott, es ist nicht möglich, Sie können nicht an mir verzweifeln; die feindliche Schlange kann nimmermehr den Baum zum Falle bringen; ich sage es, Ihr furchtloser Streiter.

Es war eine Zeit, wo mein Wort so viel über Sie vermochte, wo es tiefe Wunden heilte; hat es denn den alten Wunderklang verloren, glauben Sie mir denn nicht, wenn ich Ihnen schwöre, der Baum wird ewig stehen, der Schlange werde ich den Kopf zertreten? denn ich bin, der ich war von Anbeginn, Gott hat mich erkoren. Sie selbst sagen, ich hätte es so leicht gehabt, Alles hätte in meiner Macht gelegen, nur: ich hätte nicht gewollt; es ist wahr, ich läugne nicht; doch ich weiß, noch ist sie mein, die Macht, mein der Sieg; Tod wo ist dein Stachel? wenn ich hinter Wolken mich zurückzog, so bin ich doch der Alte, nicht so elend und machtberaubt, wie es scheinen mag. O mein Freund, rosig erschien mir damals die Welt, edel die Menschen; ich habe seitdem so unsäglich bittere Erfahrungen gemacht, daß es mir ganz unmöglich wurde, diese namenlos elende Welt mit Liebe zu umfassen; ich mußte mich abgestoßen fühlen durch diese teuflischen Seelen, wie ich sie erkannte; o sehr begründet war das Gefühl des Hasses und der Menschenverachtung; einzig in mir, vor Allem in dem Leben und Weben in Unsren Idealen vermochte ich Trost und Erhebung zu finden; in mich verschloß ich mich, denn mich erfaßte Ekel und Schande vor der grauenvollen Außenwelt; nun ist es vorüber, es war ein Läuterungsprozeß, eine Episode in meinem Leben; ich bin erstarkt, will das Furchtbare vergessen und vergeben, das man mir anthat, will muthig mich ins Leben stürzen, den ernsten Pflichten mich unterziehen, den rechten Weg wandeln, den ich mir wohl bewußt bin; denn klar erkenne ich die große Aufgabe, die ich treu und gewissenhaft erfüllen will, glauben Sie mir. Der Winter der Leiden und Qualen ist vorüber, der Frühling der Hoffnung, der tief begründeten, naht in wonnigem Keimen und Grünen, und ich soll nicht begeistert dem heißgeliebten Freund den Lenzes- u. Liebes-Sang frohlockend zujauchzen? Es ist nicht zu spät, hören Sie mich! der Wunderbaum ist nicht morsch, die Blüthe welkt nicht, das nagende Schlangengezücht, auf das ich ein sehr wachsames Auge habe, wird kraftlos, wenn der Held, der nur schlummerte, lebensfroh und kampfbereit ersteht.

Ich will reißen, mächtig reißen an dem Freundesherzen, bis die trennende Scheidewand einsinkt, der düstre Trauerflor verweht, der sich zwischen Uns gelagert hat; o ich weiß, Sie vergeben mir die düstre Weltanschauung, die meiner sich bemächtigen mußte, denn bei Gott, es war Grund dazu vorhanden; mit mir werden Sie einstimmen in das Liebes- und Lenzeslied, Ihr nächster Brief, den ich *sehnsüchtig* erwarte, wird mir dieß bezeigen, Hoffnung werden Sie auf's neue fassen, den Glauben an Ihren Erwählten tief in Ihrer Seele befestigen, auf daß er nie mehr erschüttert werde, und selig und begeisterungsvoll Ihrem, Unsrem Siegfried sich widmen; versprechen Sie mir dieß, bitte, bitte! Kein Verzweifeln, nichts mehr von Trümmern, nichts von fehlgeschlagenen Hoffnungen; denn es geschehen noch Wunder! – Zum Heile gereicht mir Ihr Segen, ich schwöre es! Sie werden mir nicht zürnen, weil ich Ihr Schweigen geweckt, weil ich mit

Zuversicht annehme, der heutige Brief wird nicht von Ihnen verflucht und verworfen werden. – Nicht das Grab jeglicher Hoffnungen ist es, aus welchem Sie meinem Untergang zublicken, nein, das Paradies der Wonnen, die einst aller Welt sich erschließen, ist jener traute Ort an den Gestaden des seligen Sees: von dort aus sehen Sie Ihren Getreuen, der seine Macht gebrauchen wird, um Zeugniß zu geben von der Größe, der heiligen Bedeutung Unsrer Liebe. Schreiben Sie mir recht bald, mein angebeteter Freund, verkennen Sie mich nicht, sondern glauben Sie fest und ohne Wanken an Ihren Parcival, der seine Sendung wohl erkennt, der Sie liebt ohne Gränzen, der treu bleibt bis in den Tod, dem aus dieser Liebe die Kraft der Ueberwindung erwächst. Ewig Ihr Eigen

München Ludwig.
den 16. März 1868, dem Jahre des Heiles, nicht des Unterganges. –

53 Wagner an Ludwig

Mein grosser, wundervoller Freund!

Erst gestern Abend traf mich Ihr Brief. Ich war zu angegriffen, um sogleich zu schreiben. Heute früh eile ich, Ihnen wenigstens Ein Wort schnell zukommen zu lassen.

O Theurer! Wie dieser Brief in heiligster Verschwiegenheit mir verwahrt bleiben wird – sollte er dereinst, wenn Wir Beide längst im Reiche der ewigen Untrüglichkeit vereinigt sein werden, ein Eigenthum der Geschichte der Menschheit geworden sein, denken Sie, mit welchem forschenden Ernste man, von ihm bestimmt und geleitet, die Geschichte Ihrer Thaten zu betrachten sich getrieben sehen wird! Stimmen sie dann überein, so muss Ludwig II von Bayern selbst als die erstaunlichste Offenbarung des Göttlichen in der Weltgeschichte dastehen. Dieses Urtheil haben Sie Sich mit diesem Briefe geschrieben. –

Und nun seien Sie versichert, Sie haben mit diesem Briefe mich doch nicht – überrascht! – Sie werden Sich aber auch das tödtliche Bangen erklären, wenn unabweisbar die Angst sich meiner bemächtigt, wenn ich lange Zeiten nur noch durch die Nebelschleier peinlich, ja vielleicht kleinlich, dennoch aber redlich um Sie besorgter Menschen, denen Sie immer ein Räthsel bleiben werden, auf Sie blicken darf. Nichts ersehnt sich der Seemann während des Grausens der gefahrvoll öden Meerfahrt, als nur *einen* flüchtigen Blick der Sonne, um an ihm schnell zu ermessen, wo er sich befindet, wohin er das Steuer zu richten hat: fehlt dieser Blick lange, so ist die Richtung verloren; er lässt das Steuer aus den Händen und giebt das Schiff den Wellen. So lange Bagart, das Ross, das Auge seines Herren Reinhold erblickte, fand es, selbst mit Mühlsteinen belastet, immer wieder die Kraft, aus der Fluth sich aufzuschwingen: da befahl aber der Kaiser Reinhold hinwegzublicken; er wendete sein Auge ab: noch einmal tauchte Bagart auf und blickte nach ihm, sah das Auge nicht mehr und versank machtlos in der Fluth. –

Und nun getrost! – In diesem Jahr wird Siegfried vollendet: ich gelobe es Ihnen. – Sorgen Sie nicht: meine Schöpfungen bedürfen nie einer langen Zeit; nur muss die Zeit gut sein; nicht Jahre, sondern Stunden wirken meine Werke. Nun denn, ich hoffe dieses Jahr soll mir gute Zeit bringen, denn – ich *hoffe* eben wieder! –

Gegrüsst, mein Siegfried; mein trauter Jupiterstern! – Bald mehr von Ihrem neu athmenden, nur durch Sie und für Sie wirkenden und schaffenden, ewig

treu-eigenen

München. Richard Wagner

21 März früh. [1868]

54 Ludwig an Wagner

Mein heiß geliebter, mein einziger Freund!

Erst so spät komme ich dazu, Ihren so liebevollen, mir über Alles theuren Brief zu beantworten, für den ich nicht genug Ihnen danken kann; im Gewühl der letzten Tage in der Hauptstadt war es mir unmöglich, weihevolle Stunden zu finden. Jetzt bin ich wieder im geliebten Berg, wo tausend theure, ewig unvergeßliche Erinnerungen an den Herrn meines Daseins, an den fernen Freund mich mahnen. Brauche ich Ihnen zu sagen, mit welchem Jubel mich die in Ihrem letzten Briefe so freundlich mitgetheilten Pläne erfüllten? – Das Versprechen, den Siegfried in diesem Jahre zu vollenden, macht mich wahrhaft glücklich. O fahren Sie fort, der Freundin recht oft aus den Begebenheiten Ihres thatenreichen Lebens zu diktiren, bitte, bitte; o wüßten Sie, wie das Befassen mit Ihnen, das Aufgehen und Mitleben in Ihren Werken mir zum Bedürfniß geworden, ja nothwenig ist, wie die Luft der Berge zum athmen! – Ich habe die Absicht, die alte Burgruine Hohenschwangau bei der Pöllatschlucht neu aufbauen zu lassen im echten Styl der alten deutschen Ritterburgen, und muß Ihnen gestehen, daß ich mich sehr darauf freue, dort einst (in 3 Jahren) zu hausen; mehrere Gastzimmer, von wo man eine herrliche Aussicht genießt auf den hehren Säuling, die Gebirge Tyrols und weithin in die Ebene, sollen wohnlich und anheimelnd dort eingerichtet werden; Sie kennen Ihn, den angebeteten Gast, den ich dort beherbergen möchte; der Punkt ist einer der schönsten, die zu finden sind, heilig und unnahbar, ein würdiger Tempel für den göttlichen Freund, durch den einzig Heil und wahrer Segen der Welt erblühte. Auch Reminiscenzen aus Tannhäuser (Sängersaal mit Aussicht auf die Burg im Hintergrunde), aus Lohengrin (Burghof, offener Gang, Weg zur Kapelle), werden Sie dort finden; in jeder Beziehung schöner und wohnlicher wird diese Burg werden als das untere Hohenschwangau, das jährlich durch die Prosa meiner Mutter entweiht wird; sie werden sich rächen, die entweihten Götter, und oben weilen bei Uns auf steiler Höh', umweht von Himmelsluft. […] Hoffentlich höre ich bald wieder von Ihnen, mein theurer Freund; seien Sie mir gegrüßt aus den Tiefen der Seele. Gott befohlen. Glühend liebend, in Treue bis in den Tod verharrend

Berg den 13. Mai 1868. Ihr
Eigen Ludwig.

55 Ludwig an Wagner

Es ist schon 1 Uhr Nachts, unmöglich aber däucht es mich, mich zur Ruhe zu begeben, bevor ich Ihnen, geliebter Freund und Meister, in wenigen Worten den Eindruck dieses Tages schildere, den er in mir zurückließ. Die Worte Schiller's können auch Wir dem Volke zurufen: Du siehst nur das Gewöhnliche der Dinge, denn Deinen Blick umhüllt das ird'sche Band. Ich habe das Unsterbliche mit Augen gesehen, ja mir ist es, als hätte ich in das Allerheiligste des Himmels selbst geschaut, – – – – es heißt der Gral und selig reinster Glaube ertheilt durch Ihn sich seiner Ritterschaft. Und die überirdische Kraft, die den Erkorenen erwächst, ich fühle sie in mir; durch Sie, mein Einziger, ward sie mir verliehen; denn zu Großem hat Uns das Schicksal berufen: daß Wir Zeugniß geben von der Wahrheit, sind Wir auf die Welt gekommen. Durch Dich ersann ich, was ein Geist! Durch Dich erwacht, durch Dich nur dacht ich edel frei und kühn, Du ließest mich erblüh'n! Alles, Alles verdanke ich Ihnen! Heil der deutschen Kunst! in diesem Zeichen werden Wir siegen. – Treu und liebend in seligem Frohlocken

[22. Juni 1868, frühmorgens] Walther.

56 Wagner an Ludwig

Mein König! Mein hoher Herr!

In alten Republiken wurden grossen, höchstverdienten Bürgern für einen erhabenen Festtag königliche Ehren zuerkannt: der Purpurmantel durfte von seinen Schultern wallen. Demüthig trat er am folgenden Tage in die Stille des Privatlebens zurück.

Nun war es denn ein König selbst, der den Dichter sich zur Seite erhob, und seinen eigenen wahrhaften Purpur über ihn warf. Was nie geschah, nun ward es erlebt, schöner und bedeutungsvoller, als es sich ahnen liess. Es ist unmöglich, dass dieser König und dieser Dichter nicht der Unsterblichkeit geweiht wären, sei es nur durch diese eine unvergleichliche That!

Nun habe ich mein demüthiges Sühnungswerk zu verrichten. In die stillste Einsamkeit kehre ich von heute an zurück: von der Seite des grossen Königs in den Schutz des holden Freundes, umwebt von Seiner Liebe, tiefgeborgen in dem Schoosse Seines Herzens.

Schon ruft der Ferne Ihnen sein Lebewohl zu: es ist thränenlos, wie das Schicksal des über alle Welt erhobenen. –

Nur Ein Wort ruft er Ihnen noch zum Abschied zu: –

Jemand rief heute aus, Ihre königliche That mache Sie grösser als drei gewonnene Schlachten. So erkenne ich das Urtheil Ihres Volkes. Dass nichts je Sie selbst möge hierin beirren, werde ich den Neidern, die Ihnen ja so nahe treten müssen, jeden erdenklichen Vorwand zur Belästigung für Sie entziehen. Weniger als je werde ich in irgend etwas mich mischen, aller und jeder Beziehung zu den hiesigen Verhältnissen werde ich mich fern halten; wie ein Gestorbener, ein der Erde Entrückter, soll ich der Welt gelten. Stiller und zurückgezogener als je, werde ich nur meinem Schaffen leben: bald soll einzig mein neuvollendetes Werk Ihnen von meinem Dasein melden! So sei jeder Waffe des Neides die Spitze abgebrochen: denn nie, nie darf mein göttlicher König die königliche That bereuen, die, wie unvergleichlich sie ist, ebenso einzig und unwiederholt bleiben soll!

Und nun noch meine demüthig herzliche Bitte um Vergebung jedes Kleinmuthes, der je mir im Hinblick auf die unbegreifliche Grösse meines königlichen Freundes ankommen konnte! War ich klein, so war es, weil das in der Geschichte nie Erlebte meiner Einbildung nur erst dämmernd vorliegen konnte. Nun weiss ich es: Sie sind ein grosser König, Sie sind der Retter, der Erlöser! Hier sehen Sie mich stumm zu Ihren Füssen!

In erhabenster Glorie anbetungsvoller Demuth

Ihr

treuer Knecht,

22 Juni 1868. Richard Wagner

57 Wagner an Ludwig

Allgeliebtester holder Herr und Freund!

Heute Vormittag legte ich zum letzten Male die Hand an den zweiten Akt des Siegfried: auch dieser ist nun bereit in Ihre königliche Freundeshand überzugehen, und fast kann ich kaum dem Gelübde widerstehen, Ihnen sofort einen Einblick in die nun gänzlich vollendeten Theile meines Werkes zu geben. Doch hätte diess keinen Sinn; denn Sie haben das Recht, das *Ganze* von mir zu fordern: und – so Gott hilft! – werde ich an Ihrem hohen Tage dieses Jahres mit Ehren bestehen können.

Es ist eben doch eine grosse, und namentlich auch mühsame Arbeit. Warum so wenig ganz Vollendetes in der Welt zu Stande gekommen ist, erklärt sich zum Theil gewiss auch daraus, dass ein wahres Genie sich nicht nur in der umfassenden Schnelligkeit der Conzeption eines grossen Planes, sondern namentlich auch in der – gewiss! – leidenschaftlichen, ja peinlichen Ausdauer bewährt, welche die volle Verwirklichung seines Planes erfordert. Hier ist mit flüchtigen Andeutungen nichts gethan: sondern, was wie der Blitz uns durchzuckt, ist, künstlerisch betrachtet, ein wunderbar verkettetes, feingliederiges Geschmeide, an dem jeder Edelstein, jede Perle, jedes Ringlein mit sorgsamem Fleisse, wie ein Kunstwerk für sich, gefügt sein will. So bin ich denn erst jetzt mit dieser Reinschrift für Sie (welche zugleich für das Erste als Modell einer Copie für den Gebrauch dienen soll) mit dem ehemalig Entworfenen gänzlich fertig geworden.

Diese Ausführungsarbeit diente denn nun aber auch dazu, durch anhaltende Beschäftigung damit, mich gänzlich erst wieder in den Geist meines Werkes zu versetzen, und darin mich wieder so heimisch zu machen, dass ich eben nur fortfahren kann, als ob ich nie darin unterbrochen worden wäre. Gewiss war meine grosse Besorgniss natürlich, mit welcher ich an diese Wiederanknüpfung ging. Eine Unterbrechung von *zwölf* Jahren bei einem Werke ist gewiss unerhört in der Kunstgeschichte: und wenn es sich nun zeigt, dass diese Unterbrechung nichts an der Frische meiner Conzeption ändern konnte, so darf ich dieses wohl als Beweis dafür anrufen, dass diese Conzeptionen ein ewiges Leben haben, nicht von gestern, und für morgen nur sind. Die letzte sehr eingehende Ausarbeitung des zweiten Aktes hat mich denn oft in einer Weise gefesselt und angemuthet, dass ich im Entzücken oft recht an mich halten musste. Doch einmal schrieb ich der Freundin schnell nur diese Zeilen: »Der Siegfried ist göttlich. Es ist mein grösstes Werk!« – Ich will Ihnen die Stelle bezeichnen, die mich da eben so kühn erfreuend anregte. Siegfried hat Fafner erlegt: das zuvor ihn anmuthig fesselnde Waldweben wird da zum Zauber; er versteht den Waldvogel, geht – wie gelenkt von holder Betäubung, und gleichsam nur einer Weisung gehorchend, ohne zu wissen, was er damit thut – in die Höhle des Wurmes, den Schatz zu heben; das lauernde Nibelungenpaar stürzt aufeinander, um Jedes für sich den Hort dem Knaben abzugewinnen; Zank, unerhörter Hader darum. Da tritt Siegfried, sinnend in der Betrachtung des Ringes vertieft, wieder aus der Höhle, auf die Anhöhe davor, heraus: die Nibelungen bemerken mit Schrecken, dass er diesen Ring von dem Horte erwählt hat, und ziehen sich zurück, um Jeder auf seine Weise dem Ringe nachzustreben. Siegfried, den Ring und den Tarnhelm betrachtend: »Was ihr mir nützt, weiss ich nicht.« Während er hervortritt, hört man unheimlich (zu den Reden der beiden Nibelungen) das Motiv des Ringes durch die Begleitung sich winden: jetzt geht es, mit höchster, geisterhafter Weichheit, in das Thema der Rheintöchter, am Schlusse des Rheingoldes – (Sie wissen diess vom letzten Abende im Residenztheater her?) – über: »Rheingold! Reines Gold! ach, leuchtetest du noch in der Tiefe!« Dieses lassen jetzt, zu dem leisen Zittern der Saiteninstrumente, sechs Hörner, wie aus einer fernen Natur-Traumwelt her, vernehmen. Die bedeutungsvolle Rührung, die uns hier erfasst, ist überwältigend! Als der Vogel von Neuem Siegfried vor dem heranschleichenden Mime gewarnt, und dieser von ferne ihm sich nähert, überlegend, wer dem Knaben wohl den Ring nachgewiesen haben könnte, hören wir leise, leise die liebevolle Sorge der Mutter Sieglinde um den Sohn, den sie sterbend gebar, in melodischer Zartheit erklingen. Der Vogel spannt fortgesetzt durch leise Warnungsphrasen unsre Aufmerksamkeit, als Mime sich nun schmeichelnd an Siegfried wendet. – Endlich, da nun auch Mime erschlagen, bricht in dem bisher so übermüthigen Jüngling das Gefühl der gänzlichen Einsamkeit schmerzlich hervor: nur Bär, Wolf, Lindwurm, sind sein Umgang; der Waldvogel, dessen Sprache er nun versteht, ist ihm wie das einzige Wesen, dem er sich verwandt fühlt. Und nun der Wonneschreck, als dieser ihm Brünnhilde verkündet!! Ja, und was das Alles heisst? Das ist keine Familienkinderscene: das Schicksal der Welt hängt von dieser göttlichen Einfalt und Einzigkeit des furchtlosen Einzigen ab! –

Ja! – mein Siegfried ist schön, Sie theurer Edler! Mein König! –

Am andern Morgen, 24 Febr.

So weit noch gestern Abend! – Wollte ich Ihnen heute noch vom Siegfried berichten, so müsste ich von dunklen, erhabenen, furchtbaren Schauern reden, mit denen ich in das Bereich meines dritten Aktes eintrete. Da treffen wir, wie die Hellenen in der dampfenden Erdspalte zu Delphi, auf den Mittelpunkt der grossen Welttragödie: ein Weltuntergang steht bevor; der Gott sorgt für die Wiedergeburt der Welt, denn er ist der Wille der Weltwerdung selbst. Hier ist Alles erhabenes Grauen, nur in Räthseln ansprechbar. Seit jener Zeit, wo ich von der wundervollen Hohenschwangau-Woche nach München zurückkehrte, und bange Fragen über Unser Schicksal aufzuwerfen hatte, entstand mir, und verfolgt mich nun das Thema, das Uns sogleich beim Beginne dieses Aktes zu begrüssen hat, und uns die Entscheidung, die letzte Frage, den letzten Willen des Weltengottes ankündigen soll. Ein Schauder hielt mich bisher ab, aufzuzeichnen, was oft auf einsamen Wanderungen bei Sturm und Wetter licht wie Blitzesleuchten in mir aufschlug. Doch auch der stolze Jubel des für den Tod vereinigten Paares fand in diesen Zeiten seine Töne: sie gleichen dem Jauchzen der Heldenbrust, die ihre Sieges-Liebes-Freude in die hohen Alpen ruft, um durch den unendlichen Widerhall sie der Ewigkeit zu überlassen.

So musste ich denn auch, wie Wotan, die Welt des Willens hinter mir mit letztem Willen fest und unentriegelbar abschliessen: diess that ich! Nichts soll mir sie wieder öffnen! Ich litt in ihr und für sie, was ich zu leiden vermochte: nun hab' ich das Recht erworben, ihr nicht mehr anzugehören! – Sie werden einst, mein huldvollster Freund, begreifen, *was* ich Ihnen hiermit sage und andeute! – Und so bin ich nun bereit, mich in dieses letzte Grauen zu werfen: denn laut höre ich auch schon das Echo der Berge den Jubel der Erlösung mir widertönen. – Die nahenden drei Lenzmonde, die so gewaltig sich bereits in die Welt drängen, sollen auch diesen lang versparten Akt meines Werkes zur letzten Blüthe treiben! – So steht es in den Sternen, die meinem einsamen Hause leuchten: dort links im Norden der »Wagen«, das altgetreue Siebengestirn; hier rechts im Süden das flammende Schwert des Orion: zwischen ihnen im Nordost: Jupiter, einsam und strahlend. –

[...]

Heil! Heil! Glück auf! – so rufe ich dem Geliebtesten, Angebetetsten zu! Gedenken Sie stets hold und gnädig

Ihres

Luzern. Triebschen. ewig getreuen
24 Febr. 1869. Richard Wagner

58 Wagner an Ludwig

Mein erhabener Freund und huldvoller Wohlthäter!

Sie sehen, dass ich es nicht ertrage, Ihnen »nicht zu schreiben«!

Der Gedanke kämpft mit der Empfindung, das Gefühl streitet mit der Einsicht, und endlich stellt sich immer wieder von Neuem fest, was wir sind und nicht anders sein können.

Als ich Ihren letzten so unerwarteten Brief erhielt und ihn las, musste ich mir zunächst nur sagen: »So war es schon öfter!« Und diess eben entmuthigte mich: ich wollte vor Allem nicht, dass sich diess wieder einmal so wiederhole. Mit aller Vorsicht des wundenscheuen Herzens, muss ich aber doch immer wieder erkennen, dass ein Grundzug Unserer Beziehungen unverändert bleibt. Ich fahre fort, in Ihrer gnadenreichen Freundschaft allein die geistige wie irdische Pflege meiner Schaffensruhe zu geniessen, und was dieses einzig für mein Lebensschicksal aussagt, ist unermesslich.

So muss ich denn auch mit Ihnen im vollen Frieden leben. Das wäre von je möglich gewesen, wenn Unsere Beziehungen nie sich über das Verhältniss des dankbar ergebenen Dichters gegen seinen erhabenen Gönner und Wohlthäter hinausgeschwungen hätten. Doch hierüber habe ich mich wiederholt leidvoll Ihnen schon mitgetheilt! – Es schien mir immer, ich sollte nicht recht haben, bis ich immer wieder daran gemahnt wurde, dass ich am Ende doch recht hätte. Sie wissen, mein gnädigster Freund, um was es sich handelt, denn Ihr eigenes, so edelmüthiges Bekenntniss bezeugt mir das. Es sind nicht die Schwierigkeiten der Sache selbst, noch auch die Unserer Lage, welche Uns so oft anscheinend gänzlich trennen; sondern, dass es zu Zeiten mir vorkommen muss, als wandelten Sie einen ganz anderen Weg als den, auf welchem Sie mir zu begegnen gewünscht hätten, als wollten Sie ganz anders wie ich. Dann halten Sie Sich entfernt von mir, vermeiden mich, ja – mit den Schwierigkeiten, die Wir gemeinsam leicht überwänden, verbinden Sie selbst Sich gegen mich, so dass ich, als vollständig Geächteter, mich zu fragen habe, ob es mir bisher nicht nur geträumt, dass ich einen König zum Freund hätte.

Um nun aber alles Jammervolle und Bittere, was ich in solchen Zeiten erfahren musste, zu verwinden, bedarf ich des Einen, nämlich: mit grossem Sinne und vollem Vertrauen wieder der Zukunft mich zuwenden zu können. An den letzten Erlebnissen haftet so überaus viel Kleinliches und Unserer Beachtung Unwürdiges, dass ich unmöglich nur eine – Genugthuung in diesem Kreise in das Auge fassen könnte. Dieses ganze Münchener Verhältniss mit seinen darin begriffenen Persönlichkeiten kann jetzt nur noch als Versuch angesehen werden, welcher sich nun eben nicht als günstig ausgewiesen hat. Ich möchte in keiner Weise auf dieses Verhältniss wieder zurückkommen. Somit widerstrebt es mir auch das Vorgefallene noch irgend wie in Betracht zu nehmen. Diess Alles konnte für mich nur Bedeutung haben, in so fern ich Ihren eigenen, inneren Willen darin verwickelt finden musste. Gestatten Sie mir daher jetzt, Ihnen die Erwägung meiner Besonnenheit zu erkennen zu geben, durch welche ich mich liebevoll ermahne, einem so wundervoll edlen Bunde, als der welcher Uns vereinigt, seine erspriessliche natürliche Dauer zu versichern. Unmöglich konnte ich hierbei auf Auskunftsmittel der Klugheit, der blossen Lebensweisheit (so zweckmässig diese Vielen dünken möchten!) verfallen, sondern immer und einzig kann ich mich nur auf den grossartigen und ungemeinen Zug Unseres idealen

Freundschaftsbundes berufen. Und deshalb muss ich genau Ihren *Willen* erforschen, in dessen Ausführung einzig meine Macht liegen kann.

So bitte ich Sie denn, nach eigener reiflicher Erwägung mich klar und bestimmt wissen zu lassen, ob Sie je ernstlich und wahrhaftig die Ausführung des grossen Planes wollten, nach welchem Wir die Nibelungen aufführen, und der deutschen Welt als den monumentalen Ausgangspunkt einer neuen, edlen Kunstepoche hinstellen wollten? Ihr Inneres allein kann Ihnen sagen, ob dieses je Ihr wahrhafter Wille war. Der Verlauf, welchen die Dinge seit zwei Jahren – jetzt gerade seit zwei Jahren! – genommen haben, musste mir immer deutlicher machen, dass Sie in Wahrheit die Ausführung dieses Planes *nicht* wollten, ja – dass die Pein, welche Ihnen die Zumuthung der Ausführung dieses Planes verursachte, Sie gegen mich befangen machte und von mir entfernte. Seit dieser Erkenntniss habe ich mich auf mich zurückziehen müssen: diese zwei Jahre waren ein trauriges Nachflackern der heiligen Flamme, welche bis dahin Unserem Bunde entleuchtete. Ermessen Sie, mit welchem bitteren, ja – gottverlassenen Gefühle ich mich darein zu ergeben hatte, Ihren Befehlen zuzusehen, durch welche Sie das ungeheure Werk auf das Niveau der Leistungen eines elenden Opernrepertoire's vor Abonnenten und Recensenten herabsetzten! – Ich habe Ihnen hierüber nichts zu wiederholen; denn ehe ich Sie noch kannte, habe ich, ohne jede Hoffnung auf einen König, klar und bestimmt den Plan vorgezeichnet, nach welchem mein Werk einzig der Welt vorgeführt werden sollte: auf mein Vorwort zu der Dichtung meines Nibelungenringes muss ich mir daher erlauben auch Sie jetzt von Neuem zu verweisen, wenn Sie nun Sich deutlich machen wollen, was ich – jetzt im Betreff meines Werkes zu empfinden habe. – Doch, genug! Diess Alles war vielleicht nur traurige Verwirrung. Sie verlangten etwas von meinem Werke zu hören; die Verwirrung der Lage liess Sie vergessen, dass – unvollkommen, wie es jetzt nicht anders sein konnte, aber immerhin andeutend richtig – Ihnen, dem König, jeder Zeit durch mich mein Werk zum Ertönen gebracht werden konnte: aber eben nur *Ihnen,* dem Könige; meinem innig verständnissvollen Freunde. Und nun die Eine Frage, mit deren Beantwortung Uns alle Zukunft vorgezeichnet wird:

Wollen Sie mein Werk wie ich es will, –
oder: *wollen Sie es nicht so?* –

Wollen Sie, so erkenne gewiss ich nicht minder wie Sie und Andere die ungemeinen Schwierigkeiten, die sich Uns entgegenstellen: – allein, diese Schwierigkeiten sollen Uns nicht *trennen,* sondern *vereinigen.* – Zunächst würde ich dann nur *ein* Opfer von Ihnen ansprechen. Es heisst: Sich für einige Jahre von der Theilnahme am Theater, ja – von der Beachtung des Theaters zurückziehen. – Oh, möchten Sie mir nur glauben, wenn ich Ihnen sage: dieses Theater ist unwürdig Ihrer Berührung, unwürdig des königlichen Freundes und Werkvollenders – Richard Wagner's! – Vermöchten Sie dieses Eine über sich, – und Sie werden es vermögen, wenn Sie, wie ich so sehnlich es wünschen muss, Ihren Gesichtskreis auch in künstlerischer Beziehung über die Schranken des bisher doch immer nur zufällig Ihnen Gebotenen um etwas weiter ausdehnen, wenn Sie Ihre Blicke einmal auf Italien, seine wundervollen Städte und Kunstschöpfungen verbreiteten, um zu erfahren, wie ganz Anderes, der Beachtung eines kunstsinnigen Königs Werthes noch offen liegt, als eben nur die zudringlichen Kleinlichkeiten eines deutschen Hoftheaters! – Vermöchten Sie, sage ich, eine Zeitlang aus dieser Athmosphäre der höchsten Dürftigkeit sich zu erheben, – vermöchten Sie diess namentlich auch im Hinblick auf die so ernste Lage Ihres Landes, für welches jeder Ihrer königlichen Entschlüsse jetzt so entscheidungsvoll ist, – so würde dieses die Zeit sein, in welcher Alles Unsrem Werke entgegenreifte. Um Ihnen für jede Entbehrung den Trost zu geben, welchen ich einst in meinem Aufsatze über »Staat u. Religion« als den schönsten Trost des Königs bezeichnete, würde ich Ihnen schon in dieser Zeit, wenigstens musikalisch, mit Sängern und Orchester, in der früher gewohnten Weise, die ganzen Werke *für Sie allein* vorführen, und zwar so oft Sie es nur wünschten. Während dieser Zeit nun würden Wir mit Ruhe und Besonnenheit den Plan der grossen Aufführung ausarbeiten, sie selbst, jede Schwierigkeit mit Weisheit und Festigkeit lösend und besiegend, vorbereiten. Die That des endlichen grossen Gelingens wird aber unvergänglich in der Geschichte leuchten, wie sie Ihnen unermesslichen Ruhm, Uns Beiden die erhabenste Befriedigung gewähren wird.

Diese That ist möglich, wenn ein König sie *mit* mir will.

Soll Ihnen dagegen nur das möglich sein, was der König *gegen* mich armen, hilflosen Künstler will? – Nun diess ist ja der Welt gezeigt worden, und diejenigen, welche dieses geringe Wunder erleben wollten, werden ja nun Ihnen ihren Beifall gezollt haben. – –

Oder wollen Sie, mein huldvoller König, nur *mir* die Schwierigkeiten zuhäufen? – Sie werden diess, wenn Sie fortfahren, Ihrem Theater-Intendanten die weiteren Aufführungen meiner Nibelungenwerke zu befehlen. – Dann wird Alles Ruhe vor mir haben. Mein Ohr wird keinen jener Klänge vernehmen, über deren zauberhafte Wirkungen mir von Anderen berichtet worden ist. Nur werde ich fortan zu sorgen haben, wie der schädliche Eindruck solcher Aufführungen das gerechte Urtheil über mein Werk nicht beeinträchtige, was allerdings nur durch vollkommen entsprechende Darstellungen erreicht werden kann. Unendlich vermehrte Schwierigkeiten werden sich diesen dann entgegenstellen: nicht ich selbst werde sie besiegen können, aber ich muss dafür sorgen, dass mein Werk selbst dereinst sie überwindet. Dereinst! Und dann vernehmen wohl Sie selbst, gleich mir, diese Klänge nicht mehr; denn wohl nur über Unsrem beiderseitigen Grabe, in einer anderen und edleren Zeit dürfte dann, jetzt so geopfert, der Nibelungenring von seinem Fluche erlöst werden, von diesem Fluche, dessen erlösendes Zauberwort ein auserwählter König selbst auszusprechen versäumte. –

Hier liegt die Wahl! –

Ich musste diese Ihnen nochmals an das Herz legen, denn ich musste noch einmal aus vollem Herzen zu Ihnen sprechen. Nicht anders aber kann ich diess, als wenn ich in dem grossen Sinne zu Ihnen spreche, der Unsrer Freundschaft ihre einzig wahre Bedeutung giebt. Wie Sie diess aufnehmen werden, ob Sie mir gar zürnen, wenn ich scheinbar Ansprüche an Sie erhebe, deren Geiste Sie vielleicht fremd geworden sind, kann ich nicht mehr voraussehen. Wie kann ich die Veränderungen ermessen, welche die lange Trennung, die gänzliche Entwöhnung von der geistigen Sphäre, in welcher Wir Uns sonst berühren durften, in Ihnen hervorgerufen haben? Immerhin aber weiss ich, dass ich nur so Ihrer würdig zu Ihnen sprechen kann; jede Herabstimmung dieser

Sprache musste eine Erkältung meiner Bewunderung und Verehrung für Sie ausdrücken.

Und so nochmals zu Ihnen zu sprechen, mein edelster Freund, trieb es mich daher heute; woraus Sie denn wenigstens ersehen mögen, dass ich nicht erkaltet bin.

Mit höchster Wonne denke ich daran, *mit* Ihnen zu wandeln, – mit schmerzlichem Grauen daran, *ohne* Sie zu gehen, denn, wie und wo ich auch gehe, doch nur durch Ihre Gnade, Ihre Liebe kann ich mit meinem Werke noch gehen!

So vernehmen Sie denn meinen Ruf, und verstehen Sie ihn gütigen Herzens! –

Bald sollen Ihnen die Nornen künden, dass in dem Schicksals-Seile ewig der Faden auch meiner Treue eingewoben ist: – webe und spinne ich daran weiter, immer doch giebt *dieser* Faden den Einschlag des Gewebes.

So zu Ihren Füssen huldigt Ihnen von Neuem, wie für ewig

Ihr

getreues Eigen,

Richard Wagner

Luzern

20 November 1869

59 Wagner an Ludwig

Mein erhabener Freund und ewig geliebter Wohlthäter!

Ihr so huldvolles Schreiben ermuthigt mich, ja es fordert mich auf, Ihnen abermals von mir in der Weise zu berichten, wie ich so oft auf Ihren für mich stets wahrhaft verehrungswürdigen Wunsch es mir zu erlauben hatte. Wenn ich daher in Schwierigkeit hierüber gerathe, so kann der Grund davon gewiss nicht etwa in einer gegen sonst minder befeuernden Wirkung Ihrer Aufforderung, sondern lediglich in dem Gegenstande der gewünschten Mittheilung liegen, als welchen ich eben mich, und das was ich erlebe und schaffe, zu erkennen habe. Ueber diesen, von Ihrer Huld zu stets für mich so erhebenden Gefühlen angeregten Gegenstand, hatte ich in Leid und Freud' oft zu berichten: Sie wissen, mein erhabener Freund, dass ich für Leid und Freud' von Ihnen abhing, und Ihr stets mir grossmüthig gewogenes Herz sagt Ihnen, dass ich nie verzagen durfte, wenn ich die Wagschalen, in denen meine Ruhe lag, oft mit Trauer in das Schwanken gerathen sehen musste. Darf ich nach Ihrem neuesten huldvollen Schreiben noch heute erkennen, dass jene Gewichte sich mir günstig stellen, wofür ich Sie aus tiefster Seele segne, so muss ich doch die Schwierigkeit, welche mich im Betreff der Erfüllung Ihres Wunsches jetzt belastet, in dem inneren Widerwillen ersehen, welchen ich dagegen empfinde, Sie in einer Täuschung über die sehr ernsten Nachwirkungen erhalten zu sollen, welche es auf meinen Seelenzustand ausübte, dass ich jene Wagschalen so bedenklich und anhaltend im Schwanken begriffen sah. Gewiss überwindet die Liebe schliesslich Alles, auch jeden Zweifel. Soll ich Ihnen jedoch heute über mich Auskunft geben, und Ihnen vor Allem von dem Werke berichten, dem Sie Ihre so über alles wichtige Theilnahme zugewandt haben, so muss ich Ihnen bekennen, dass die Erfahrungen der beiden vergangenen Jahre, im Betreff des Schicksales eben dieses Werkes, diesem nicht förderlich gewesen sind. Und hierin liegt die grosse Schwierigkeit für meine Mittheilung. Denn das mir Unbegreifliche muss ich wahrnehmen, dass jede Hinweisung in diesem Bezug von dem Einzigen unverstanden blieb, der hier einzig mein Schicksal, und zwar mit dem tiefsten Bewusstsein hiervon, in den Händen hatte.

Wie ich es nun heute anfangen möchte, mich hierin Ihnen verständlich zu machen, will ich abermals versuchen, und ich unternehme diess einfach dadurch, dass ich, wie Sie so huldvoll es wünschen, über mich und mein Werk berichte. –

Es ist Ihnen nicht unbekannt geblieben, aus welcher Stimmung und welchem Entschlusse vor nun zwanzig Jahren die Conzeption des grossen Bühnenfestspieles: der Ring des Nibelungen, hervorging. Ich wollte nie mehr ein Werk für unsre bestehenden Theater schreiben, dagegen einen Plan von solcher Grösse ausführen, dass dabei von jeder Verwirklichung durch unsre Operntheater nothwendig abgesehen werden musste. Zu diesem Entschlusse war ich unter dem Befassen mit einem Theater gelangt, welches damals als das beste in Deutschland anzusehen war, und nachdem ich in Dresden sieben Jahre über meine bis dahin geschriebenen Werke, mit vollstem und reichlichstem Wohlwollen von oben wie von unten, in freiester Stellung und mit der hinreichendsten Macht über die vorzüglichsten Kunstmittel, ganz nach meinen Intentionen persönlich zur Aufführung gebracht hatte. Trotz dieser Vortheile musste ich, gerade an den mir ermöglichten relativ besten Leistungen, den weiten Abstand meiner wahrhaften Intentionen von dem Geiste unsrer Theateranstalten erkennen, worüber ich seitdem andrerseits mich umständlich genug ausgesprochen habe. Zu der Ausführung des Nibelungenringes begeisterte mich nun einzig die Annahme, sie dereinst unter den ausnahmeweisen Umständen zur Darstellung bringen zu können, welche ich später in dem Vorwort zu der Herausgabe der Dichtung desselben deutlich angab. So, auf das gänzlich Ungewisse hin, unternahm ich die musikalische Ausführung: nachdem ich das »Rheingold« und die »Walküre« im ersten Anlaufe wirklich vollendet hatte, musste ich aber inne werden, dass ich die Kräfte meiner Imagination im Betreff ihrer Ausdauer unnatürlich überschätzt hatte. Um dem Ausserordentlichen meines Werkes auch in seinem Instrumentalcolorit zu entsprechen, war ich kühn an eine gänzlich neue, noch nie angewendete, reich belebte Textur des Orchester's gegangen; hierbei hatte ich Vieles, ja fast Alles, als ungemeine, ja noch nie erprobte Neuerungen in einem gewissen Sinne mir als Fragen vorzubehalten, welche meine spätere Erfahrung mir selbst erst richtig beantworten sollte, sobald ich dereinst mit dem von mir gedachten Orchester unmittelbar verkehren, und beim lebenvollen Erklingen meiner kühnen Combinationen von der Richtigkeit derselben mich zu überzeugen Gelegenheit fände. Diese lebendige Prüfung bis zur Vollendung des Ganzen hinausschieben zu können, diess war es eben, worin ich mich verrechnet hatte. Als ich den »Siegfried« sofort auch begann, fühlte ich mich endlich von einem tiefen Mismuth erfasst: ich *hörte* nichts, um mich blieb es stumm; keiner der neuen Klänge belebte sich; mir grauste es vor meiner Arbeit wie vor einem lebendig-todten Wesen. Ich warf die Papierrollen bei Seite, und sagte mir, dass ich etwas Uebermenschliches, ja etwas Unmenschliches übernommen hatte. – So conzipirte ich den »Tristan«, und warf mich mit Eifer auf die Vollendung dieses Werkes, welches ich, im unabweislichen Bedürfnisse, eine Arbeit von mir auch wieder zu Gehör zu bekommen, gegen meine sonstige Abneigung wieder für das gewöhnliche Theater bestimmte, eben nur, um aus diesem gespenstischen Notenpapier-Verkehre herauszukommen. Durch Sie, mein erhabener Freund, wurde mir endlich diese seitdem lange vergeblich ersehnte Aufführung des »Tristan«, unter meiner Leitung und von mir selbst belebt, ermöglicht. Die Wiederbelebung meines plastischen Conzeptionsvermögens wendete ich sofort auf die Wiederaufnahme der Instrumentirung der fertigen Theile des »Siegfried« an. Grausame Störungen unterbrachen mich in dieser Arbeit. Als ich wieder zu nöthiger Geistesfreiheit gelangte, ersah ich die Möglichkeit einer Aufführung durch die Umstände weit hinausgerückt; es drängte mich dagegen, wiederum eine Arbeit zu liefern, welche sofort nach ihrer Beendigung zur Aufführung gelangen könnte, weil ich fühlte, dass ich dieser unmittelbaren Berührung mit der Tonwirklichkeit noch zur Auffrischung meiner conzeptiven Kräfte bedurfte. Ich habe seitdem die »Meistersinger« gehört, dank Ihnen, mein königlicher Freund, in unvergesslicher Weise. Jetzt galt es, mich von allem Geräusch und Getreibe zurückzuziehen, um meine schön belebten Kräfte der endlichen Ausführung meines grossen Werkes einzig zu widmen. Ich vollendete, sobald einige Ruhe in meine Lebensbeziehungen einkehrte, die Composition des »Siegfried«, während mich zugleich der unsägliche Schmerz der Aufführung des »Rheingoldes«, gegen meinen Willen und ohne meine Mitwirkung als Münchener Opernvorstellung, traf. Dank den himmlischen Mächten, die mir mit jeder Selbstaufopferung treu beistanden, durfte ich mich erholen, und nachdem ich das schmerzlichste Gefühl des Vater's, dem man sein Kind entrissen, um es der Prostitution preiszugeben, überlebt, warf ich mich, wie zur Selbstbetäubung, auf die Composition auch der »Götterdämmerung«, von welcher ich einen grossen, besonders schwierigen Theil wirklich ausführte. Hierüber traf mich nun der zweite Schicksalsschlag: kein Bitten, kein Flehen vermochte es, der »Walküre« das gleiche Loos wie dem »Rheingold« zu ersparen; ich musste erleben, dass auch dieses Werk, welches mir selbst noch ein tief geheimnissvolles Räthsel – nur durch mich selbst zu lösen – war, in den Pfuhl des mir in der Seele verhassten Theaters und seiner widerwärtigen Routine geworfen wurde! –

Was sind mir nun jene Werke? Waren sie früher bange, erlösungsbedürftige Gespenster, was können sie mir jetzt anderes sein, als besudelte Fratzen? –

Doch dieses geschah, um Ihnen, meinem grossen Wohlthäter, dessen erstes an mich gerichtetes Wort mir die Zusicherung eines fortan von jeder Sorge befreieten Lebens verhiess, mich dankbar zu erweisen, ja – eine Freude zu machen. Sie sagen mir diess ja selbst, so schön und ergreifend, dass Sie mich wohl dazu ermuthigen, Ihnen wahrhaft zu bezeugen, dass diese Freude an meinen Werken, wenn sie Ihnen unter solchen Umständen möglich war, mit den unerhörtesten Schmerzen, die je einem Künstler auferlegt werden konnten, bezahlt worden ist.

Vielleicht war es diese stolze Genugthuung, meinem grossen Wohlthäter durch solch ein Opfer meinen Dank bezeugt zu haben, welche auch ihrerseits mich soweit wieder erhob und erkräftigte, dass ich endlich wieder an die Ausführung der Partitur, durch Instrumentirung der neu componirten Theile meines Werkes, ging. Da erlahmte ich, wie damals. Wie soll ich die geistige Conzeption in lebenvollen Klang umsetzen, wenn mich immer nur Notenlinien anstarren? Ich höre nicht mehr; es erklingt mir nichts mehr. Will ich mich zu mechanischem Arbeiten zwingen, so bin ich unsicher, quäle mich, und weiss mir nicht zu helfen, da ich das Stümpern nun einmal nicht gelernt habe.

So steht es, mein erhabener Freund, und diese traurige Auskunft hatte ich Ihnen über mich zu geben. Gewiss war es nicht unrecht, wenn ich hierin eine Schwierigkeit zu erkennen glaubte.

Wie soll es nun aber mit mir werden? Wie mit meinem Werke, für welches Sie mich immer wieder begeistern, wenn Sie es so hoch stellen, ja es für das grösste ansehen, das aus einem menschlichen Geiste hervorgegangen sei? – Gewiss, so kann es nicht bleiben: mir muss eine bestimmte Aussicht für die Erfüllung meiner Anforderungen in Betreff der einzig entsprechenden Aufführung meines Werkes sich eröffnen, soll ich den Muth und die Fähigkeit zu seiner Vollendung wiedergewinnen. Und diess ist es, worüber ich im tiefsten Leiden gesonnen habe, und worüber ich, wie Sie so huldvoll es wünschen, mich Ihnen nun mittheilen will. –

Sie rufen mir huldvoll zu, mich nicht so ganz von meinen Freunden fern zu halten, mich nicht so selten diesen persönlich zu zeigen? – Wie freut es mich in dieser liebevollen Aufforderung im Voraus Ihre Zustimmung ausgedrückt zu sehen zu einem Vorhaben, zu welchem mich, nach reiflicher Erwägung, die Sorge für das Leben meines grossen Werkes bestimmt hat. – Die königliche Akademie der Künste in Berlin hat mir die Ehre erwiesen, ganz aus freiem Antriebe mich zu ihrem Mitgliede zu ernennen; ich bin dieser ersten mir in Deutschland erwiesenen Auszeichnung dieser Art meinen Dank zu bezeigen gehalten, und will diesen dadurch abtragen, dass ich in einer öffentlichen Sitzung der Akademie einen Vortrag über die »Bestimmung der Oper« halte. An diesen Vortrag gedenke ich zugleich eine Darlegung des Planes für die Aufführung meines grossen Bühnenfestspieles anzuknüpfen, und will nun sehen, wie weit es mir möglich wird, hierdurch zur Bethätigung einer Theilnahme an der Förderung meines Unternehmens anzuregen, für welche verschiedene bedeutende Anzeichen sich als nicht ungünstig herausstellen. Mein Zweck ist, hierdurch – im günstigen Falle – ein deutsches National-Unternehmen hervorzurufen, dessen Leitung natürlich mir gänzlich allein nur in die Hände gelegt werden darf, und welches ich in meinem Vorworte zu dem Bühnenfestspiele genau so vorgezeichnet habe, wie es in Wahrheit einzig erfolgreich auszuführen ist. Sollte mir diess gelingen, so hätte ich Ihnen, mein erhabener Freund, eine hoffentlich grosse Erleichterung zugeführt, wenn Sie selbst noch die frühere Geneigtheit für die, von mir jetzt immer nur noch fester gehaltene, Idee bewahrt haben. Denn natürlich denken Sie wohl, mein huldvoller König, dass mir, namentlich in diesem Punkte, nie ein Unternehmen vorschweben kann, welches nicht mit seinem edelsten und schönsten Gewichte Ihnen zufiele, wie ich ja überhaupt nie ohne das feste Vertrauen auf Ihre erhabene Freundschaft und Gnade mich nur fähig erhalten haben würde, auf Bedeutendes noch zu sinnen.

So hätte ich mir denn bereits auch den Punkt ausgewählt, welcher der Schauplatz Unsrer grossen Kunstthaten werden soll; und, aufrichtig gesagt, das glückliche Auffinden desselben ist es, was meinem ganzen Plane erst den realen Stützpunkt gegeben hat. Der Ort, den ich im Sinne habe, entspricht in jeder Hinsicht den Anforderungen, welche ich in jenem Vorwort hierfür aufgestellt: er liegt in Bayern und hat somit meinen erhabenen Freund zum Herren. Vorzüglich günstig ist es, dass man dort nicht erst ein Theater zu erbauen hätte. Zögere ich trotz dieser Andeutungen noch, diesen Ort selbst jetzt zu nennen, so messen Sie diess huldvollst der sehr natürlichen Beklemmung zu, welche mancher von mir gemachten schmerzlichen Erfahrung über die Schnelligkeit und Leichtigkeit in der Abweisung bestimmter und namhaft gemachter Vorschläge entsprungen [ist]. Ich muss dagegen wünschen, dass mein Projekt selbst mit Wohlwollen erwogen, und seine Ausführbarkeit an sich, meinem Sachverständnisse gemäss, anerkannt werde, und jede vorschnelle Opposition, welche sich im Grunde gegen die Unternehmung selbst richten würde, von dem zunächst sich darbietenden Objekte, welches hier die Wahl des Ortes wäre, somit abgelenkt werden möchte.

Demnach lege ich Ihnen, mein erhabener Freund, die ergebenste Bitte vor, Herrn Hofrath Düfflipp zu einer ausführlicheren Kenntnissnahme und Berathung dieser Angelegenheit gütigst an mich abordnen zu wollen, da eine gründliche Besprechung und Feststellung der berathenen Punkte unerlässlich ist. Es ist mir um so mehr ein Bedürfniss, mit diesem mir freundlich gewogenen Manne in eine ausführlichere Berathung einzutreten, als ich mit der Ausführung meines grösseren Projektes auch eine letzte beruhigende Lösung aller mich persönlich betreffenden Fragen in Verbindung setzen muss. Es ist mir nöthig endlich zu wissen, wohin ich gehöre, wo ich meinen festen Wohnsitz nehme und für meine Familie im bürgerlichen Sinne sorgen kann. Ich habe viele Jahre meines Lebens dem wüsten Walten des Zufall's anheim geben müssen, nenne keinen Besitz mein und lebe wie ein Flüchtling in der Welt. Für den so wichtig gewordenen Rest meines Lebens kann ich hier, wohin der Zufall mich warf, nicht verbleiben; ich muss dort leben, wo ich mir zugleich einen angemessenen Wirkungskreis bereitet wissen kann: diess muss im Herzen Deutschland's sein, und glücklich bin ich, diesen jetzt auserwählten Punkt in Ihrem Königreiche inbegriffen gefunden zu haben. Dort wünsche ich meinen dauernden Heerd zu gründen, um ihn als lebenvolles Eigenthum dereinst meinen Erben hinterlassen zu können. Diess, mein huldreicher Herr und Freund, sind die Wünsche, ohne deren Erfüllung ich nicht mehr gedeihen kann; und ich lege sie meinem erhabenen Wohlthäter an das Herz, in dem unerschütterten Vertrauen, dass Sie sie gnädig erwägen und nach Möglichkeit ihre Erfüllung gewähren wollen. –

[...]

Gebe nun der Himmel, mein erhabener Freund und huldvoller König, dass dieser bereits übermässig angeschwollene Brief Ihre Geduld nicht ermüdet und Ihr Wohlwollen nicht bedrückt haben möge! Gewiss wäre Ihnen nur ein kurzer Bericht über heiteres und unverdrossenes Schaffen meiner Seits das Erwünschteste gewesen; ich musste Ihnen dagegen leider eben erklären, dass ich Ihnen diese Freude nicht bereiten könnte, und diess eben fiel mir schwer. Unwürdig Ihrer hohen Freundschaft hätte es mich aber gedünkt, wenn ich Sie mit einem ausflüchtigen Berichte etwa gar nur täuschen wollte; das, was Sie stets so hold und gnädig gegen mich erhält, gründet sich nicht auf einen nur äusserlich prunkenden Antheil, sondern auf den innersten Quell meines Schaffens. Und dieses tiefe Bewusstsein gab mir die Besonnenheit, Ihnen unverhohlen die Wege zu zeigen, die mein erhabener Freund mich geleiten muss, will Er mich an das Ziel führen, welches Er mit mir gleichmässig Selbst im Auge hat. –

So nehmen Sie meine innigsten Segenswünsche! Seien Sie von mir und von der edlen Frau, die jede Rücksicht auf den Schein und die Welt freudig opferte, um mir Alles sein zu können, gepriesen und hochgelobt, und verschmähen Sie es nicht, unentwegt von uns als der Dritte in einem Bunde gehegt zu werden, dem wir mit Stolz keinen zweiten unter Menschen zur Seite stellen zu dürfen glauben. So seien Sie immerdar gesegnet und geliebt!

Ewig dankbar und treu liebend

Ihr Doppel-Eigen

Luzern. 1 März 1871. Richard Wagner.

60 Ludwig an Wagner

Ueber Alles theurer Freund!

Glück auf zum neuen Jahre! Eines der herrlichsten wird es, das Wir erlebten, da Wir die Vollendung des mit aller Macht der Seele ersehnten großen Nibelungen-Werkes in ihm wonnedurchglüht mit dem geistigen Auge erschauen dürfen; seliger Vorgeschmack des *wirklichen* Erschauens dieses gottentsprossenen Werkes! – Eine große Dankesschuld habe ich Ihnen gegenüber auf dem Gewissen; sehr bescheiden von Ihnen ist es, immer zu behaupten, daß Sie mir so viel zu danken haben, da dieß doch gerade umgekehrt in Alles übersteigendem Maaße der Fall ist! – Wie soll ich Ihnen meinen Dank stammeln für drei so überaus liebevolle, unschätzbare Briefe und das herrliche Geburtstags- und Weihnachtsgeschenk (den zweiten Akt der Götterdämmerung), das mich Himmelswonnen athmen und alle Erdensorgen vergessen ließ. O möchten Sie nun auch in der That für immer sich in meinem Lande wohnlich niederlassen und nie fremden Anerbietungen geneigtes Gehör schenken! – »Hier habe Ruhe nun gefunden, hier ruh' Dein Schiff in sichrem Port!« –

Nie ist es möglich, daß mein Enthusiasmus für Sie und Ihre göttlichen Werke erlahme, geben Sie nie solchen Zweifeln an Ihrem treuesten Freunde und Anhänger Raum; wahrlich er verdient es nicht, daß Sie ihn auch nur mit dem leisesten Schatten eines solchen Verdachtes betrüben. –

Wie sehr hat es mich gefreut und wahrhaft gerührt, daß Sie, mein vielgeliebter Freund, trotz glücklicherweise nur vorüberziehender Zweifel an der Fortdauer meiner Begeisterung, so richtig mich in der Tiefe Ihrer Seele begriffen haben; nur dem untrüglichen Adlerblicke der tiefgewurzelten Liebe und Freundschaft, wie sie Uns von je verband und ewig verbinden wird bis jenseits dieser Erde, ist es möglich, sich so vollkommen zu verstehen und zu erkennen, wie Sie mir gegenüber gethan! – Trotz aller oft *scheinbar* uns trennenden Stürme und sich zwischen Uns drängenden Wolkenmassen werden Unsere Sterne sich finden; selbst wenn das profane Auge den strahlenden Glanz derselben nicht durch den dichten Schleier zu entdecken vermag, werden Wir uns erkennen und, endlich am Ziele, dem heiligen, Uns von Anbeginn vorgezeichneten, angelangt, der Alles entzündenden, lebenverleihenden Central-Sonne der ewigen Gottheit, für die Wir litten und unerschrocken stritten, Rechnung ablegen für unsre Thaten, deren Zweck und Inhalt waren, ihr Licht auf Erden zu verkünden, durch ihre heiligen Flammen die Menschheit zu läutern, zu vervollkommnen, auf daß sie ewiger Wonnen theilhaftig werde.

Ja, Sie haben es richtig erkannt, was der Urgrund meiner idealen Leiden ist! Wissen es, daß ich keine noch so großen und schmerzlichen Opfer scheue, wenn es das *wahre* Wohl der Nation erheischt und daß ich in mir die Berechtigung fühle, dagegen in meiner Sphäre zu bleiben, mich nicht herabziehen lassen zu müssen in den Strudel der Alltagswelt, die mich anwidert, selbst wenn ich für sie sorgen muß, sondern in meiner ideal-monarchisch-poetischen Höhe und Einsamkeit gleich Ihnen, angebeteter Freund, zu verharren, unbekümmert durch die geifernden Schlangenzungen. – »O ich bin darum nicht einsam, denn in der Oede lernt' ich mich erkennen!« kann ich mit Schiller in der »Jungfrau« sagen; beklagen Sie dieß nicht, sondern seien Sie versichert, daß ich gerade dadurch, daß ich innerlich der schalen Welt keine Conzessionen machte, das Heiligthum der idealen Anschauung unverletzt in mir bewahrte, vielleicht die Vollendung des großen Nibelungen-Werkes gerade dadurch indirect Ihnen ermöglicht habe. Halten Sie dieß ja nicht für eine Prahlerei. Das reine Feuer erhabener Begeisterung kann nicht genährt werden, wenn der Priester zu viel mit Dingen dieser Erde sich befaßt, man kann nicht Gott u. dem Mammon zugleich dienen, und darum handelt es sich hier. –

Ja ich bin glücklich! nicht kann ich begreifen, warum Sie die Erfüllung dieses Ihres Wunsches (ich möchte es sein) so schwer finden. Innerlich bin ich glücklich; verstimmend wirken nur die politischen Verhältnisse auf mich ein und der Verkehr mit nicht zu umgehenden Menschen, das Befassen mit den Dingen dieser Erde. – Ich, unglücklich mich fühlend und dabei wissend, daß die Oster-Sonne auf Ihr mir so über Alles theure, auf das *vollendete* große Werk wird scheinen, dieses Werk, das ich von Kind auf mir ersehnte und nie zu ersehnen müde ward! – dann noch immer nicht glücklich?! – »Dieß kannst Du, o Theurer, nicht glauben, den Freund entweihst Du nicht so!« – Ja Entweihung der Freundschaft wäre es, könnten Sie mich dann für anders als überglückselig halten. Nein, Sie kennen mich u. das macht mich stolz, so niedrig denken Sie nicht von mir! – Segen Ihnen und Ihrer Familie! ich fühlte alle Leiden mit Euch, Ihr Edlen, in tiefster Seele mit u. erglühe mit Euch, in Himmelswonnen gesenkt, wenn das Große wird erreicht sein; nicht Haus noch Hof, noch herrischer Prunk – – selig in Leiden u. Lust lässet die Liebe nur sein! – Himmel u. Erde werden vergehen, die Wahrheit dieser Worte aber bleibt ewig, sie eröffnet die Thore des Paradieses! –

Ewig
Ihr treues Eigen
Linderhof den 3. Jan. 1872. Ludwig.

61 Ludwig an Wagner

Ueber Alles theurer, verehrter Freund!

Nicht schildern kann ich Ihnen den Wonneschauer, der mein Inneres erbeben machte, als ich die Worte las: »Vollendet das ewige Werk!« – Sie wissen, mit welcher Inbrunst ich mich nach diesem Augenblicke gesehnt habe! schon als Knabe verzehrte mich die Sehnsucht, das heilige Verlangen nach diesem Augenblicke! ich dachte damals, dieses Glück wäre für einen Sterblichen zu groß; wie ein nie zu erlangendes Ideal schwebte es mir vor Augen! und nun wardt es Wirklichkeit, dieses vom Geschick erflehte Glück, auf welches ich sonst schon schmerzvoll verzichten zu müssen glaubte, dieß wundervolle Werk, dem mein Wunsch kaum zu nahen wagte, dem mein Wille ehrfurchtsscheu entsagte! – Wie sie fassen, wie sie lassen diese Wonne! Die wonnigen Gefühle, die meine Seele erfüllen, zur Anschauung zu bringen, war nur die himmlische, gottentsprossene Tonkunst im Stande; in Worte läßt sich das Ewige nicht fassen, es zu versuchen wäre Entheiligung; ich habe Ihnen, theuerster der Freunde, die mir durch Ihr über Alles theures Geschenk erblühende Seligkeit nur *anzudeuten* versucht, wissend, daß Sie mich liebevoll verstehen würden! – Wie ähnlich ist Ihr Bildniß auf dem Medaillon! meine Seele strömt über voll heiligen Dankgefühles.

War die letzte Vorstellung von »Tristan und Isolde« natürlich mit jener unvergeßlichen des Jahres 65 in keiner Weise zu vergleichen, so hat es mir doch eine hohe, unbeschreibliche Freude gewährt, dieses Werk, das mir das theuerste von allen ist, die mir bis jetzt von Ihnen bekannt sind, endlich wieder mit zu durchleben; es ist wie für mich geschaffen, schlägt die verwandtesten Saiten in meiner Seele an! – Ein Sehnen hin zur heil'gen Nacht!!! ... –

Innige Seelengrüße Ihrer theuren Gattin! Segen Ihren Kindern! – In heiliger, nie erlöschender Liebe, des theuersten Freundes bis in den Tod

Halbammerhütte
mitten in den Bergen
den 27. Aug. 1872.

getreues Eigen
Ludwig.

62 Wagner an Ludwig

Mein erhabener Herr und Freund!
Grossmüthigster, edelster König!

Endlich wieder finde ich den Tag und die Stunde, die mich würdig dünken darf, durch ein Schreiben an meinen huldvollen Wohlthäter erfüllt zu werden!

Ihr letzter wunderbar tröstender und erhebender Brief war auch der letzte Sonnenstrahl aus dieser Atmosphäre des Daseins, in welcher ich nur noch meinen abgeschiedenen Geist, kaum aber mich selbst noch lebend erkenne. Alles Persönliche schwindet immer mehr aus meinen Beziehungen zur Welt, welcher ich mich nur noch als der Vertreter einer Idee erhalten fühle. Was mir noch meine Lebenskraft frisch und gespannt erhält, kann ich mir nur als einen Spruch des Weltenschicksales deuten, welcher befiehlt, dass ich Etwas ausführe, was ausser mir kein Einziger vermöchte. Und hierin liegt eingeschlossen, dass mich das Loos des Einzigen treffen muss: die Einsamkeit. Diese wird mir erst jetzt recht empfindlich, wo ich der mitweltlichen Zeitgenossenschaft mich von Neuem zuwenden, und diessmal sogar in die genaueste Berührung mich mit ihr setzen muss. Dass hierbei ich einem Jeden mich so fremd empfinde, als ob ich aus dem Grabe zu ihm träte, diess verleiht mir allerdings auch die einzige Fähigkeit, mit denen zu verkehren, die ich nur gleich Schatten vor mir sehe: ich weiss dann so mit ihnen zu sprechen. Wirklich treffe ich jetzt mit einer neuen Generation zusammen, welcher ich in gar keiner Weise mehr persönlich angehöre, wenn selbst mit solchen wieder zu thun habe, welche ich einst schon kannte. Alles ist verändert: fast kenne ich Deutschland eigentlich gar nicht mehr. Wenn ich mich jetzt auf Reisen begebe, um die Personalien der verschiedenen Theater zur Auswahl für unsere Bühnenfestspiele in Augenschein zu nehmen, so wird mir alles jetzt wie ein Traumgebilde erscheinen, welches zu deuten ich nun vom Schicksale die Aufgabe mir zugetheilt weiss. Ich habe in dieser Weise den Leuten allen viel zu sagen; so habe ich mich kürzlich wieder in einer Schrift »Ueber Schauspieler und Sänger«, welche ich in kurzem auch meinem allergnädigsten Herren werde zustellen können, an diese sonderbaren Wesen gewendet, weil sie und ihr guter Wille mir jetzt das Wichtigste zur Ermöglichung meines Kunstwerkes sind. Bei einigen Begegnungen mit diesen hat es mich nun schon lebhaft gerührt, eine grosse Demuth zu gewahren, welche sich ihrer für ihren Verkehr mit mir bemächtigt hat: so konnte ich dem wilden Menschen, dem Sänger Niemann, der mir bisher in schlimmem Andenken war, wirklich versöhnt werden, da ich seiner leidenschaftlichen Ergebenheit inne ward. Er war bei mir und studirte bereits den »Siegmund«. Im Uebrigen sind die eigentlichen bürgerlichen Elemente, welche mir hilfreich zur Seite stehen, ganz darnach beschaffen, mich wohlthätig mit einer grösseren Umgebung zu versöhnen: ich treffe hier auf die grösste Bescheidenheit und die unbedingteste Hingebung, bei gewiegtester Sachkenntniss und energischester Rührigkeit. Die ganze freundliche Stadt trägt mich fast auf den Händen; nirgends zeigt sich eine Spur von Feindseligkeit, und der Bürgermeister bewährt sich als wahrhaft zärtlich sorgender Freund, während der ungemein thätige Feustel nach jeder Seite hin mit enthusiastischem Eifer mein grosses Unternehmen fördert. Während sich in dieser Weise Alles freundlich und hoffnungsvoll anlässt, sagt mir doch mein Inneres, wie mir diess Alles zu spät kommen würde, wenn nicht – eben so spät – noch das Glück einer edlen Häuslichkeit im Schoosse einer über Alles theuren Familie mir aufgegangen wäre. O, mein König! Dieses Wunder fällt mit dem Zauber Ihrer Berufung zusammen: ich glaubte schon damals, das unerhörte Glück Ihrer Huld und Liebe nicht mehr voll geniessen zu können, wenn ich diejenige nicht an mich zog, mit der ich nun Alles vereint ersinne, überdenke und vollbringe. In meinem sechzigsten Jahre darf ich mir so eine feste Heimath gründen, Heerd und Haus im glücklichsten Vereine pflegen, und so das Werk verrichten, das nur dem rüstigsten Manne vorbehalten sein konnte! Aber dass der Traum des Daseins nicht ende, nie volles Erwachen unser Glück beleuchte, soll der Herrliche mir immer in die Ferne entrückt bleiben, der wie die Sonne alle höchste Lebenswohltat mir erst reifte und befruchtete! Von tiefster Wehmuth bleibe ich stets erfasst, wenn ich Ihrer, des Erhabenen, Unerreichlichen gedenke, wie Er einsam aus der Höhe herab mir tröstend zulächelt, ermuthigend, bestärkend, unsäglich belohnend, – und dann die Wolke sich wieder schliesst, die Ihn selbst dem Blicke meines Dankes verbirgt! –

Wie wunderbar schön, o Huldvoller, haben Sie zuletzt mir wieder geschrieben! Bin ich der Dichter, so sind Sie der Dichtergeist selbst! Wie schön, wie rührend haben Sie Sich mir erklärt! Wie kann ich anders, als solcher Güte gegenüber segenvoll verstummen? –

Und doch, wie gern hätte ich nur einmal wieder in Ihr tiefes Auge geblickt, Ihre edle Stimme vernommen! Sie konnten mir diese Huld nicht an jenem Tage gewähren. Doch weiss ich: der andere Tag wird kommen, der lichte, edle unserer Wiedervereinigung. Er sei gesegnet und aus tiefster Seele begrüsst!

Mein gnadenreicher König und Wohlthäter! Soll ich Sie noch der fast verzehrenden Theilnahme versichern, mit welcher wir Ihrem Walten und Weben aus der Ferne zusehen? Kummer und Freude mischen sich je nach dem Wehe und Wohl, die sich um Sie zu schliessen scheinen. Ach, Ihnen eine Stunde Zufriedenheit verschaffen zu können! Diess bleibt unser einziger Wunsch. Warum musste sich so Vieles zerstören, warum so mancher gute Ansatz im Keime ersterben? Oh! Es ist etwas Furchtbares um das Loos der Könige! Fast kann nur dieser tiefe Seufzer uns ganz noch in Ihre Nähe versetzen: Trauer und Wehmuth erfüllt dann die Herzen, in denen sie nichts übrig lassen, als den sehnlichsten Wunsch, dem Hochgeliebten eine glückliche Stunde des Vergessens zu bereiten.

So nehmen Sie auch diesen sechsten Band meiner gesammelten Schriften und Dichtungen, mit welchem ich diese Zeilen begleite, huldvoll und nachsichtig auf! Er enthält für

Sie nichts Neues: nur einige Verse, welche Sie unter dem Texte der letzten Scene der »Götterdämmerung« finden, überraschen Sie vielleicht ernstlich. Sie schliessen so:

»Trauernder Liebe tiefstes Leiden
schloss die Augen mir auf:
enden sah ich die Welt.«

Ja! sie ende, und nur die Liebe bleibe! – Diess mein Gruss aus treuestem Herzen, aus der tiefsten Seele

Ihres

Bayreuth. ewigen Eigens
7 October 1872. Richard Wagner

63 Wagner an Ludwig

Mein hochgeliebter erhabener Freund und Wohlthäter!

Es widerfährt mir ein Glück, dem ich bereits entsagen zu müssen geglaubt hatte: ich darf Ihnen wieder vertraulich schreiben, wie es Ihr Wunsch mir gestattet. Hiermit ist gesagt, dass mich Ihr gesegnetes letztes Schreiben aus einer tief innerlichen Bedrängniss befreit hat: diese Ihnen zu schildern, will ich versuchen.

Wir sind in das zehnte Erinnerungsjahr Ihrer an mich ergangenen Berufung getreten: seit dieser Zeit hing mein Gedeihen von Ihrer Liebe und Gnade ab; ich genoss unausgesetzt die Wohlthaten einer nie ermüdenden Huld, und musste so ein Leben wieder liebgewinnen, welchem ich, gerade jetzt vor zehn Jahren, mich im tiefsten Ernste gänzlich abwenden zu müssen glaubte. Meine damalige Lage habe ich Ihnen oft genau bezeichnet. Ich war seit langen Jahren endlich wieder nach Deutschland zurückgekehrt: mein Ruhm hatte sich in dieser Zeit verbreitet; wohin ich aber die Hand ausstreckte, um einen Boden des heimischen Gedeihens und Schaffens zu gewinnen, stiess ich bei Fürsten und Vornehmen auf Aengstlichkeit und Engigkeit, bei Niederern und anscheinenden Kunstgenossen auf offene Feindseligkeit und Verunglimpfung. Damals frug ich mich zum ersten Male: »was ist deutsch?«.

Ich hatte es immer tiefer erkannt, dass nur mit dem deutschen Gedanken, mit dem Glauben an einen sich angehörenden deutschen Geist, die mich einnehmende Idee eines grossen, neuen, durchaus eigenthümlichen Kunstwerkes zum Leben gelangen konnte. Wie nun stellte sich mir das deutsche Wesen dar?(!)

Sie allein, holder Erhabener, retteten meinen Glauben! Da Sie mir aufgingen als neuer, ungeahnter und nie erhoffter Lebensstern, lebte auch mein Glauben an den deutschen Geist wieder auf, ja, er gedieh jetzt erst zu einem festen Bekenntnisse. Nur eine Wundermacht konnte den tiefgesunkenen und entarteten Geist des deutschen Wesens, wie ich ihn in jeder Region bei uns angetroffen hatte, heben und kräftigen; die Allgemeinheit spottete, wenn ihr diese Forderung gestellt wurde, über sich selbst: nur wer über der Allgemeinheit stand, durfte sie zur richtigen Erkenntniss zwingen, und zwar einzig durch das unbeirrt majestätische Beispiel. O mein König, der Wille zu diesem Beispiel war in Ihnen zu einer lebendigen Macht geworden; und dieser Wille erleuchtete mich: nur ein König, und gerade nur dieser König Bayerns konnte dem ganzen Deutschland dieses Beispiel geben.

In mir hat dieser feste Glaube bis heute als *einzig tröstlich* fortgelebt; selbst dann, als ich mich zu dem Versuche genöthigt sah, der deutschen Allgemeinheit selbst die Frage vorzulegen, wie weit sie an der Ausführung des Werkes selbst sich betheiligen könne. Sage ich es offen, dass ich hierbei vor Allem wieder den alten Schaden des deutschen Wesens erkannte: seine Fürsten haben kein Gefühl für das Grosse und Eigene, und das Volk weiss, ohne die rechte Führung, nicht woran es ist. Im Kriegswesen einzig hat die alte preussische Kriegszucht etwas kräftig sich Darstellendes geleistet: was das Geistesleben der grossen, vieltheiligen Nation betrifft, geht Alles nach trägem Herkommen her; hier sind Beamtungen und Anstellungen an die Stelle reger Förderung des Tüchtigen und Eigenthümlichen eingetreten, wo es denn genügt, dass ein ungewöhnlicher Kopf einmal einen neuen Gedanken ausspricht, um diesen sogleich von allen Universitätsbeamtungen u.s.w. auszuschliessen, wo die mittelmässigen und stumpfen Köpfe, unter dem Schutze einer trägen Gleichgiltigkeit von oben, Jahr aus Jahr ein sich ihre Beamtungen und Beförderungen zusichern. Mich hat es gerührt, Freunde meiner Unternehmung da zu finden, wo ich wirklich kaum irgend welche Zumuthung stellen konnte; aber die Kräfte sind hier schwach: eine ausgezeichnete Freundin musste zu allen Mitteln, welche ihre vortheilhafte Stellung ihr an die Hand gab, greifen, um mir Patrone unter Leuten zu werben, welchen die Sache, der es gilt, selbst ganz gleichgiltig ist: so geschah es mit dem Sultan und dem Vizekönige von Aegypten(!). Ich sage es aufrichtig: Ja! Einhunderttausend Thaler zur Erbauung unsres Bühnenfesthauses haben wir zusammen bekommen, – aber – stolz bin ich nicht darauf, denn die deutsche Nation hat wenig dazu beigetragen, sondern nur sehr vereinzelte, enthusiastische, jetzt in offener Verzweifelung begriffene Freunde, so dass wir uns nicht verhehlen, die immer noch erhoffte dereinstige Deckung der Kosten werde nur der Neugierde der von weit herzuströmenden Schaulustigen zu verdanken sein.

Somit hatte ich denn nun wiederum darüber nachzudenken und mich zu fragen: »was ist deutsch?«.

Die Frage war mir einst in Ihnen, theuerster Erhabener, als klar gelös't aufgegangen. Ermessen Sie nun die tiefe Bedrängniss, welche mich erfasste, wenn jene Lösung sich mir wieder in bange Zweifel trübte! – Sie beglücken mich immer wieder mit dem Namen Ihres »Freundes«; mit welcher Demuth ich dieses ungemeine Glück mir anzueignen habe, hat meinem Gefühl von je nahe gestanden; dass mir aber nie ein Recht darauf zustehen konnte, musste dadurch ganz deutlich werden, dass ich nun jetzt so lange Jahre hindurch Ihre heissgesegneten Wohlthaten fortgesetzt geniessen durfte, ohne Ihnen durch mein Wirken und Schaffen meinen Dank ausdrücken zu können. Oder, musste es mich bedünken, Sie seien unempfindlich hierfür geworden, seitdem ich mich darauf angewiesen sah, für die Ausführung meines grössten Wirkens und Schaffen's mich auf die Theilnahme Derjenigen zu stützen, denen ich einst, als Sie mir aufgingen, ruhig den Rücken wenden zu dürfen glaubte? Mein gnadenvoller König! Ich habe zuletzt drei qualvolle Monate zu durchleben gehabt, wie ich mir sie nicht mehr vorbehalten wähnte: ich gelangte zu einer tiefen und vollständigen Resignation. Nicht dieses eine grosse Nibelungenwerk, sondern alle meine Werke musste ich als umsonst erschaffen erkennen, wenn ich nicht endlich in dem einen grossen Beispiele für dauernd es der Welt zeigen konnte, was diese Werke sind und wie sie einzig dargestellt werden müssen, wenn sie als das, was sie sind, deutlich erkannt sein sollen. Diess, mein erhabener Freund, that ich Ihnen zuletzt kund, und mich dünkt nun, dass Sie, mit mir, auf den gleichen Standpunkt der Betrachtung geriethen: der innig vertraute Freund lächelte mir da wieder zu: »Weisst du denn nicht, dass Wir das Gleiche wollen?« –

So darf ich ja die herrlichen Versicherungen verstehen, welche Ihr huldvolles Schreiben mir ausdrückt? Seien Sie aus tiefster Seele ewig und immer dafür gesegnet! Dass Sie hiermit mir wieder neuen Lebensmuth geben, dass ich die Ausführung meines Unternehmens nun wieder als möglich, ja gesichert betrachten zu dürfen glaube, diess will mich, als der Erfolg Ihrer gnadenvollen Erweisungen, noch nicht so wichtig dünken, als der weite Blick in eine hierdurch abermals mir eröffnete Zukunft der Entfaltung des deutschen Geistes. Oh, könnte ich Ihnen diesen Blick ganz so zu eigen machen, wie er es mir ist, wie er von Neuem durch Sie mir sich erschlossen hat!

Sie würdigen mich der Mittheilung, dass Sie gegenwärtig vorzüglich Geschichtsstudien sich widmeten. Wie wichtig würde es mir sein, einen Blick in die hiermit bezeichneten Gebiete der Thätigkeit Ihres Geistes werfen zu können! Bin ja doch auch ich stets wieder auf die selben Felder der Erkenntniss hingewiesen, um mir zu erklären, – nicht, was der Mensch ist (denn um diess zu erkennen, kann uns die Geschichte nur irre leiten!) – sondern wie dieses Etwas zu fassen ist, was wir als die, gewissen Perioden und Völkern eigenthümliche Form des Geistes, welcher einzig aus ihren Werken zu uns spricht, zu verstehen haben. In ihren *Thaten* zeigen die Völker, wie die Individuen sich zum Erschrecken gleich: gute und böse, habsüchtige und aufopferungsvolle, träge und feurig thätige Menschen füllen ewig nebeneinander die Flächen und Zeiten der Geschichte aus; was zur Blüthe gelangt, erhält sich so lange bis es der Fäulniss verfällt: so die gefällige Daseinsform der romanischen Völker, deren Verfall wir in Italien, Spanien und Frankreich erleben. Was ihr *Geist* war und noch ist, können wir nur aus ihren Werken erkennen, und was die Menschen, für welche diese Werke geschaffen wurden, werth waren, und werth sind, ermessen wir nur aus ihrem Verhalten zu ihnen. Wie räthselhaft erscheint uns nun unter dieser Betrachtung der Deutsche! Je Eigenthümlicheres und Idealeres der deutsche Geist schuf, desto fremder stand er zu seiner Zeitumgebung, desto bitterer hatte er diese Entfremdung zu empfinden. Und wiederum waren diese Werke doch nur von Deutschen denkbar; kein Romane wird sie je würdigen, ja nur verstehen können. Somit muss der deutsche Geist doch im deutschen Wesen selbst begründet liegen, und es gilt nur dieses Verborgene gleichsam aus diesem Volkswesen zur thätigen Erscheinung hervorzulocken. Offenbar können diess nur die wirklichen Vorbilder und Gestalter seines politischen und geselligen Lebens, das heisst: seine Fürsten! Das können doch gewiss keine Abgeordnetenkammern, wie sie aus den unsinnigsten Wahlen nach Stimmenmehrheit hervorgehen; noch auch können diess die Staatsräthe und Politiker, welche mit diesem Chaos der sogenannten Volksrepräsentation zu paktiren und zu balanciren haben; diess kann doch nur der *König*, welcher die Idee des Ganzen darstellt und diese Idee zum lebendigen Willensakt erhebt! Nicht unrichtig ist daher ausgesagt worden: wie seine Herrscher, so das Volk. Die Willigkeit des Volkes, seinem Fürsten zu folgen, ist immer noch als das entsprechende Merkmal dafür erkannt worden, dass dem Volke selbst noch eine lebenskräftige Bestimmung innewohne. Die romanischen Völker, welche keinem eingeborenen Fürsten mehr zu folgen vermögen, haben auch ersichtlich ihre Zukunft verwirkt; und was uns an die gute Bestimmung der deutschen Völker noch glauben machen kann, ist, dass sie zu ihren Fürsten halten und nach diesen sich richten. Hier ist noch die Möglichkeit einer Blüthe vorhanden, in welcher das Ideal des Volksgeistes sich praktisch erfüllen könn[t]e.

Oh, mein huldvoller König! Blicken Sie nur auf alle deutschen Fürsten, so erkennen Sie, dass nur Sie es sind, auf welchen der deutsche Geist noch hoffend blickt. Sie sind es, der die Vereinigung des Reiches hervorrief, und was Niemand, ausser einzig Sie, vollenden können wird, dazu sind Sie vom Schicksale berufen, – die letzte Hoffnung der einem grauenvollen Verderben preisgegebenen deutschen Seele. Luther übersetzte das Wort »barbaros« als »undeutsch«, mit dem gleichen Stolze, mit welchem die Hellenen alles nicht Hellenische eben »barbarisch« nannten. Dieser kühne Zug hat mich wahrhaft entzückt, denn ich weiss nun, was ich sage, wenn ich es ausspreche, dass der undeutsche Deutsche ein Barbar ist. Es ist wirkliche Barbarei, in welcher wir gegenwärtig befangen sind. Ich rufe den Retter vor diesem Elend! –

Allzusehr habe ich Sie, mein huldvoller Erhabener, gewiss schon ermüdet! Da Sie mir so gnadenreich wieder Ihren Wunsch zu erkennen gaben, Etwas von mir zu hören, waren es wohl nicht Ergiessungen dieser Art, welche Sie forderten. Und doch – was bin ich, was kann ich Jemand sein, wenn ich nicht in der Ganzheit der Ideen aufgenommen werde, welche aller meiner Lebenstriebe sich vollständig bemächtigt haben? Was von je aus meinen Werken zu Ihnen sprach, athmet nur aus dieser einen Seele, welche Form es auch annehmen möge.

Doch haben Sie auch den so gnädig schmeichelnden Wunsch ausgesprochen, mit meinem geliebten Weibe und ihren Kindern mich in einer photographischen Aufnahme zu besitzen. Hiermit ist uns ein lieblicher Befehl zugegangen, welchem wir mit Dank und Rührung bereits entsprachen: wir hoffen, dass die Aufnahmen gut ausgefallen seien, und Cosima wünscht sich die Ehre zuertheilt, unserem hochgeliebten Wohlthäter die Bilder übersenden, und die Sendung mit einem Schreiben begleiten zu dürfen, welchem ich diessmal gern alle die weiteren Mittheilungen an den erhabenen Freund anvertraue, die dem Schöpfer und Erhalter unseres glücklichen Gedeihens als Familie nicht unwillkommen erachtet werden dürfen.

Somit scheide ich für heute von Ihnen, als Wiedergeborener von dem Neulebenden! Möge jede göttliche Huld auf dem Segenspender meines Lebens ruhen! Sein Leiden wird von uns Allen mitgelitten. Ihn zu erfreuen ist der stolzeste Wunsch meiner Seele! Gegrüsst und gesegnet sei der hochgeliebte Freund von

seinem
stets neu sich ergänzenden
ewigen Eigen
Richard Wagner

Bayreuth
3 Februar 1874

64 Ludwig an Wagner

Großer, unvergleichlicher, über Alles, Alles theurer Freund!

Mit welchen Eindrücken ich von dem Besuche des über alle Maaßen beseligenden Bühnenfestspieles zu Bayreuth und dem glücklichen Wiederzusammensein mit Ihnen, angebeteter Freund, zurückkehrte, dieß Ihnen zu beschreiben ist mir unmöglich. – Mit großen Erwartungen kam ich hin und, so hochgespannt dieselben auch waren, alle wurden *weit, weit* übertroffen. Ich war so tief ergriffen, daß ich wohl recht wortkarg Ihnen erschienen sein mag! O Sie verstehen es, die Grundvesten zu erschüttern, die Eiskruste, die durch so manche traurigen Erlebnisse um Herz u. Sinn sich zu legen begann, durch Ihr siegendes Licht dahinschmelzen zu machen.

Ha, jetzt erkenne ich sie wieder, die schöne Welt, der ich entrückt, der Himmel blickt auf mich hernieder, die Fluren prangen reich geschmückt, der Lenz mit tausend holden Klängen zieht jubelnd in die Seele mir! Dieß rufe ich im Begeisterungssturm mit Tannhäuser aus. Sie sind ein Gottmensch, der wahre Künstler von Gottes Gnaden, der das heilige Feuer vom Himmel auf die Erde brachte, um sie zu läutern, zu beseligen, zu erlösen! Der Gottmensch, der in Wahrheit nicht fehlen und nicht irren kann! Durch das Miterleben dieser hinreißenden, wunderbar herrlichen, tiefsinnigen Dichtung, durch die wonnevolle Verklärung und echte Weihe, welche dieselbe durch jene gottentstammte Tonsprache erhält, bin ich in einen solchen Rausch nie empfundener Beseligung versetzt, von einem Hochgefühl nie empfundenen Glückes erfüllt, daß Sie Selbst, Großer, Unvergleichlicher, Ihre Freude daran hätten, könnten Sie einen Blick in meine Seele werfen. Je mehr ich über dieses einzige, dieses wahrhafte Wunderwerk nachsinne, um so überwältigender faßt mich Staunen und stets wachsende Bewunderung des Riesengeistes, der es gottgleich geschaffen! – Glückliches Jahrhundert, das einen solchen Geist in seiner Mitte aufsteigen sah! wie werden kommende Geschlechter alle jene beneiden, denen das nicht genug zu schätzende Glück erblühte, Ihre Zeitgenossen zu sein! O wie stolz bin ich durch Ihre Freundschaft, Sie Herrlicher! jetzt erst recht, nachdem ich so unsagbar Wonnevolles erlebte! – Ich beschwöre Sie, ermöglichen Sie die dritte Serie der Aufführungen! Ich habe ein brennendes Verlangen, wie das Gefühl sehrenden Durstes, noch einmal das herrliche Drama mit zu durchleben, noch einmal in diese heiligen, erschütternden Klänge mich in Begeisterungsinbrunst zu tauchen! Ich bitte Sie, mich durch eine förmliche Wand von den allenfalls kommenden Fürsten od. Prinzen in der Loge abzusperren und, sei es durch Gendarme, zu verhindern, daß jene auch in den Zwischenpausen sich mir nahen. Erst im December habe ich in Gesellschaft meiner Mutter und der Erzherzogin Elisabeth u. deren Kinder einer Lohengrin-Aufführung beizuwohnen nicht gut verhindern können: es war schauderhaft. In demselben Maaße nun, in welchem der »Ring des Nibelungen« »Lohengrin« überragt, in demselben ungeheuren Maaße würde meine Tortur verstärkt werden, wenn ich mit Leuten zusammenträfe, mit denen gepappelt werden muß. – […]

O diese Todes-Ankündigung der Walküre an den Wälsung! jenes wunderbare Waldweben! Brünhilden's Erweckung, die so unsagbar schön ist und das Innerste feierlich erbeben macht, die Gesänge der Nornen, *mehr denn Alles* aber Siegfried's erschütternder Sterbegesang und Brünhildens Abschieds-Worte und Gesänge! Das sind Eindrücke, die nur mit dem Leben schwinden, welche die höchsten Wonnen umschließen, welche der Seele im Dieß- wie Jenseits zu theil werden können! Es giebt keine Seligkeit über diese! Und so erlebt' ich nun den höchsten Augenblick. Seien Sie, Himmlischer, gelobt und gepriesen aus jauchzender Seele jetzt und immerdar! –

Herzliche Grüße Ihrer verehrten Gattin und den lieben Kindern aus treuesten Freundes Seele.

Schwelgend im vergangenen, mich glühend sehnend nach dem – Gott gebe es! – bevorstehenden, hehren Genusse, bleibe ich bis in den Tod des einzigen, wahren Freundes felsenfest und ewig

treues Eigen
Ludwig.

Hohenschwangau
den 12. Aug.
Nachts
1876

Mein hochgeliebter, angebeteter König und Freund!

Nun dünkt mich die Zeit gekommen, wo ich vor aller Schwermuth, die jetzt auf mir lastet, Flucht und Befreiung suche, indem ich mich zu letzter Tröstung an das Herz meines erhabenen Schicksalsgenossen wende! Die schönste Anleitung hierzu giebt die tief innig empfundene Nöthigung, am Schluss der »Tage« Ihnen, über Alles theurer Herr und Freund,

meinen Dank

zu sagen! Meinen Dank! Und wo beginnen? Dank dafür, dass Sie die einzige männliche Seele waren, welche so mitschöpferisch für mein Werk empfand, dass es aus Ihrem Willen mit-geschaffen ward? Ja, Sie sind für mich und mein Werk, was eigentlich ein ganzes Zeitalter sein sollte. In meiner Zeit stehe ich allein, und habe nur Sie. Dieses »nur« wollen Wir nun aber wohl verstehen; es bezeichnet die Erhebung eines Einzigen zu einem grossen Ganzen, grösser als je ein Ganzes war! – Nichts bleibt mir jetzt als Wahrnehmung von Eindrücken nach der Beendigung der Aufführungen, als dieses einzige innige Gefühl der Zugehörigkeit zu Ihnen, mein allerherrlichster Freund. Der unbestreitbarste äussere Erfolg, selbst die begeistertsten Zustimmungen vieler enthusiastischer Freunde, können mir einen Abgrund nicht verdecken, von welchem mir nun der letzte Schleier hinweggezogen worden ist: ich und mein Werk haben keinen Boden in dieser Zeit. Es ist nicht möglich, dass diese täglich als nichtswürdiger erkannte Zeitumgebung, mit ihren elenden Tendenzen und gemeinem Treiben, mich und mein Werk sich aneignen können sollte. Nur immer grösserem Verfalle sehe ich entgegen. So will ich denn mein Werk auch nur vor mir, – vor Ihnen, mein Erhabener, retten. Ich will es noch pflegen, bis es in allen Theilen, soweit unsere schlecht geleiteten und verwendeten Kunstmittel reichen, rein, deutlich und mindestens correct dasteht, um wenigstens erst dann der schönen Mitwelt zur Verstümmelung übergeben werden zu können. So will ich für das Erste abermals drei Aufführungen im nächsten Sommer veranstalten: hierzu gedenke ich in einzelnen Theilen auch eine geeignetere Besetzung der Rollen vorzunehmen, und Alles in den Aufführungen erkannte Mangelhafte und Ungeeignete durch sorgfältiges Nachstudiren verbessern, sowie denn auch die scenisch-decorative Ausstattung der besonnensten Nachhilfe und theilweisen Erneuerung bedarf. Die Mittel hierzu werden mir leicht fliessen, da die Eintrittspreise diessmal bedeutend vermindert werden können, und der Zudrang aus allen Ländern, nach der erlangten Gewissheit des grossen Erfolges, voraussichtlich sehr gross sein wird, so dass ich den grössten Theil der Einnahme jetzt meinen Künstlern als Lohn werde zur Verfügung stellen können. Ich halte deswegen, eben weil ich es noch nicht für vollendet gut ausgeführt halte, mein Werk noch von aller weiteren Verbreitung zurück. Bereits hatten sich vier Theater gemeldet, welche mich um die Ueberlassung des ganzen Nibelungenringes zu vollständigen Aufführungen angingen; so hohe Preise und Einnahmen man mir auch dafür bot, konnte mich diess doch nicht einen Augenblick verführen, obwohl die hiesigen Aufführungen mich nur Opfer kosten, da ich meine vollendetste Uneigennüzigkeit für den Zauber halte, durch welchen ich einzig diess Alles erwirken konnte.

Dieses wären denn meine äusseren Dispositionen, für welche ich mir die huldvolle Genehmigung meines Allerhöchsten Herren erbitte. Zunächst bedarf ich wohl eines grossen Vergessens, einer tiefen Beruhigung und Erholung meiner durch fünf Jahre rastloser Anstrengung sehr ermüdeten Nerven. Ich gedenke mit der Brenner-Bahn nächsten Donnerstag ohne Verzug nach Italien zu verreisen: mit meiner ganzen Familie wünsche ich dort, etwa in Sorrent, den Winter bis zum Frühjahr zu verleben, um im Uebrigen von der Welt, namentlich von unsren schrecklichen Operntheatern, nichts zu hören und zu sehen! So, neu gestärkt, gedenke ich im Mai nochmals die Arbeit aufzunehmen, um etwa vom 23 Juli bis 15 August die verbesserten Aufführungen vorzubereiten, welchen dann hoffentlich mein erhabener Freund und Wohlthäter ungestört sämmtlich beiwohnen können wird. Denn nun habe ich mir keine fürstlichen Patrone mehr zu werben, und – ungeworben wird wohl keiner mehr es der Mühe werth halten, zu kommen. Dass Sie, mein hochgeliebter König, diessmal diese erlauchten Herrschaften, welche andererseits Ihnen den Genuss an meinem Werke verleideten, auch noch so herrlich als Ihre Gäste beherbergten und pflegten, ist so himmlisch, so tragisch schön, dass ein Dank meinerseits dafür Ihnen wohl sehr nichtig erscheinen müsste. Dennoch spreche ich auch hierfür meinen ehrfurchtsvollsten Dank aus: mögen Sie gütigst fassen, *was* Alles hierin ich einschliesse!

Oh! Seien Sie gesegnet! Es giebt keine denkbare Heilsfülle, die ich nicht auf Ihr göttlich theures Haupt herabbete! In diesem Gefühle lassen Sie mich ersterben als

Meines königlichen Erlöser's
ewiges Eigen:
Richard Wagner

Bayreuth
11 Sept. 1876

66 Ludwig an Wagner

Mein innig geliebter, hochverehrter Freund!

Unter der großen Zahl von Glück-Wunsch-Briefen, die ich aus Anlaß meines Doppelfestes erhielt, war keiner, der mich nur im entferntesten so beglückt und beseligt hat, als der Ihrige; tausend Dank dafür aus treuster Freundes-Brust! Auf hochgelegener Berghütte, dem herrlich gelegenen Schachen bei Partenkirchen, feierte ich mein Doppelfest; dort weilte ich auch voriges Jahr im unvergeßlichen, ewig theuren Nibelungen-Monat; von dort aus begab ich mich damals und zwar am 25ten selbst fort, um rechtzeitig zur 3ten Serie in Bayreuth zu sein. Dort oben hängen im Schreibzimmer die Photographien nach Hoffmann's herrlichen Entwürfen zu den Nibelungen. Die Hauptfeier des Tages bestand für mich im Versenken in San Marte's so hochinteressantes Buch über Wolfram's von Eschenbach unsterblichen »Parcival« und in das Vertiefen in die himmlische Sage vom heiligen Gral u. ihre Entstehung, in Ihren theuren Brief, den ich am Tage selbst erhielt, und im Gedenken an Sie, herrlicher, hochgeliebter Freund, Sie Quelle meiner höchsten, reinsten Wonnen! O scheuchen Sie, theuerster der Freunde, jene pekuniären Sorgen von sich; diese sollten keine Macht über Sie gewinnen können! Alles wird ja ganz sicher gedeckt werden, wenn, was ja keinem Zweifel unterliegt, die Aufführungen des »Ringes des Nibelungen« nächstes Jahr in Bayreuth zu stande kommen.

Bei Unsrer so unerschütterlich festen Liebe und Freundschaft beschwöre ich Sie, zögern Sie nicht mit dem Beginn der Composition Ihres gottvollen »Parcifal«; die Schaffensruhe haben Sie ja, wenn Sie nur wollen; Sie stehen so erhaben über den Sorgen, wie die Sonne über dem Nebel: ein mächtiger Strahl des Lichtes verscheucht ihn; o thun Sie es auch, die Sonne sind Sie ja ohnehin, die Licht und Lebenswärme und Freude verbreitet.

Was ich bis jetzt im Werke von Glasenapp gelesen, hat mich lebhaft angesprochen; ganz kenne ich es noch nicht, doch werde ich mich nun eifrig in dasselbe vertiefen, da es von Ihnen, angebeteter Freund, so gerühmt wird. – Sehr dankbar würde ich Ihnen sein, wenn Sie die Güte hätten mir mitzutheilen, ob von Wolzogen ein neues Werk über Ihr Schaffen erschienen ist. – Ich begebe mich morgen wieder nach dem geliebten, traulichen Linderhofe auf einige Tage, um dort auf hoher Linde und im heimlichen, mitten im Walde gelegenen Hundingshause, das ich im vorigen Jahre erbauen ließ, in fesselnde Lektüre mich zu stürzen; im nämlichen Walde ließ ich diesen Sommer eine Einsiedlerhütte, an einen Felsen angelehnt, errichten, wie jene von Gurnemanz, nahe einer Wiese, die im nächsten Jahre zur blumigen Au sich verschönen wird; eine Quelle fließt dicht dabei, Alles mahnt mich dort an jenen feierlich ernsten Charfreitagsmorgen Ihres wonnevollen »Parcifal«, der mit überwältigender Macht mir bis in die tiefste Seele drang und Thränen der heiligst reinsten Rührung mir in's Auge treten ließ, mir, der wahrlich das Weinen nicht gewohnt ist. Dort auf geweihter Stätte höre ich ahnungsvoll schon die Silberposaunen aus der Gralsburg erschallen; dort höre ich im Geiste die heiligen Gesänge aus Montsalvat vom unnahbaren Berge herniedertönen; dort ist mir so wohl zu Muthe, bei jener Quelle, wo Parcifal des *wahren, ächten* Königthums Weihe empfing, das durch Demuth und Vernichtung des Bösen im Inneren erworben wird, worin die wahre Gewalt liegt! dort, wo Cundry getauft ward und selig erlöst, im Tode des Fluches Ende fand, dort ist es gut sein und der Genuß des Versenkens in den Geist der altgermanischen und mittelalterlichen Dichtungen und Sagen ein erhöhter! und dort auch werde ich mehr als je Ihrer gedenken, großer, bewunderter, tiefinnigst geliebter Freund.

Doch nun muß ich schließen. Nicht aber ohne Sie zu bitten, Gattin und Kindern recht herzlich für Ihre mich innig erfreuenden Segenswünsche von mir zu danken; ich habe noch alle die lieben von ihnen mir im Fest-Theater gespendeten Blumensträuße als theures Andenken bewahrt.

In gränzenloser, durch nichts zu erschütternder Liebe und Treue, tiefinnigster Anhänglichkeit und schwärmerischer Verehrung und heiligster Begeisterung bis zum letzten Hauch des Lebens des angebeteten Freundes und Meisters

Berg getreues Eigen
den 30. Aug. 1877. Ludwig.

67 Wagner an Ludwig

Mein hochgeliebter königlicher Herr und Freund
für diese und jene Zeit!

»Durch Mitleid wissend
hilft nur der – Eine!«

Ihre herrliche Botschaft an mein theures Weib traf am Tage der Vollendung der musikalischen Composition des ersten Aktes von »Parsifal« hier ein.

u.s.w.

läuten da die Gralsglocken! – Es war ein edler, schöner Tag! –

Gott weiss, ob selbst Ihr majestätischer königlicher Wille mir Alles das hätte sein können, wenn nicht die treue Heilsbotin zugleich [als] die Mittlerin des so erhabenen Wohles aus der Höhe in die Tiefe des Lebens sich ihm zugesellt hätte! – Mein Genuss all dieses Guten ist die angeregteste Arbeitslust! – Dass diess so ist, kann ich meinem huldreichsten Wohlthäter und Freunde als einzigen Dank dafür bieten, dass es durch Ihn so ist. Denn ausser der Erfüllung des mir nur einzig noch giltigen Berufes des Schaffens werde ich wenig mehr zu bieten haben. Uns erfüllt ein Grauen vor jeder, etwa denkbaren Unterbrechung unserer so weihevollen Zurückgezogenheit in »Wahnfried«; dagegen ist unser Behagen in diesem Zustande mit Nichts zu vergleichen. Ein Tag verfliesst genau wie der Andere; aber jeder Tag fördert meine Arbeit. Ich lebe jetzt die glücklichste Zeit meines Lebens.

So weit noch Berührungen mit der Aussenwelt unerlässlich sind, besorgen diese Angelegenheiten, unter der Anleitung meiner Frau, nach der praktischen Seite hin Dr. Feustel mit grossem Geschicke und nie erlahmender Thätigkeit, nach der idealeren Richtung hin mein junger Freund Hans von Wolzogen, durch dessen tief energische Hingebung mir ein grosser Gewinn zugeführt worden ist. Er ist der Gross-Neffe jenes Wolzogen, der einst Schillers Schwager wurde; sein altes Geschlecht ist vor 200 Jahren längere Zeit in der Markgrafschaft Bayreuth ansässig gewesen. Jetzt habe ich ihn – auf einem nordthüringischen Gute ansässig – von Potsdam, wohin er sich verheiratet hatte, zu mir hierher übergesiedelt. In ihm glaube ich mir für dereinst den nöthigen Vertreter meines Wirkens und seiner Tendenzen gewonnen zu haben. Er studirte Philologie und namentlich germanische Sprachwissenschaft, als er meine Werke und Schriften kennen lernte, und seitdem sich entschloss, einzig der Durchführung meiner Tendenzen zu leben. Für jetzt musste er die Redaktion der Monatsschrift übernehmen, welche ich, auf Kosten des Patronat-Vereins, zum Zweck der Begründung eines förderlichen Zusammenhanges desselben in Vorschlag brachte. Ich selbst muss wohl dann und wann einen kleinen Beitrag hierzu geben: doch habe ich mir ausbedungen, dass diess nie dem »Parsifal« Abbruch thun dürfe. Wir werden so kühn sein, Ihrem königlichen Kabinete die Hefte dieser Monatsschrift zu übersenden; dieses möge es dann versuchen, wie etwa damit vor Eure Majestät zu gelangen wäre, ohne sich ein Misfallen zuzuziehen!

Was mein jetziges Verhalten zur Oeffentlichkeit betrifft, so fühle ich mich nach Allem, was ich geleistet und dafür erfahren habe, so frei und von jeder Rücksicht losgelöst, dass ich es mir zum Grundsatz machen durfte, entweder gänzlich zu schweigen, oder nur die nackteste Wahrheit zu sagen.

Nützen wird weder das Eine noch das Andere: denn die deutsche décadence ist nicht mehr aufzuhalten. Nichts zu hoffen, aber Alles zu thun, um den Verfall aufzuhalten, ist mein Wahlspruch. So schnell haben sich es allerdings wohl nur Wenige gedacht, dass die Oede des preussischen Staatsgedankens uns als deutsche Reichsweisheit aufgedrängt werden solle! – Letzthin schrieb ich meinem jüngeren Freunde *Schuré,* welcher, als Elsässer, für Frankreich optirt hatte, wie übel er seinen Beruf erkannt hätte, als er glaubte, den Franzosen durch Uebermittlung des deutschen Elementes etwas zu werden (denn dass diess unmöglich, erkannten wir wieder neuerdings durch den Versuch einer Uebersetzung des »Parsifal« in das Französische); wogegen er eine so bedeutende Stellung für Deutschland hätte einnehmen können, wenn er, eben als uns verbliebener Elsässer, uns hätte zurufen können: »nun schön, ich bin Deutscher und bin es neu geworden; jetzt zeigt uns einmal, was Ihr uns als deutsche Kultur bringt!« – Oh! mein herrlicher, Gottgesandter Freund! Wem rede ich hiervon? Wer würde nicht Ihr nagendes Leiden kennen! Wahrlich, ich erachte es als das erhabenste Zeugniss für Ihr tiefes Wohlwollen für mich, wenn Sie mir Trost oder Hoffnung zusprechen! Aus gerührtem Herzen danke ich Ihnen dafür. – Aber es giebt eine Tröstung, die nichts von Staat, Reich, Land, noch Volk und Kultur weiss, und in keiner Kunst kann sie uns so himmlisch versöhnend gespendet werden, als durch die Musik. Davon will ich mir heute gestatten dem erhabenen Freunde aus meinem geringen Vorrathe etwas anzubieten. Hier ist das »Siegfried-Idyll«. Ich verfasste es zu einer Morgenmusik, welche ich meines Siegfried's Mutter an einem Weihnachts-Morgen (sie selbst ist in der Weih-Nacht geboren) in Triebschen, mit zusammengeborgten Musikern, als Wecklied vorführte. Das kleine Orchester (nur 17 Mann) war im Hausflur und auf der Treppe aufgestellt, – weshalb noch heutiges Tages dieses Musikstück von unseren Kindern die »Treppenmusik« genannt wird. Cosima wünschte es nicht weiter mitgetheilt zu wissen: endlich erhielten doch viele Freunde Kunde davon, – und – da ich auf dieses Stück ein wenig eitel bin – gab ich es endlich der Veröffentlichung preis. Nun kann kein schönerer Gebrauch hiervon gemacht werden, als wenn der innig- und hochgeliebte Gründer und Eigner meines schönsten Glückes diese selbe Musik in dem märchenhaften Wintergarten Seines königlichen Schlosses, entweder eines Morgens oder Abends, von verborgenen Musikern Sich einmal zu geneigtem Gehör bringen lassen wollte. Ich übersende deshalb dem Herrn Hofsecretär ein besonderes Exemplar der Partitur und Orchesterstimmen, so dass es nur eines gnädigsten Befehles bedürfen würde. Kapellmeister Levi hat es einmal von mir aufführen hören, und wird sich hoffentlich den Vortrag gut gemerkt haben.

Vom »Parsifal« kann ich leider noch nichts bieten: mit Mühe erziehe ich mir neuerdings nun wieder einen jungen Musiker, welcher genügend Klavier spielt, um aus meinen Compositions-Skizzen uns etwas vorzuspielen, da ich selbst – leider – nie ordentlich Klavier spielen gelernt habe. Die grosse Zurückgezogenheit muss eben zu Zeiten erfinderisch machen!

Ja! Wäre nur »Er« einmal mit dabei!! – Doch, das sind wilde Wünsche! Nichts habe ich zu wünschen, als dass mein erhabener Freund nie müde werde meinen Dank dahin zu nehmen. Wird dieser Wunsch diessmal noch erfüllt werden?

»Der Glaube lebt, – die Taube schwebt,
des Heilands holder Bote!«

Gegrüsst, gesegnet sei der hehre Herr meines Lebens!!

Ewig eigen
Sein
Richard Wagner

Bayreuth.
10 Februar 1878.

68 Wagner an Ludwig

Mein Allergnädigster Herr und huldreichster Freund!

Der fünfzehnte Juli ist da: er wurde mir vom Arzte zum Termin gesteckt, um mich wieder zum anhaltenderen Schreiben hinsetzen zu dürfen, ohne die Wiederkehr der Congestionen zu befürchten zu haben, unter welchen ich zuletzt in fast beängstigender Weise zu leiden hatte. Leider blieb ich für meine Kur von der Witterung durchaus unbegünstigt: rauhe Morgen, ohne Sonne, machten mir die Durchführung meines Vorsatzes ungemein schwer; bis ich mir durch meine Obstination denn selbst ein neues Uebel zuzog, welches ich nun erst wieder zu bekämpfen hatte, um einiger Maassen in meine Norm zurückzugelangen. Doch, was spreche ich dem Erhabenen von meinem Uebelbefinden: Niemand hört es gern, ja nur gläubig, und – ein König soll nun erst gar nichts davon wissen! – Genug! Mein erstes Werk sei nun diese Mittheilung an den geliebtesten Herren meines Lebens! Gar Vieles drängte sich mir in der letzten Zeit auf, was mich – hätte ich mich nicht gewaltsam davon zurückgehalten – leicht zu einer Bestürmung meines erhabenen Freundes und zwar auf einem Gebiete hätte hinreissen können, auf welchem – wie ich diess zu Zeiten erfuhr – Er mir nicht gern begegnet. Sie selbst berührten es, als Sie der scheusslichen Attentate in Berlin gedachten. Auf jedem Wege, von welchem aus ich einiger Maassen auf meine Mitwelt zu blicken habe, werde aber auch ich von jenem Thema berührt: es heisst – der rettungslose Verfall des deutschen Wesens, und weiterhin das langsame, aber auch unaufhaltsame Heranreifen der Barbarei, welche alle edlen Ansätze unserer Kultur verschlingen wird.

Mein erhabener Freund kennt die Umstände, welche mich – eigentlich ganz Willenlosen – veranlassten, noch ein letztes Band zu knüpfen, um mich mit Theilnehmenden aus der Mitwelt in Verbindung zu erhalten. So oft werde ich über Diess oder Jenes um Auskunft und Belehrung angegangen, welche immer an Einzelne wiederholt zu ertheilen mir wirklich zu lästig fällt, wie es mir desshalb denn auch rein unmöglich wäre, in einer grösseren Stadt mit viel Veranlassung zu persönlichem Umgang zu leben. Wie soll ich es aber anfangen, nur irgend ein belehrendes Wort noch zu finden, wenn ich nicht immer auf den ganzen Zustand hinweise, der jedem edlen Streben von vornherein feindselig entgegensteht, und welcher doch der einzig naturgemäss richtige Zustand ist, wie er aus unserem ganzen, immer tiefer sinkenden, öffentlichen Weltverkehr hervorgehen kann. Mein guter Freund Porges hat ganz Recht, wenn er auf eine Religion als Band zwischen der Kunst und dem Volk hinweist: nur bleibe ich jetzt noch begierig darauf, wie er für ein ungläubiges Volk eine Religion herausfinden wird. Dem Deutschen war es beschieden, durch die Erhaltung seiner angestammten Fürsten sich in einer recht natürlichen Ausübung der Ehrfurcht, ohne welche es keine Religion giebt, zu erhalten. Nun hat er im Jahre 1866 erleben müssen, dass drei seiner alten Fürstenhäuser vertrieben wurden, und zwar nicht durch einen ausländischen Eroberer, sondern wiederum durch einen deutschen Fürsten, der sein Recht doch eben auch auf die Abstammung stützt, welche dort von einem wagehalsigen Staatsmann für nichts erachtet wurde. Weit entfernt bin ich davon, zu glauben, dass die beiden Strolche, welche die letzten Attentate begingen, in einem Bewusstsein von dem grossen Unrechte handelten, welches 1866 begangen wurde; doch ist es schwer sich zu erklären, wie die unsinnigen Ideen der sogenannten Sozial-Demokratie gerade zu dieser Frivolität geführt haben sollten, mit welcher sogleich der mächtigste deutsche Fürst als Schussziel genommen wird, während es dem Sozialismus, also dem Antagonismus zwischen Arbeit und Capital doch viel näher läge, sich die über Nacht zu übermüthigen Millionären gewordenen jüdischen Bankier's für ihren Hass auszulesen. – Ich kann es meinem Einblicke nicht verwehren, hier in ein dunkles Gewebe des Schicksales zu schauen. Die *Ehrfurcht* ist dahin! Hohn und grinsenden Spott gewahre ich, wohin ich blicke, und alles Edle wird rücksichtslos von ihm betroffen! – Wehe dem Schuldigen! – Und so ekelt mich dieses neue Deutschland an! Das soll ein Kaiserreich sein? Ein »Berlin« als Reichshauptstadt! Es ist ein reiner Spott von oben herab, der nun von unten herauf erwidert wird. Wo bleiben unsere Fürsten, die zum Rath zusammentreten? Giebt es nur noch vom Büreau auf gediente Minister, die sich in Berlin um den grünen Tisch setzen, um sich von einem pommerschen Junker Beschlüsse diktiren zu lassen? – In wessen Händen ist die deutsche Ehre? Der deutsche Genius, wer pflegt ihn? Etwa der Pariser Figaro, welchem Bismarck gelegentlich zu seinen Witzen gratulirt? –

Oh, mein König! Ruft nicht Alles zu Ihnen? Fühlen Sie Sich nicht von dem Edelsten, was noch deutsch athmet, gefragt: wo bleibst Du, theurer Bayernkönig? – –

Aber wohin verirre ich mich? Ich weiss, Sie wollen mich nicht von so weit gehenden Sorgen befangen wissen: am Ende kommt es mir gewiss auch nicht zu, sie auszusprechen. Nur hängt diess Alles denn doch wiederum mit meinem Kunstschaffen zusammen: bis hierher konnte ich hoffen, dass ich meine Werke einem edlen Zukunftsleben entgegenführe. Diese Hoffnung ist bis auf das Letzte in mir gebrochen. Ich gebe Alles preis, und bitte nur die Welt, mich nichts davon weiter hören und sehen zu lassen.

Und diess wäre denn nun die Stimmung, die mir wieder Ruhe und Fassung zurückgiebt um – von dem weiteren Schicksale auch meiner Nibelungenwerke zu reden. – Herr von Hülsen behauptet, sie hätten Fiasko gemacht: wogegen ich leider zu erkennen habe, dass nur mein Bayreuther Gedanke durchgefallen ist, während es meinen Werken aussen herum ganz gut ergeht. Sie gefallen sehr. Das möchte mich denn trösten; wenn ich nur annehmen könnte, dass man an meinen Werken auch etwas lernte: davon aber treffe ich auf keine Spur. Alles bleibt, wie es ist, und was ich geschaffen habe, wird nur dazu verwendet, sich einen Schein zu geben, wobei denn hie und da auch etwas von meinen eigenen Intentionen zum Durchschein kommen mag. Denn gewiss ist, dass meine Stücke sehr gefallen, trotzdem ganze Strecken darin durch den Unverstand der Darstellung einen ganz verkehrten Sinn erhalten. Mir ist von Jemand, der hier allen meinen Proben, Anordnungen und Aufführungen mithelfend beiwohnte, auch Vielerlei von den letzten Aufführungen des »Siegfried« unter der Oberleitung des Herrn von Perfall berichtet worden, woraus mir vor Allem das Eine aufgegangen, dass es Allen daran gelegen war zu zeigen, dass sie die Sache besser verstehen als ich. Wenn endlich keine Misverständnisse daraus hervorgehen, muss ich mir eine solche Belehrung gefallen lassen; gefällt mein Werk, trotz der Misverständnisse, so muss ich schliesslich sogar Alles loben. Nur fühlt sich der Autor dann nicht sehr angezogen; und frägt man mich, wohin man gehen solle, um Aufführungen nach meinen Intentionen beizuwohnen, so kann ich diesen natürlich dann nicht gerade dasjenige Theater anempfehlen, wo meine Intentionen unbeachtet gelassen werden, und dafür nach neuerer, besserer Einsicht verfügt wird.

Wie es in Deutschland, meinem obigen Ausspruche gemäss, eben überhaupt an Ehrfurcht fehlt, so wird diese, sehr erklärlich, am allerwenigsten dem künstlerischen Schöpfer erwiesen. Ich gebe zu, man hat noch nicht viele musikalische Dramatiker gehabt, wie mich, und was gewöhnlich von Operncomponisten und Textdichtern für die

Theater zusammengearbeitet wurde, hat diesen noch keinen grossen Respekt eingeflösst. Institute haben wir auch nicht, welche das Alte in richtiger Wiedergebung erhielten; die besten Talente gehen daher sofort zu Grunde. Davon lebt jetzt wieder ein Beispiel in meiner Nähe. Diess ist ein Tenorist Jäger, welchen ich, als ich damals auf die Entdeckung eines Siegfried auszog, in Dresden sah und hörte: grosse, schöne Heldenfigur, fehlerlose prächtige Stimme, und dabei so elend in seinen Rollen, dass ich ihn unbeachtet lassen musste. Jetzt ist er seit einiger Zeit nach Bayreuth gekommen, um sich mir näher bekannt zu machen: alsbald erkannte ich denn, dass er nie eine Anleitung erhalten hatte, und keiner der berühmten Kapellmeister ihn je über irgend etwas den Vortrag Betreffendes belehrt hatte. Nun habe ich ihn vornehmen und die Siegfriede tüchtig und richtig ihm einstudiren lassen. Er wird der prächtigste Siegfried sein, den wir nach Schnorr haben können. Keiner glaubt aber noch daran, wer ihn von früher kennt. – Solche Erfahrungen mache ich immer wieder; sie trösten mich kaum mehr, denn am Ende geht mir die Lust und die Kraft aus, um in immer nur vereinzelten Fällen wirksam einzugreifen. –

Somit verbliebe mir immer noch – das Componiren! Ja, ich habe nicht geheuchelt, als ich meinem erhabenen Freunde von der heiteren Stimmung berichtete, in welcher ich an der Ausführung des Parsifal arbeitete, und ebenso aufrichtig getröste ich mich dessen, dass ich nun nächstens wieder an die Fortsetzung meiner Arbeit gehen werde. Aber es ist nur eben, weil ich während der Arbeit nur diese, nicht aber das Bild ihrer dereinstigen Aufführung vor mir habe. Wenn ich daran denke, dass, während ich arbeite, so Mancher wiederum sich nur im Gedanken an der etwa bald zu ermöglichenden Aufführung sich freut, da kommt mir ein unbeschreiblich bitteres Gefühl an. Welchem Elend, welchem Kummer, Gram und – welcher Beschämung sehe ich da wieder für mich entgegen! Denn Alles, was ich bei einer solchen Aufführung Hohes, Ernstes und Edles beabsichtige, – selbst schon im Betracht des Publikum's, dem ich endlich dann mein Werk zum Applaudiren vorhalten muss – Alles diess wird mir wieder und immer wieder vereitelt werden, und Jeder wird wieder besser wissen, als ich, was auch dem Parsifal gut thut!

Dabei habe ich aber nur einen Trost: mein Werk heisst:
»ein Bühnenweihfestspiel«;
ich werde mich veranlasst sehen, die *Weihe* der Bühne festzuhalten, und gedenke so die Wege zu finden, mein Werk und seinen heiligen Inhalt vor Entweihung zu bewahren.

Gewiss bin ich, dass mein gnadenreicher Wohlthäter hierzu mir Seinen Segen giebt! –

[...]

Können wir die Welt nicht ändern, so wollen auch Wir uns nicht ändern. Die Weihe tragen wir in uns, und die Weihe des Einen, tief innig uns vertrauten, und doch so schicksalshoch über uns erhobenen, des königlichen Freundes, – sie strahlt über uns. Und so – seien Wir selig!

Heil, siegendes Licht! – Die Sonne scheint. Ich grüsse in ihrem Strahl das Auge des Hochgeliebten, als

Sein

Bayreuth. ewig getreues Eigen:
15 Juli 1878. Richard Wagner

69 Ludwig an Wagner

Innigst geliebter, hochverehrter, theurer Freund!

Mit Freude und Rührung hat es mich erfüllt, daß Sie sogleich nach Beendigung Ihrer Cur mir schrieben. Herzinnigsten Dank für Ihren liebevollen Brief! Vor Allem drängt es mich, meinem lebhaften und aufrichtigen Bedauern Ausdruck zu geben, daß die Cur Ihnen nicht gut bekam; sollte nicht vielleicht doch eine Nach-Cur vom erwünschten Erfolge begleitet sein können, da Wir zum Glück noch in der dazu günstigen, herrlichen Sommerszeit leben? O schonen Sie Ihre so Vielen, Vielen wichtige und theure Gesundheit! –

O nur zu gut begreife ich Ihre traurig-ernste Stimmung! Was Sie über die tief beklagens-werthen Zustände im deutschen Reiche schrieben, war mir wie aus der Seele gesprochen. Auch mich ekelt das elende deutsche Reich, wie es sich leider Dank dem nüchternen, ideallosen Preußenthum unter jenem märkischen Junker gestaltet hat, im höchsten Grade an. – Leider mußte es aber so kommen; für den Einzelnen war es absolut unmöglich, sich dagegen zu stemmen, dieß hätte erst recht Alles verdorben. Ja, Sie haben Recht: wir gehen allmählig, aber unfehlbar der Barbarei entgegen, geschieht Nichts, um diesen heillosen Uebelständen abzuhelfen; es ist schon sehr weit im Schlimmen gekommen, aber doch noch nicht Alles verloren; die Hoffnung ist noch nicht aufzugeben. Die ganz entsetzlich laxen Gesetze, die *Kammern* und *Reichstag* auf dem Gewissen haben, tragen zum größten Theil an den gegenwärtigen Mißständen die Schuld. Die Gesetze sind wie eigens geschaffen, um allem Schlechten, Ehrfurcht und alle Religion und Autorität Untergrabenden, ein Hinterthürchen offen zu lassen, damit ja recht bald Anarchie und gänzliche Barbarei schamlos ihr Haupt erheben können! Doch ist jetzt gegründete Aussicht vorhanden, daß die längst ersehnten, längst für nothwendig erkannten energischeren Gesetze keinen störrischen Boden mehr finden. Die schrecklichen Attentate werden hoffentlich wie Blitze gewirkt und zur Reinigung der wolkengeschwärzten, gewitterschwülen Atmosphäre beigetragen haben. Das jetzige deutsche Reich ist übrigens so wie so anekelnd, das Leben mir verbitternd, j'en ai assez! –

Daß Sie, hochgeliebter und gepriesener Freund, den heiligen Charakter Ihres schon in der Dichtung so himmlischen Bühnen-Weihfestspieles »Parcifal« für immer gewahrt wissen wollen, dieses hehre Werk nie und nimmer der Entweihung auf profanen Bühnen preiszugeben Willens sind, verstehe ich wohl und fühle darin wie Sie. – O bitte schreiben Sie mir öfters über die Schaffens-Perioden an diesem Werk der Werke!

[...]

Auf Bergeshöhen schreibe ich Ihnen, herrlich scheint der Mond! Auf den Bergen ist Freiheit und überall, wo der Mensch nicht hinkömmt mit seiner Qual! Ich hasse den Qualm der Städte, mein Athem ist die Freiheit; wie Tell kann ich nicht leben in dem Hauch der Grüfte.

Herzinnigste Grüße Ihnen und den Ihren; gedenket mein in Liebe. Ewig

Ihr
getreues Eigen
Ludwig.

Tegelberghütte
bei
Hohenschwangau
den 9. Aug. 1878.

Mein innigstgeliebter erhabener Einsamer!

Den einzigen Genossen habe ich mir dort oben zu suchen, wo Niemand ihn findet, ausser wer für ihn urbestimmt war! Wenn solch ein göttlicher Brief von Ihnen, unsäglich theurer, herrlicher Freund, an mich gelangt, und ich mit der Einzigen, welche in schöner Einsamkeit uns zugesellt ist, voller Erstaunen und Rührung den zarten und tiefen Sinn jedes mir geschenkten Wortes erwäge, da taucht uns denn doch zu Zeiten das erhabene Symbol der Drei-Einigkeit zur Deutung des wirklich gewordenen Unerhörten auf. Da wird denn über »Vater« »Sohn« und »Heiliger Geist« phantasiert: haben wir dann darüber zu lächeln, so fühlen wir uns doch tief erquickt und seelisch erleuchtet. Von ähnlicher Erquickung gestärkt und befeuert, sende ich dem erhabenen Einsamen meinen tiefsten Dankes-Gruss voraus: Heil und Segen dem

»heilthatvoll Wissenden«! –

Und nun sogleich von meinem Sohne! – Ein Brahmane hatte sich in die Waldeinsamkeit zurückgezogen, um fortan, jeder irdischen Neigung ledig, einzig der inneren Erkenntniss zu leben. Eine junge Antilope sucht, verwundet, bei ihm Zuflucht; er pflegt sie; dankbar will sie ihn nie wieder verlassen. Da seufzt er: denn nun hat er wieder Liebessorge und gehört dem Wirrsale der menschlichen Naturbestimmung an! – Wie warf ich einst Alles von mir, was irgend als Andenken an mich übrig bleiben konnte! Eine kinderlose Ehe hatte dreissig Jahre angedauert: wem hätte ich dereinst zu hinterlassen gehabt? Nun rief ich eines Morgens im Hause: »ein Sohn ist da!« Wie da mit einem Male die ganze Welt anders aussah! Die glückliche Mutter erkannte sogleich, dass all meine Vergangenheit und Zukunft einen durchaus veränderten Sinn habe: »jetzt lebst du auch nach deinem Tode das Leben weiter, strebst und wirkst fort und fort.« Jetzt wurde auch jede Reliquie aufbewahrt: Briefe, Manuscripte, Bücher, die ich einst im Gebrauch hatte, jede Zeile, die ich je geschrieben, wurden aufgesucht und gesammelt; mein Leben immer sorgfältiger aufgezeichnet, von allen Orten, wo ich lebte, von den Häusern, die ich bewohnte, Abbildungen zusammengebracht. Der Sohn, so jung noch, soll, wann er zu männlicher Reife gelangt ist, genau wissen, *wer* sein Vater war. Nichts weiter: dann möge er sich entscheiden. – So ungefähr stellt sich auch unser ganzes Erziehungssystem heraus. Zu gar nichts wird der Knabe gezwungen; ganz frei unterstützen und leiten wir nur seine Neigungen. Auf den »Künstler« sehen wir es in keiner Weise ab: nur *eine* Richtung habe ich ihm durch den Namen angewiesen, welchen ich seinem Hauptnamen beilegte: zwei Namen bezeichnen ihn als meinen Sohn, – Siegfried Richard – Wagner; dem stellte ich aber noch: »Helferich« voran, d.h. der »Hilfreiche«. Hierzu wurde ich durch folgende Erwägung bestimmt. Ich sagte mir: einen *Künstler* kann ich nicht machen; den *Menschen* aber kann ich belehren. Nun waren mir aber nie im Leben verzweifelungsvollere Eindrücke gekommen, als wenn ich offene Wunden an Menschen oder Thieren sah, und mir dabei keinen Rath zur Hilfe wusste; dagegen mein oft rasendes Rufen und Toben, um Hilfe herbei zu schaffen, vom Volke oft mit Spott aufgenommen wurde. So beschloss ich, Siegfried solle Eines, selbst durch Zwang, lernen, nämlich eine Wunde zu heilen, oder doch wenigstens einen ersten Verband anzulegen; somit soll er wenigstens das Nothwendigste der Wundarzenei erlernen. Diess wird ihm Sicherheit geben, die mir so oft bereiteten martervollen Eindrücke ersparen, und – es komme dereinst in unserer staatlichen Gesellschaft zu jedem erdenklichen Aeusseren – ihn zu einem nützlichen und beliebten Menschen machen. – Wie ergriff es mich nun, bei einer Wiedervornahme des »Wilhelm Meister« Goethe in den »Wanderjahren« von dem gleichen Gedanken eingenommen zu sehen, da er seinem viel hin und her schwankenden Helden die Lancette zugeführt hat, mit welcher er seinem Sohn das Leben rettet! –

An grossem Mitgefühl und tiefer Herzens-Güte wird es denn nun auch meinem Siegfried nicht fehlen: vielleicht wird es auch gut sein, seine Weichheit zu stählen, was gewiss am Besten durch Erweckung der Sicherheit in der Hilfebringung geschieht. Seinen Kopf überlasse ich ihm ganz selbst. Rühmt man mir einen ungewöhnlichen Schädel nach, so wird der meines Knaben geradesweges erstaunlich gefunden: Vordertheil und Hinterkopf in vollendeter Harmonie. Hierzu der Körper elastisch und wohlgeformt; ein stets heiteres

Temperament, fern von Eigensinn, grosse Willigkeit, Leichtigkeit zu Allem, ein freundlicher Stolz im Ertragen kleiner Mühsale, volle Liebe. Seine Anlage zum Witz setzt oft in Erstaunen; wir Alle, und namentlich auch seine Schwestern, ergetzen uns oft lange Zeit an seinen Einfällen, die ihm wie der Blitz ankommen und leicht, wie geräuschlos, von sich gegeben werden. Für das Lernen wird er nur zu dem Nöthigsten ernstlich angehalten; was er aber gern wissen will, lehrt er sich schnell selbst. Musik *hört* er vortrefflich, verräth aber noch keine Lust sie mechanisch zu erlernen. Ich bemerke diess gern; denn gelernte Musiker giebt es genug, musikalische Seelen aber sehr wenig; der Eifer, ein Instrument bis zur Virtuosität zu erlernen, wird gewiss nur zum Nachtheil grösserer Anlagen vollkommen befriedigt. Somit will ich, dass mein Sohn, ausser einem hilfreichen, besonders ein *freier* Mensch werde, d.h. ein Mensch, der sich nie in der Nöthigung fühlt, zu lügen, sondern immer wahrhaftig bleibt. Hierfür ist es unerlässlich, dass er dereinst nicht *für Geld* zu arbeiten habe, denn mit dieser Nöthigung beginnt die moderne Sklaverei. Deshalb dünkt es mich wichtig, seine Neigung zur Besonnenheit und seine Abneigung gegen das Unächte zu stählen; er soll nicht verblüfft werden, wenn er anderswo schöne Hauseinrichtungen u. dgl. kennen lernt, wogegen es mein eigenes Schicksal für die letzten Jahre meines Lebens es mir vergönnt hat, eine angenehme Lebensweise zu pflegen, so dass er darin nichts besonders Ersehnenswerthes dereinst zu ersehen hat. Allerdings muss ich ihn soweit versorgen, dass er nach meinem Tode nicht in die Noth des gemeinen Gelderwerbes falle: diess gewähren mir nun die Autorenrechte für meine Werke, welche mein Erbe bis zum dreissigsten Jahre nach meinem Tode mit den sogenannten Tantième-Zahlungen bezieht: diese soll er zur Hälfte verbrauchen, zur anderen Hälfte aber kapitalisiren, um nach dem Erlöschen meiner Rechte dann von den Zinsen des zurückgelegten Kapitals leben zu können. – Alles diess geht demnach darauf hinaus, ihm die Wege eines wahrhaft frei gebildeten Geistes und unbekümmerten Herzens zur thätigen Ausübung der Pflichten zu ebnen, welche ihm durch eine immer genauere Kenntniss und innigeres Verständniss des Wirkens seines Vaters dereinst als zugetheilt erscheinen dürften.

Denn dieser jetzt noch so zarte Spross ist der einzige Gehilfe, den ich für jetzt noch mir zugetheilt sehe. Ich habe, wenn ich heute mein Auge schliesse, nicht einen Menschen auf dieser Welt, dem ich die Pflege meiner Werke vertrauensvoll übergeben könnte; – nicht Einen, dem ich etwa heute, oder auch morgen, z.B. bei der Aufführung eines meiner Werke meine Stelle zur Vertretung übergeben dürfte: ich stehe ganz, ganz einsam.

Erst neuerdings habe ich mir in Hans von Wolzogen den Einen erworben, der die ideelle Bedeutung meines Wirkens vollkommen ermisst und der Förderung derselben sich als seiner einzigen Lebensaufgabe mit voller Bestimmtheit gewidmet hat. Die ästhetische und soziale Seite meines Kunstwirkens ist durch ihn sehr bestimmt vertreten; ich kann ihn dereinst, wenn es sich um die Reinerhaltung meiner Tendenz handelt, getrost als mein »alter ego« fungiren lassen. Der *Musiker* und der *Dramatiker* fehlen mir dagegen noch gänzlich. Ich kenne keinen Dirigenten, dem ich die richtige Aufführung meiner Musik zutrauen könnte, und keinen singenden Darsteller, dem ich, ohne ihn meinerseits selbst von Takt zu Takt, von Phrase zu Phrase anzuleiten, die richtige Wiedergabe meiner dramatischen Gestalten zumuthen würde. Die Stümperhaftigkeit auf jedem Kunstgebiete des Deutschen ist unvergleichlich, und jeder Compromiss, welchen ich zu Zeiten mit ihr einzugehen versuchte, führte dahin, wo mein erhabener Herr und hochgeliebter Freund mich an jenem Abende der letzten Aufführung der Götterdämmerung in Bayreuth angekommen sah, als ich mehrere Male, hinter ihm sitzend, heftig aufzuckte, so dass ich vom Theuersten theilnahmvoll befragt wurde, was mir fehle? Es war nur in diesen Augenblicken zu demüthigend, zu gestehen, was mich so verzweifelungs[voll] erregte, und hiermit zu erklären, dass es mein Entsetzen darüber sei, wahrzunehmen, wie mein Kapellmeister, trotzdem ich ihn für den Besten halte, den ich noch kenne, das richtige Zeitmaass – öfters schon geglückt – doch nicht festzuhalten vermochte, weil – ja! weil er eben unfähig war zu *wissen, warum* es so und nicht anders aufgefasst werden müsse. – Hierin liegt eben Alles: *zufällig* kann einmal etwas glücken, – aber Bewusstsein ist nicht da, – denn nur Ich hätte es begründen können, durch das, was ich *meine* Schule nenne. – Nun: eine

Schule zu halten, ist mir erspart worden. Ich könnte es beklagen, Niemand aber darum verklagen. Die schöne Idee für München erstarb für mich eigentlich sogleich mit Schnorr's Tode: denn nur auf diesen, auf sein lebendiges Beispiel hätte ich vertrauen können; mir helfen sonst keine Klavierspieler und Fugen-Componisten. Dennoch habe ich es zu bedauern, dass die Münchener Schule in die Hände gerade eines Rheinberger gerathen musste, welcher es für seine Pflicht hält, in jeder Stunde einen beleidigenden Witz über mich zum Besten zu geben. – Das ist nun aber einmal so! Was würde ich dagegen alle diese Musikschulen, möchten sie dirigirt werden von wem es immer sei, preisen und loben, wenn sie nur *einen* Schüler aufweisen könnten, der zu irgend etwas Anderem taugte, als eben wiederum nur ein unnützer Lehrer zu werden. Von der wahrhaften Erbärmlichkeit unserer Sänger und Sängerinnen, welche entweder aus diesen Musikschulen hervorgehen oder unter der Direction unserer gänzlich ignoranten Kapellmeister wild aufwachsen, kann man sich kaum eine Vorstellung machen. In diesem Winter meldeten sich bei mir oft dergleichen, in den Zeitungen meistens sehr gelobte, »Gesangstalente« an, – vermuthlich in der Voraussetzung, ich würde sie sogleich etwa für den »Parsifal« engagiren: ich liess sie gewöhnlich die Arie der »Agathe« aus dem »Freischütz« singen, und musste ihnen hieran Takt für Takt nachweisen, dass sie garnicht einmal wüssten, *was* sie sängen, geschweige dessen, *wie* sie es singen sollten. Nicht besser steht es mit den Männern: bald taucht da oder dort einmal Einer auf; es heisst: *das* wäre mein Mann! Sehe ich mir ihn ein wenig an, so stümpert er, und weise ich es ihm, wie es sein soll, so erschrickt er und erklärt, – ja, so habe er es noch nie gehört, davon wisse er gar nichts. –

Ich erlaube mir es kurz zu sagen, theuerster Innigst-Geliebter, – mit meinen Aussichten für eine Aufführung des »Parsifal« steht es schlecht. Zur Noth weiss ich »Gurnemanz« und »Klingsor«, vielleicht auch »Anfortas« zu besetzen –: für »Parsifal« und »Kundry« habe ich aber noch keine Ahnung! – Ach! Es braucht ja auch nicht so schnell zu sein. Ich, und was ich schaffe, ertragen keine Hast mehr. Viel zu schnell, viel zu viel, und viel zu früh habe ich für unsere Zeit produzirt: alle Aufführungen davon – bis auf die Einzige, der ich an der Seite meines erhabenen Herren dereinst beiwohnte – sind Stümpereien geblieben. Das Schlimmste, dass mir selbst die Klage hierüber nicht mehr recht von Herzen gehen will! Ich habe eben kein Misgeschick, keine Versäumniss anzuklagen, denn ich ersehe, an dem ganzen Zustande des Bestehenden ist nichts zu bessern: er ist im tiefsten Grunde schlecht und nur das Schlechte kann in ihm gedeihen. Wem diess so trostlos hell und ersichtlich aufgegangen ist, wie mir, der kann sich keiner Täuschung mehr hingeben. Meine Bayreuther »Bühnenfestspiele« waren die letzte Frage an den »deutschen Geist«: sie ist mir beantwortet worden: der Grossherzog von Baden hat sogar einen halben Patronatschein für sein[en] Sohn und Thronerben bezahlt. Was will ich mehr?

Wo aber alle Hoffnung schweigt, da spricht nun wieder der – Dämon oder – Genius? Ich fühle mich glücklicher als je: meine Arbeit ist für mich der Quell eines Lebens, das in immer neuen, seelischen Bildern mich freundlich beruhigend umgiebt. Ich habe einen Freund, wie ihn keiner hat, ein Weib, wie es keinen Mann noch beglückt, und – da – da lacht muthig und lustig ein Sohn, hell wie ein Wälsung; und über alles Denken, Ahnen und Wünschen hinaus erbaut sich mir eine Welt, nicht des Hoffens, sondern des *Vertrauens*. Und wie sollte dieses Vertrauen nicht in mir leben, da ich doch täglich an einer Weltgeburt aus meinem Inneren arbeite? Gewiss! Der »Parsifal« gelingt! Meine Freude an seinem Gedeihen wächst, wie das Werk selbst. Gewahrt mein hochgeliebter Herr und Freund etwas an meiner Stimmung? Nun denn: »Kundry« ist getauft, und »Parsifal« blickt sanft entzückt auf die lachende Aue: schon ist diese vor mir aufgeblüht; an ihrem zarten Dufte will ich nun dieser Tage mich weiden; und desshalb gedenke ich heute so gern meines Glückes, des Segens, mit Ihnen, mein herrlicher Freund, mich innig vereint fühlen zu dürfen!

Hinweg mit allen »Lebensfratzen«! – Es giebt ein Glück das ohne Reu'! – Ach! Bitte, bitte! Einen Blick in den ersten Band meiner gesammelten Schriften: »Ein glücklicher Abend!« – Das war Jugendahnung! Sie dämmert mir als helles Bewusstsein wieder auf, wenn ich jenes Glückes, das mir zu Theil ward, inne werde! – Sie kennen es: in Ihrer grossen, tiefen Seele ruht es! Es ruft Heil und Segen dem Bunde, der

Uns eint! – Heil und Segen, dem Gottgesandten, dem reich beglückenden – erhabenen Einsamen!

In Liebe und Treue ersterbend
des Einzigen ewiges Eigen:
Richard Wagner

Bayreuth.
9 Febr. 1879.

71 Ludwig an Wagner

Innig und treu geliebter und verehrter Freund!

Gestern Nachts in Hohenschwangau, das einstens Montsalvat von Ihnen genannt ward, eingetroffen, ist es meinem Herzen Bedürfniß, es Ihnen, theurer Freund, auszusprechen, wie lebhaft meine Freude war, mit Ihnen gemeinschaftlich jüngst der Aufführung des herrlichen »Lohengrin« angewohnt zu haben, des himmlisch schönen Werkes, durch das Wir verbunden wurden. Vor Allem drängt es mich, angebeteter, großer Freund, Ihnen meinen glühenden, unauslöschlichen Dank entgegen zu jauchzen für den unbeschreiblichen Hochgenuß, den Sie mir durch die *persönliche* Leitung der Aufführung des unsagbar wundervollen Vorspiels zu »Parcifal« bereitet haben. Mit seligem Entzücken und voll heiliger Begeisterung gedenke ich dieses gottvollen Werkes, welches eine beglückende Vorahnung der Himmelswonnen dem andächtigen Hörer gab, welche das erhabene Weihfestspiel selbst dereinst den Theilnehmer wird genießen lassen. – »Wie wär' ich kalt mich glücklich nur zu nennen.« –

Noch immer umrauschen mich die mit Ihnen vernommenen, wohlbekannten und doch stets auf's neue mit unwiderstehlicher Gewalt hinreißenden Klänge! O seien Sie hochgelobt und gepriesen, größter der Menschen, unvergleichlicher Meister! Mitten in der Vorstellung des »Lohengrin« schlugen Sie Sich lebhaft mit der Hand auf die Stirne, als zuckte plötzlich ein Gedanke in Ihnen auf; recht herzlich bitte ich Sie, mir den Grund hievon mittheilen zu wollen; es muß etwas ganz besonderes gewesen sein, dieß war unverkennbar.

Es ist spät, ich muß hinab nach Hohenschwangau; im stillen Bergthal des trauten Schweizerhauses, wo Wir in jenen unvergeßlichen Tagen des Nov. 65 einst zu Mittag waren, schreibe ich diesen Brief. Nochmals meinen innigsten Dank für die liebevolle Uebersendung der Erläuterung des gottvollen Vorspieles. Noch einmal vertiefte ich mich neulich in diese herrliche, poesiedurchhauchte Beschreibung, für die ich Ihnen nie genug danken kann, in der einsamen Gurnemanz-Klause, die ich im Walde an der heiligen Au und Quelle mir erbauen ließ, nachdem ich vor 3 Jahren von Ihnen die wonnevolle Dichtung des Parcifal erhalten hatte. Dort war der rechte Ort dafür; dort auch erblickt man den heiligen See, in dem Amfortas Heilung sucht, dort vernehme ich im Geiste die hehren Posaunenklänge, von der Gralsburg her erschallend. O bleiben Sie mir gut, mein unerschütterlich treu geliebter, großer Freund! Innig freute es mich, Sie so frisch und gesund wiedergesehen zu haben; Sie müssen noch lange, recht lange leben. Haben Sie die »Sieger« ganz aufgegeben? i.J. 1876 in Bayreuth dachten Sie noch an die Schöpfung dieses Werkes. Tausend herzliche Grüße Ihnen, Ihrer theuren Gattin, den lieben Kindern. Jetzt und immerdar des hochgepriesenen Meisters und Freundes, der Zierde der Menschheit aller Zeiten, so lange die Erde steht,

16. Nov.
Nachts 1/2 3 Uhr
1880.

getreues Eigen
und Bewunderer
Ludwig.

72 Wagner an Ludwig

Mein wunderbar gütiger, wunderbar herrlicher
König und Freund!

Ich muss mir Sonne machen, sonst vergehe ich in diesem grauen Nebel, der seit unsrer Rückkehr nach Kimerien uns umnachtet, – und zum Glücke mahnt mich dann die Frage, die mein hochgeliebter Herr in Seinem letzten allerhuldreichsten Schreiben an mich richtete. Die Frage war nach dem Vorgange in meiner Empfindung, der mich, während jener beseligenden Anhörung des Lohengrin an Ihrer Seite, zu einer auffallend nachdenklichen Bewegung veranlasste. Wohl entsinne ich mich – allerdings mit einiger Beschämung! – dieser Regung: sie war nicht feindseliger Art, wie denn in diesen edlen Stunden nichts Widerwärtiges meiner Empfindung nahen durfte. Bereits war ich ja so glücklich, dem erhabenen Freunde versichern zu dürfen, dass alle Mängel und Unvollkommenheiten der Aufführung meines Werkes vor mir eindruckslos verschwanden, und verglich daher die mich besitzende schöne Stimmung mit derjenigen, der ich in einer Jugendarbeit »der glückliche Abend« einst schon einen Ausdruck gab.

Statt einer widerwärtigen Empfindung überwältigte mich dagegen, im Verlaufe der durch die Aufführung selbst erhaltenen Anregungen, von Neuem ein sonderbar tief mitleidiges ästhetisches Gefühl, welches ich etwa monologisch so ausdrücken möchte: »Wie nahe bringt uns doch das wunderbar ausdrucksvolle Element der Musik der denkbar höchsten Stufe künstlerischer Vollendung. Es adelt den gemeinsten Menschen, der in der Ausübung der Musik begriffen ist, so dass er, der sonst nur der kleinlichsten Motive zum Handeln sich bewusst ist, während dieser Ausübung in eine unverkennbare Extase geräth, die ihn weit über seine eigene Natur hinaushebt. Wie schön, wie wichtig, ja – wie entscheidend für alle erstrebte, edlere Kultur der Menschheit, von diesem Elemente aus die Richtung ihrer Empfindungen bis zum bewussten Fühlen und Denken anleiten und beherrschen zu können!« Wenige Tage zuvor hatte ich der Aufführung des »Tristan« beigewohnt: von einer ähnlichen Verwunderung über die Macht der Musik getrieben, hatte ich mich nicht enthalten können, den jetzt mir so geadelt erschienenen Sänger der Hauptrolle nach dem zweiten Akte sofort in seiner Bühnengarderobe aufzusuchen, um meiner Empfindung ihn persönlich theilhaftig werden zu lassen. Gott! – ich traf »Heinrich Vogl« an, wie er leibt und lebt, mit einem unerhört gemeinen Gesicht, philisterhafter Dankbarkeit für das von ihm so aufgefasste Kompliment, das ich ihm vermeintlich adressirte, und dem lauernden Gedanken, meinen Besuch bei ihm gleich durch die Zeitungen bekannt zu machen! Und doch musste ich nun gerade im dritten Akte wieder darüber erstaunen, dass dieser Mensch durch die Musik alsbald wieder in eine Extase erhoben wurde, in welche der gemeine bürgerliche Geist nur im Falle einer unmittelbaren Lebensgefahr etwa zu versetzen wäre. Nun ging ich allerdings nicht mehr in die Theatergarderobe, und entsagte dem Wiedersehen Heinrich Vogl's.

Aller meiner Nöthen und tiefen Verstimmungen war nun ich eingedenk geworden, denen ich noch vor vier Jahren durch den persönlichen Umgang mit den Darstellern der Bayreuther Bühnenfestspiele verfallen war: die Erinnerung hieran hatte sogar das Gedenken des extatischen Zustandes während des Gelingens überdauert. So war es denn diessmal der Zauber der wundervollen Nähe meines sichtbar mir zur Seite weilenden Genius', der mich diessmal in der schönen, bis zum Behagen erfreulichen, Extase erhielt! Das Alles war mir aber eigentlich nicht gegenwärtig, als ich in meinem blitzschnellen Monologe etwa folgender Maassen fortfuhr: »wie ist es schade, dass du dich nicht entsprechend vervielfältigen kannst, und namentlich deine Lust dazu ausdauernd erschärfen, um überall, wo deine Musik bereits das Gemeine so weit erhebt, vollends die letzte Weihe zu geben!« Somit ward mein Wunsch, schliesslich alle meine Werke noch einmal – zum letzten Mal! – in unsrem Bühnenfestspielhause vollständig und vollendet in das Leben zu rufen, zu einem festen Entschlusse in mir gestärkt. »Und« – so sagte ich mir: – »Parsifal soll dazu die Wege bahnen, und – dein holder König – Er wird dir unfehlbar helfen!«

Somit – glaube ich – reifte in der segenvollen Nähe meines angebeteten Schutzherren die Blüthe einer selten schönen Stimmung zur Frucht eines erst freundlichen Vorsatzes, eines mitleidig vertrauenvollen Willenschlusses, der mir in den letzten Zeiten sehr fremd geworden war. Es war Faust's: »Die Thräne quillt, die Erde hat mich wieder!«

[…]

So sitze ich denn wieder über der Arbeit: die Geister meines Orchesters, die schon letzthin einmal sich vor dem freundlichen Gehöre meines holden Herren laut machen durften, banne ich nun mit letztem Zauber in die magischen Linien. Hätte man nur etwas Sonne dazu! Oh, Italien! Italien! Warum musste ich aus deinem sonnigen Lichte fliehen! Grau, grau Alles! Desshalb, so suchte ich heute die Sonne, die andere Sonne, die in den Nebel meines Lebens leuchtete und fortan jedes irdische Gewölk zertheilt, sobald ich andachtvoll zu ihr den Blick erhebe! Ich sah sie wieder, sie scheint und leuchtet mir! Ehre, Ruhm und Anbetung *ihr!* Liebe, tiefe, selige Liebe *Ihm,* dem Herren, dem unaussprechlich theuren Freunde!

Dank und glühende Segensgrüsse aus den Herzen der lieben Meinigen, für die ich da bin, weil *Er* da ist, dem ich ewig huldige

als Sein
urbestimmtes Eigen:
Richard Wagner

Bayreuth
2 Dezember 1880

73 Wagner an Ludwig

Mein grosser, liebesmächtigster Herr und Freund!

Beschämt – fast eben so sehr als entzückt – hat mich das herrliche Schreiben von Ihrer immer giebigen Königshand, denn es kam mir zuvor, der ich vom innigsten Triebe mich gedrängt fühlte, meinen erhabenen Wohlthäter bei meiner Rückkehr in Sein Land mit dankender Huldigung zu begrüssen. Schon in Sicilien aber hatte ich vergebens auf das Exemplar des Klavierauszuges von »Parsifal« gewartet, welches zur Ueberreichung an meinen königlichen Freund bestimmt sein sollte: ich musste durch München ziehen, ohne über mein dürftiges Geschenk verfügen zu können, und in diesem Augenblicke bin ich noch durch den Buchbinder-Künstler im Banne gehalten, aus dem ich aber noch vor Beendigung dieser Zeilen erlöst zu sein hoffe: so dass ich im Geleite meines Parsifals mich einiger Maassen entschuldigungswerth auszunehmen mir schmeichle. Auch muss jede Stunde eine Photographie des jungen Verlobten unserer Tochter Blandine eintreffen, um mit dem Portrait der glücklichen Braut vereinigt dem holden Königswunsche überliefert zu werden! – Diess aus herzlicher Bedrängniss vorausgeschickt, weiss ich wiederum nicht recht womit beginnen, um von der Fülle der Gefühle und Gedanken meinem Herren und Freunde Mittheilung zu machen, welche gerade in diesen letzten Zeiten der Ueberblick meines Lebens, seitdem die sommerliche Gnade Ihrer Huld mich umschloss, mir erweckte. Wie Vieles *vor* diesen wunderbaren achtzehn Jahren meinem Leben sich zugesellen, im Gewande der Freundschaft oder Genossenschaft mir gewogen oder behilflich sein wollte, nichts davon hatte sich bewährt, Alles verlor sich an mir und um mich her in das Chaos des abfälligen gemeinen Lebensbedürfnisses. Darf mich dieses Innewerden mit Grauen erfüllen, so überbietet sich dieses doch fast noch durch den Schauder, welchen mir die Erfahrungen *nach* jener langen Lebensperiode erwecken: viel verheissend traten auch in dieser neueren Zeit wieder seelische Elemente und Beziehungen an mich heran; die Einsamkeit, in der ich auch jetzt fast immer lebte, mein ganzes rückhaltloses Wesen liessen schnell Annäherungen gedeihen, deren dauernden Erfolgen nichts entgegenstand, als derselbe, von mir so häufig bei Freundschaften erkannte, dämonische Zug des In-sich-eingeschlossen-seins in bestimmte Schranken der Individualität, aus welcher nichts erlösen kann als die volle Liebe, das gänzliche Aufgehen in dem Anderen; statt dessen nun stäts zu erfahren war, dass da, wo diese befreiende Aufforderung mit schöner Gebieterischkeit nicht sich geltend machte, der Kampf der Eigenliebe wie als Rettung vor einem Feinde von dem Wesen Besitz nahm. Es scheint sehr schwer zu sein, zu lieben! Vielleicht, weil es so gar nicht leicht ist, gross zu sein! Nur Ein solcher grosser Mensch reicht noch aus meinem Vorleben jetzt zu mir herüber: das ist *Liszt!* Welches Gewölk von Dunst und Wust wurde nicht aus seinen Lebenskreisen zwischen uns künstlich – und doch so unverständig! – aufzulagern versucht: wie ich mich tief innigst dessen erfreue, dass ich nie an ihm zweifelte, zerriss auch Er stäts wieder alle Truggespinnste; und wie er der Erste war, der mich der Welt verkündigte, ist seitdem nur sein freudiger Stolz auf die Erfüllung seiner Verkündigung gewachsen. Dieser gehört zu mir, – und nur Einer lebt noch: diesem aber – gehöre *ich,* – denn ich bin Sein Eigen. – Mein König!!!

> »Wo fänd' ich Jubelweisen, die, würdig Dich zu preisen,
> an höchstem Lobe reich!«

Ja, Sie haben recht, mein gottgesandter, lieber Herr, der schönsten Tugend, deren Sie Sich bewusst sind, der *Treue* – in Ihren Versicherungen an mich oft, wie mit stolzer Freude, zu gedenken! Auch meinen dichterischen Empfängnissen hat sie stäts den eigensten Lebenskeim zugeführt: sie begeisterte mich früh, als ich der Schwester des Volkstribunen, dem in wildem Aufruhr zertrümmerten Ideale eines Staatsgedankens gegenüber mit Verklärung sich aufrichtend, zum stolzen Troste des Bruders die Worte geben konnte: »Rienzi, o mein grosser Bruder, blick' in mein thränenloses Auge, sieh auf der Wange tiefen Gram, empfinde was diess Herz bezwang, und sag: ist Roma untreu dir?« – Einzige Erlösung des fliegenden Holländer's: die Treue! Und sie verklärt sich zu ihrem zartesten Inhalt: dem Glauben; wie übermenschlich schwer diese höchste Tugend zu bewahren ist, musste Elsa an einem fast allzu grausamen, und dennoch unabwendbaren Schicksale erfahren! Treu – und untreu: furchtbare Noth des Tristan! Siegfried und Brünnhilde: Todeskampf um Treue! Letzte Erlösung durch Glauben: Parsifal! Da schwindet alles Leiden, denn es wird zur Wonne. –

Und da nun sehe ich Ihn, meinen holden Lebensherrn, in höchster Glorie! Treu im Glauben: anbetungswürdigstes, edelstes Wesen! –

So war denn mein Leben doch etwas werth: in ihm offenbarte sich ein höchster Sinn, der ordnend und bildend in ein Chaos trat! –

Und – in welches Chaos! Wie es bilden und ordnen, wenn eben die höchste Treue nicht hilft, im einzig erlösenden Glauben selig zu machen? – –

Mit grosser Trauer kehre ich nun immer wieder nach Deutschland: es bekümmert mich so tief, dass ich hier, wo ich einzig mich heimisch und wirkungsvoll fühlen darf, wo ich unter meines herrlichen Königs Schutze ein so lange ersehntes trautes Heim mir gründen durfte, auf eine unlösbare Schwierigkeit treffen muss, nämlich, wie der Mensch in stätem Kampfe mit schlechtem Wetter sich in guter Laune erhalten soll, ohne zu unnatürlichen und schädlichen Ausschweifungen, bis zu denen in der Bierstube herab, sich zu gewöhnen! Doch ist Alles, elender Noth gegenüber, gut geordnet, namentlich in Ihrem lieben Bayernlande: Wälder und Auen sorgsam gepflegt, Häuser reinlich und sauber, – kaum bemerkbare Armuth: das Oberland ein kräftig edles Idyll! Dagegen Italien: Alles wild; die Appeninen nackte, schroffe Felsenöden, wie für Räuber gemacht: nur zu den Meeren links und rechts ziehen sich schmale Matten dahin: Wein, Oel, Orangen, Citronen, von Lorbeer und Myrthen, Cypressen und Pinien in sporadischer Wildheit durchwachsen; aus dem dürrsten Steingerölle Agaven und Cactus, zur Zeit wunderbar erblühend, und endlich die Palme darüber, wie ein Traum aus anderer Welt! – Diess Alles ist – der *Sonne* Werk, und diese scheint dem glücklichen Lande fast immer vom blauen Himmel herab: für Palermo rechnet man im Jahresdurchschnitt dreizehn sonnenlose Tage zusammen: Jemand meinte, dass in diesen dreizehn Tagen wir die Sonne hier hätten! Und diese Sonne ist es dann auch, welche Alles Schöne dort gross gezogen hat: der ärmste Bauer kann sich kein Haus bauen, das, so dürftig wie es sei, nicht irgend etwas sehen lässt, eine Treppe, einen Balkon, einen eigenthümlichen Anbau, daraus nicht ein gewisser Sinn zu uns spräche, für den wir in unseren saubersten Reinlichkeits-Bauten gar kein Organ aufweisen. Und so stellt sich uns eben Alles, was endlich bis in das Höchste und Erhabenste hinaufgebaut wird, in diesem Sinne geadelt dar, wo dem niedrigsten Bedürfnisse selbst ein Sonnenstrahl der Schönheit zugewendet ist. Dass unter diesen göttlichen Trümmern ein Volk heutzutage dahin lebt, das von der Schönheit seines Daseins gar keinen Begriff hat und von uns erst darauf hingewiesen werden muss, um zu verstehen, dass das Alles gar nicht ihm angehört, – das ist nun allerdings ein andrer Gedanke, der uns bei dem Ueberblicke dieses Schönen in üble Zerstreuung versetzt. Um doch aber eine andere und bessere Meinung von diesen südlichen Völkern zu bekommen, war es uns diessmal werthvoll, unser Steuer nach Sicilien gerichtet zu haben. – […]

Ewig [ein]gedenk des göttlichen Wunders Ihrer Liebe, blickt meine Seele anbetend zu ihrem Herren auf!

Bayreuth
13 Mai 1882.

In treuestem Danke ersterbend:
Richard Wagner

Huldreichster Herr und König!
Mein gottgesandter Wohlthäter und Freund!

Willkommen, wie das Licht dem Blinden, kam mir Ihr über Alles theures Schreiben! Wie könnte ich Ihnen dafür danken? Das Göttliche will empfangen, nicht bedankt sein, denn es steht nicht in der freien Wahl Gottes, göttlich oder ungöttlich sein zu wollen! –

Dass die Gesundheit meines Erhabenen einigermassen sich hergestellt hat, diess zu erfahren war das grosse Labsal, das mir zugeführt ward. Von welchem Werthe dieses unschätzbare Gut ist, muss ich jetzt immer mehr in Beachtung ziehen, wenn ich den Plan meiner etwa noch bestimmten letzten Lebensjahre mir vorzeichnen möchte: bei jedem Wunsche, der in diesem Bezuge mir aufsteigt, bin ich genöthigt ein »wenn« einzuschalten, das sich auf meine ungehinderte Lebenskraft bezieht. Da nun mein allerherrlichster Freund nichts mehr von mir erleben kann, so vermag ich höchstens nur mit »etwas Neuem« von mir Ihn zu unterhalten: also, etwa von meinen Plänen für die Zukunft. Diese haben nun jetzt eine ganz bestimmte Gestalt bei mir gewonnen: ich wünsche nach und nach *alle* meine Werke in unsrem Bühnenfestspielhause in der Weise aufzuführen, dass diese Aufführungen als Muster der Korrektheit meiner nächsten Nachwelt wenigstens überliefert werden können: – hiermit bedinge ich mir noch etwa zehn rüstige Lebensjahre, während welcher zugleich mein Sohn bis zum Alter seiner vollen Mündigkeit reift, welchem allein ich die geistig-ethische Aufrechterhaltung meines Werkes zutraue, während ich sonst Niemand weiss, dem ich mein Amt übergeben könnte. – Zu dem Wunsche, alle meine Werke, vom fliegenden Holländer an, noch einmal mustergiltig der Welt vorzuführen, haben mich neuerdings wieder die verschiedensten Berichte gestimmt, die mir über den Charakter der Aufführung derselben auf den Theatern zukommen. Es muss mich tief schmerzen, ja zu der Ansicht der Nutzlosigkeit all meines Schaffens drängen, diese Werke der deutschen Nation, welche sie erheben und veredeln sollten, als gemeines Opern-Flickwerk zu überlassen. Diess Alles heisst nun so viel, als die Bayreuther Gründung aufrecht zu erhalten und ihr Bestehen zu sichern. An die Aufnahme meiner älteren Werke kann ich nun vorerst nicht denken, als bis der »Parsifal«, den ich ja nun für das zahlende Publikum gebe, uns so viel eingebracht hat, dass der Grundstock eines möglichst hoch anzusammelnden Fonds vorhanden ist. Ich gedenke demnach im nächsten und übernächsten Jahre (1883 u. 84) ausschliesslich nur den »Parsifal« in möglichst vielen Aufführungen zu geben, in der Annahme, dass diese Vorstellungen bei den wenigsten Kosten uns jetzt am Meisten einbringen, was allerdings aber nur dann der Fall sein kann, wenn die für die ersten Aufführungen so grossmüthig mir gewährten Unterstützungen meines erhabenen Wohlthäters, mindestens eben für diese beiden nächsten Jahre mir wieder allergnädigst zugewiesen werden könnten. Wie gross, ja einzig ermöglichend diese Hilfe war, habe ich schätzen gelernt: das Bewusstsein davon gab mir das nöthige Vertrauen, ohne welches ich nichts mehr unternommen haben würde. Noch bin ich von der vollen Wärme des Gefühles erfüllt, welches mir der schöne Eifer aller von meinem huldreichsten Freunde mir zugewiesenen künstlerischen Kräfte erweckte: ich fühlte mich nämlich ganz wieder, wie sonst, an Seinem liebenden Herzen geborgen. Da wäre wohl zu danken gewesen, wenn eben Götter sich danken liessen! Aber – nur etwas Freude hätte Er daran haben sollen. Werde ich noch so glücklich sein, mir damit schmeicheln zu dürfen, dass diese Freude Ihm werde? – Ich weiss, dass ich mich bescheiden muss. Aber, wenn ich nun so meine Lebensjahre, eines nach dem anderen, schwinden sehe, und so grosse, lange Leeren darin unausgefüllt lassen muss, so kommt mir immer wieder die Kühnheit an, den Herren meines Lebens mit einem Wunsche zu belästigen, z.B. mit diesem, es möge Ihm huldreichst gefallen, aus den zwei Monaten des nächsten Parsifal-Jahres Sich die beliebigen Tage auszusuchen, an welchen vor Ihm ganz allein die besten Aufführungen, die ich bieten kann, stattzufinden hätten. Ach! – Nur ein Befehl!! – Mein über Alles angebeteter Herr und Freund! Wie kommt es, dass ich wieder hoffe? Fast dünkt es mich, als überredete ich mich nur zur Hoffnung! – Mit dem nächsten Heft der Bayreuther Blätter wird Ihnen ein neuester Aufsatz von mir: »Das Bayreuther Bühnenweihfestspiel 1882« vorgelegt werden, in welchem ich die guten, ja schönen Erinnerungen an unser

Studium des Parsifal und seine Aufführungen festhielt, um sie im Sinne einer Didaskalie, zur weiteren Ausbildung des hierbei von mir geförderten Styles der Welt vorzulegen. Hierzu bewog mich besonders auch der Wunsch, Allen, welche bei diesen Aufführungen mitwirkten meine herzliche Anerkennung kundzugeben, zugleich aber auch sie in dem Bewusstsein dessen zu erhalten, was sie unter meiner Anleitung sich für die Zukunft angeeignet haben möchten. Da ich nun einmal, – eben heute, da ich diess schreiben darf, – hoffnungsvoll gestimmt bin, so will ich denn auch hoffen, dass der angekündigte Aufsatz meinem hochgeliebten Freunde ein wenig gefallen möge.

[...] kämpfe ich doch immer noch mit dem, oft bedenklich sich steigernden Leiden jener Brustkrämpfe, auf deren Niederhaltung ich meine ganze leibliche und seelische Lebensweise einzurichten habe. Das abnorm feindliche Wetter dieses ganzen verlaufenden Jahres hat mich allerdings hierbei schlecht unterstützt: dass auch Oberitalien, welches uns sonst immer bei dem Herabsteigen von den Alpen so freundlich begrüsste, diessmal sich ganz besonders widerwärtig zeigte, hätte mich bald an einen mir bestimmten nahen Untergang glauben machen, wenn nicht gerade hierbei mir sonderbarer Weise ein für meine längere Erhaltung ermuthigendes Zeichen gegeben worden wäre. Zwei Brücken, die Eisenbahnbrücke in Ala, und die herrliche Etschbrücke in Verona, brachen eine halbe Stunde, nachdem wir sie überschritten hatten, zu Grunde: über die letztere ist Niemand nach uns mehr gefahren. So gelangten wir denn auch gerade noch an diesem einzigen Tage durch die Ueberschwemmung unbehindert nach Venedig, während am anderen Tage bereits aller Verkehr eingestellt war. Die Familie Schleinitz hatte uns bei der Vorüberreise in Botzen an der Eisenbahn begrüsst; sie wollte am anderen Tage nachreisen, blieben statt dessen aber drei Wochen lang, unter furchtbaren Wassernöthen, in den Gebirgen eingeschlossen. Das schien denn für unsre Bestimmung zu sprechen.

Diese sei nun, welche sie wolle, immer wird bestimmt bleiben, dass meinem persönlichen Schicksale Sterne von so edlem Glanze aufgegangen sind, wie wenigen sie erschienen sind: wie glücklich dürfte ich zu preisen sein, die unerschütterliche Freundschaft eines Königs, und am Abende des

Lebens ein edelstes Weib gefunden zu haben! Bei dem Durchlesen des Erinnerungsbildes an den Grafen Gobineau wird mein Gottgesandter Wohlthäter erkennen, welch' andere Loose einem allervorzüglichsten Menschen zugetheilt sein konnten! So will ich denn, freundlich getröstet, herzlich darnach trachten, die seltene Gunst, die mir das Schicksal erwies, durch fortgesetzte hoffnungsgläubige Thätigkeit zu einem edlen Angedenken für meine Liebenden zu verwenden. So Vieles ist um mich her zertrümmert, der allgewaltige Tod hat fast Alles hinweggerafft, was einst beziehungsvoll in mein Leben trat: nur ein Etwas bleibt in mir jugendlich lebensvoll wie am ersten Tage, da mir ein prophetischer Ueberblick meines Lebens aufging. »Noch losch das Licht nicht aus!« So leuchte es denn noch dankerglüht dem Gottgesandten Herren meines Lebens mit mildem Glanze zu! Segen, göttlichster Segen lohne dem herrlichen Geleiter meiner Lebensbahn!

Mit Weib und Kind, den durch Ihre himmlische Huld unsäglich Beglückten, liegt, die Gottheit verehrend, zu Ihren Füssen das Werk Ihrer Gnade,

Venedig. 18 November 1882. Richard Wagner,
zu ewigem Eigen.

Anmerkungen

1 W.s überschwengliche Dankbarkeit antwortet auf die kgl. Einladung, die ihm soeben von dessen Beauftragten, dem Kabinettssekretär v. Pfistermeister, überbracht worden war. Was ihm der Einladende versprach, faßt Brief 2 zusammen.

2 *Wohnung*: Vorgesehen und von W. Mitte Mai bezogen wurde das Pelletsche Landhaus bei Kempfenhausen am Starnberger See, in der Nähe von Schloß Berg, dem vom König bevorzugten Aufenthaltsort.

3 *mit Brünhilde*: *Götterdämmerung*, 3. Akt (Schluß). Eine der Herzens-Stellen Ludwigs, in seinen Briefen häufig zitiert. Bei der Vertonung fiel sie weg (vgl. Cosima W.s Tagebuch vom 4. April 1872: »Zu Tisch sagt er: ›Ich habe manches gestrichen, z.B.: glücklich in Leid und Lust [sic!] u.s.w., bei der Lektüre würde ich es beibehalten, was soll aber diese Sentenz im Drama, man weiß es ja, man hat ja alles erlebt. Es würde beinahe kindisch sein, wenn sie sich noch einmal zu den Leuten wendete, um ihnen ihre Weisheit zu künden.‹«) Der König bat hingegen in Briefen vom März 1875 und Januar 1876 inständig um die nachträgliche Vertonung, und W. kam der Bitte nach, ließ die Passage allerdings nur in den Aufführungen, denen der König beiwohnte, singen.

4 *Freundin*: Eliza Wille; vgl. W.s Brief an sie vom 26. Mai 1864.

5 *Bülow*: Hans v. Bülow (1830–1894), einer der engsten Freunde und »Gefolgsleute« W.s, seit 1857 mit Franz Liszts Tochter Cosima verheiratet, kam Anfang Juli erstmals von Berlin nach München, wo er zunächst »Vorspieler« des Königs, dann (1867) Hofkapellmeister wurde.

6 *Schnorr*: Ludwig Schnorr v. Carolsfeld (1836–1865), Sohn des Malers Julius Schn. v. C.; als Tenor an der kgl. Oper in Dresden. W. dachte ihm eine tragende Aufgabe in der geplanten Münchner »Musikschule« zu. Vgl. Wagner, ›Erinnerung an L. Schn. v. C.‹. – *freundliche Tonstück*: der sog. *Huldigungsmarsch*, den W. als »Geburtstagsgruß« für den König zum 25. August komponiert hatte.

8 *Vollendung der Composition*: Die Kompositionsarbeit am *Ring* war 1857 – im 2. Aufz. des *Siegfried* – von W. abgebrochen worden.

10 *unseres Wunsches*: die Vollendung und Aufführung des *Rings*.

12 *gestrigen Abend*: Probe zu einem von W. selbst geleiteten Konzert mit Stücken aus seinen neueren und neuesten Werken. – *»Da blick ich auf...«*: *Tannhäuser*, 2. Aufz. (Wolfram im »Sängerwettstreit«).

14 *»Könnt ihr...«*: *Tannhäuser*, 2. Aufz. (die Aufgabe, die der Landgraf den Sängern stellt). – *»Ich that's«*: *Tannhäuser*, 3. Aufz. (Rom-Erzählung T.s); dort auch das noch folgende Zitat.

15 *Ihren ... Brief*: Er enthielt die Beschreibung – und die Bitte um Aufklärung – der Lage, in der sich W. befand, nachdem der König ihn mehrere Wochen nicht mehr empfing, in seinen Briefen aber ihn weiterhin »wie mit Himmelsglorie« übergoß.

18 *das Programm*: Bereits Ende Mai 1864, dann, revidiert, Januar 1865, hatte W. sein ›Programm‹ künftiger Aufführungen seiner bereits existierenden und noch zu schreibenden Werke formuliert. Darin war die Uraufführung des *Rings* für August 1867, des *Parzival* [sic!] für August 1872 vorgesehen; für 1873 ein Zyklus seiner sämtlichen Opern und Musikdramen von *Tannhäuser* an, einschließlich der *Sieger*, dem für 1870 geplanten, aber nie ausgearbeiteten Werk.

19 *Ein warmer, sonniger Charfreitag*: April 1857. W. lebte im Zürcher »Asyl« bei den Wesendoncks. – *geschiedenen Monarchen*: Ludwigs Vater Max II. – *Frauenherz*: Mathilde Wesendonck. – *»Tristan« geboren*: die Einstudierung der für Mitte Mai vorgesehenen Aufführung (mit Schnorr und dessen Frau Malvina in den Titelrollen).

20 *zum ersten Male gesehen*: Es war der 4. Mai.

22 *Semper's Pläne*: Der im November 1864 vom König gefaßte Vorsatz, für die künftige Aufführung des *Rings* ein monumentales Festtheater zu bauen, führte zu dem Auftrag an Gottfried Semper (1803–1879), mit W. seit den Dresdner Jahren befreundet, dieses Theater und dazu ein Provisorium, das im »Glaspalast« eingerichtet wurde, zu entwerfen. Die Entwürfe, nicht aber die Bauten, kamen zustande. – *Tristan-Tag*: Für den Abend war die Aufführung des *Tristan* vorgesehen. Die plötzliche Erkrankung von Malvina Schnorr v. Carolsfeld führte zur Verschiebung bis zum 10. Juni.

23 *Bekenntnisse*: Briefe, in denen sich die Schreiber, von den andauernden Polemiken in der Presse veranlaßt, zu W. bekannten. – *Löwen*: der kleine Kreis der inzwischen in München zusammengekommenen Freunde und Mitarbeiter (Hans v. Bülow, Peter Cornelius u.a.). – Die *Freundin* ist Cosima v. Bülow, mit der W. seit Ende Juni 1864 in (noch verborgener) Liebesbeziehung stand.

25 *Tristan*: W. meint dessen letzte Aufführung am 1. Juli.

26 Verfaßt nach einem Konzert, das – mit Schnorr als Walther – Ouvertüre und Schluß des 1. Aufz. der (noch unvollendeten) *Meistersinger*, neben anderen Stücken aus W.s Werken, brachte.

27 Nach einer mehrstündigen Audienz beim König geschrieben. – *»Ein Engel...«*: *Tannhäuser*, 2. Aufz., 4. Sz. (dort: »aus lichtem Äther«).

28 *Original-Partituren*: bezieht sich auf W.s Absicht, dem König diejenigen von *Rheingold* und *Walküre* zu überlassen. – »Dein Wille...«: vom König im Ton des *Lohengrin* gedichtet.

29 *Plan zu »Parzival«*: Am 21. August hatte der König gebeten, »einiges von Ihren Plänen über ›die Sieger‹ und ›Parcival‹« mitgeteilt zu bekommen: »Ich schmachte darnach!« W. schrieb den »Entwurf«, in welchem die spätere dramatische Ausarbeitung bereits bis ins Detail enthalten ist, vom 27. bis 30. August. – *Wesendonck in Zürich*: Die von W. dem König versprochene Originalpartitur des *Rheingolds* war im Besitz Otto Wesendoncks, dem W. sie als Dankesgabe überlassen und nun zurückerbeten hatte. Der Dankesbrief des Königs entsprach einer Bitte W.s.

30 *mit dem Kusse* Kundry's: In seinem Brief vom 5. September hatte der König gefragt: »Warum wird unser Held erst durch Cundry's Kuß bekehrt, warum wird ihm dadurch seine göttliche Sendung klar?«

31 *aus Ungarn*: Hans und Cosima v. Bülow waren zur Uraufführung von Franz Liszts *Heiliger Elisabeth* (15. August) nach Budapest gefahren.

32 *Aufzeichnungen der letzten Tage*: Tagebuchaufzeichnungen W.s vom 14. bis 27. September, die er in Cosimas Abschrift dem König zukommen ließ. Sie sind zum Teil in den 1878 veröffentlichten Aufsatz ›Was ist deutsch?‹ eingegangen.

33 *Ach könnt' ich doch...*: Zitat aus Goethes *Faust I*. – *Durchschreiten Wir...*: Verse des Königs, in Anlehnung an *Walküre*, 3. Aufz., Schluß.

34 *Parzival's erhabenem Liebesschutze*: Parzival ist einer der Namen W.s für den König, so auch Siegfried oder Walther (von Stolzing). Dieser nimmt sie auch selbst an, wie seine Briefe zeigen. Mit der »Gralsburg«, dem »Liebesschutze«, ist Hohenschwangau gemeint, wo W. soeben eintraf und als Gast des Königs mehrere Tage verbrachte, die beiden als höchste Erfüllung ihrer Freundschaft in Erinnerung blieben.

35 *meinem Wunsche*: W.s Entfernung aus München.

37 *Häuschen vor den Propyläen*: das Haus in der Briennerstraße, das W. seit Oktober 1864 bewohnt hatte. Die Pointe des »Traumes« ist die Identifizierung des »vierten Mai«, W.s erster Begegnung mit dem König (= Siegfried), mit dem Tag seiner (Neu-)Geburt. – *an Lutz*: der zweite Kabinettssekretär des Königs; er hatte in dessen Auftrag am 15. Dezember W. den kgl. Standpunkt zur notwendigen »Entfernung« W.s sowie seine Ansichten und Absichten, W.s Wünsche und Zukunft betreffend, dargelegt, dabei auch W.s Ausdruck »Wankelmuth« moniert, der sich in dessen Brief vom 9. Dezember an den König findet: »Nichts entmuthigt das Urtheil des Volkes mehr, als der Wankelmuth des Freundes gegen den Freund.« – *viel gelitten*: Zu W.s Briefen nach der Abreise aus München vgl. die Bemerkung des Königs in einem Brief an Cosima, Ende Januar: »In Vielem möchte ich Ihn mit Tasso vergleichen, der auch ein künstliches feindliches Truggewebe zu erblicken wähnt, das sich drohend über seinem Haupte zusammen gezogen hat; in Manchem auch, ich gebe es zu, mag der Theure recht haben, doch nicht in Allem, nicht in Allem!«

38 *Dann bist Du wieder...*: Das Folgende zitiert *Tristan*, 3. Aufz. (Kurwenal zu Tristan). – *das Bild Unsres Tristan*: Ludwig Schnorr v. Carolsfeld.

39 *Ihre Gattin*: Minna W. starb am 25. Januar 1866 in Dresden. – *Pf.*: der – seit 1849 – bayer. Ministerpräsident Ludwig v. d. Pfordten (1811–1880), der wesentlich an der Entfernung W.s beteiligt war und dem dieser – mit Grund – eine feindliche Gesinnung unterstellte. Er schied im Dezember 1866 aus dem Amt. – *den Anfang Ihrer Biographie*: eine von Cosima gefertigte Abschrift von W.s ›Mein Leben‹, allerdings nur bis April 1850 reichend. – *Die Ent-*

fernung jener Personen: v. d. Pfordtens und des ersten Kabinettssekretärs v. Pfistermeister.

40 Eine kürzere Fassung dieses Textes schrieb W. ins – ›Das braune Buch‹ genannte – Tagebuch. Die vorliegende Fassung sandte er ohne Anrede und Unterschrift an den König, der den Text in einem Brief vom 31. Januar an Cosima eine »traurig-fürchterliche Allegorie« nannte. Die »Verkleidung« wird auch durchsichtig dort, wo W. aus »Kaiser Karl« den »König« macht, und in der Kommentierung des gespaltenen Felsen und unzerbrochenen Schwertes: »Das sind seine letzten Kunstwerke!«

41 *Zum Kampfe*: nach *Lohengrin*, 1. Aufz., 2. Sz.

42 *in Luzern*: Anfang April 1866 hatte W. das Haus »Triebschen« am Vierwaldstättersee gemietet, in dem er bis zum Umzug nach Bayreuth April 1872 wohnte. – *das Geisterschiff*: Im Brief vom 8. April, den der König hier beantwortet, hatte W. von »meinen langen Fliegenden-Holländer-Fahrten« gesprochen. – *Unterbeamten*: Im selben Brief berichtete W. vom »sonderbar quälenden Verkehr mit Ihren unteren Beamten«. – *»Hl. Elisabeth«*: Liszts Oratorium. – *Freundin*, *Hans*: Cosima und Hans v. Bülow.

43 *Niemann*: Albert Niemann (1831–1917). W.s Abneigung geht auf N.s Verhalten während der Einstudierung des *Tannhäuser* in Paris 1860/61 zurück. Sein Urteil änderte sich aber später; 1876 sang N. im *Ring* den Siegmund, nach W.s Meinung vollendet. – *Die neuen Scenen des Tannhäuser*: die der Pariser Fassung von 1861.

44 *Geburtstag*: Zu dessen Feier kam es nicht im Schloß Berg, sondern im Haus Triebschen. Trotz drohender Kriegsgefahr (preuß.-österr. Krieg von 1866, in den Bayern verwickelt wurde) besuchte der König vom 22. bis 24. Mai Wagner. Das Bekanntwerden dieser verborgen unternommenen Reise führte zu öffentlichen Unwillensbekundungen. – *den Schwan verwunden*: Im Brief vom 8. April hatte W. von dem »Parzival« genannten König geschrieben: »Es ist wahr, er schiesst den fliegenden Schwan in das Herz, dass er blutend zu Seinen Füßen sinkt: aber ich weiß, dass nur Er Anfortas Leiden zu verstehen berufen ist«.

45 *den Rücken wandte*: W. meint seine Flucht 1849 in die Schweiz nach der Teilnahme am Dresdner Mai-Aufstand. – *»Zerging in Dunst...«*: *Meistersinger*, 3. Aufz. (Schluß). – *Allergetreueste*: Gemeint ist der Flügeladjutant des Königs, Fürst Paul v. Thurn und Taxis. W. bezieht sich auf einen Satz in einem Telegramm des Königs vom 17. Mai: »Ich sende einen Treuen, den Einzigen auf welchen ich mich in meiner jetzigen Umgebung fest verlassen kann«; zugleich aber wohl auch auf Kurwenal, den »treuesten Freund« Tristans.

46 *Schattenkönig ... will ich nicht sein*: Zu den Abdankungsabsichten des Königs vgl. den Brief, den er – in Erwartung seiner Weitergabe an W. – am 21. Juli an Cosima schrieb:
Theure Freundin!

Erschrecken Sie nicht, inständig bitte ich Sie darum, über den Inhalt meines Briefes. Ich schreibe ihn nicht in verzweiflungsvoller, trauernder Stimmung, wie Sie vielleicht glauben könnten, o nein, ich bin ernst und doch wieder heiter dabei. – In Ihrem letzten Briefe aus München erinnerten Sie mich daran, daß ich Ihnen einst in einer sehr ernsten Stunde mitgetheilt habe, ich hielte die Pflicht der Liebe, der heiligen, gottentstammten, für die höchste! Theure Freundin, dieß ist mein Glaube und nach diesem will ich leben, will ich sterben.

Nun drängt es mich, Ihnen zu sagen, daß es mir *ganz unmöglich* ist, länger von Ihm, der mein Alles ist, getrennt sein zu müssen. Ich halte dieß nicht aus. – Das Schicksal hat Uns für Einander bestimmt, nur für Ihn bin ich auf Erden; täglich sehe u. fühle ich dieß klarer. Bei mir kann Er nun nicht sein; o liebe Freundin, ich versichere Sie, man versteht mich nicht *hier* und wird mich nie verstehen; mir schwindet alle Hoffnung; darin werden die Zeiten sich nie mehr ändern, mit der Entfernung der Cabinetsmitglieder oder Minister wird hier nichts ausgerichtet; als König kann ich nicht mit Ihm vereinigt sein, die Sterne sind Uns nicht günstig. So kann es nicht fortgehen; nein! nein! denn ohne Ihn schwindet meine Lebenskraft dahin, allein, verlassen bin ich, wo Er nicht ist; Wir müssen für immer vereinigt sein; die Welt versteht Uns nicht; was geht sie Uns auch an; theuerste Freundin, ich bitte Sie, bereiten Sie den Geliebten auf meinen Entschluß vor, die Krone niederzulegen; Er möge barmherzig sein, nicht von mir verlangen, diese Höllenqualen länger zu ertragen; meine *wahre, göttliche* Bestimmung ist diese: bei Ihm zu bleiben als treuer, liebender Freund, nie Ihn zu verlassen; dieß sagen Sie Ihm, ich bitte Sie darum; stellen Sie Ihm vor, daß so auch Unsre Pläne durchzuführen sind, daß ich sterbe, wenn ich ohne Ihn leben muß; o die Liebe wirkt Wunder; dann kann ich mehr als jetzt als König, dann sind Wir mächtig, leben und wirken für kommende Geschlechter.

Mein Bruder ist volljährig, Ihm übertrage ich die Regierung; ich komme mit dem treuen Friedrich, bleibe dort, wohin es mich zieht, wohin ich gehöre; dort bei Ihm ist Seligkeit; dann wähnen Wir Uns schon hienieden im Himmel; Wir wollen nicht müßig sein, o nein; ich hoffe, Ihm nützen, in Vielen Ihm dienen zu können; o Wir dürfen nicht getrennt sein; ich beschwöre Sie, schreiben Sie mir *recht bald,* theilen Sie mir die Wonnekunde mit, daß der Einzige, der Angebetete einsieht, daß es höhere Kronen, erhabenere Reiche gibt als diese irdischen, unseligen! daß Er einverstanden ist mit meinem Plane, daß Er die Macht meiner Liebe zu Ihm versteht, daß Er weiß, daß mit Ihm ich einzig leben kann; o Freundin, dann werde ich erst leben; befreien Sie mich von dieser Scheinexistenz. O die zusagende, erlösende Kunde bald, recht bald! – Nennen Sie mein Vorhaben nicht überspannt, nicht abenteuerlich: bei Gott, es ist es nicht; auch werden dereinst die Menschen die Macht dieser Liebe und Vorherbestimmung begreifen lernen. – Stellen Sie Ihm, ich flehe darum, dieß Alles dar, bitten Sie Ihn für mich; o Er soll mich nicht sterben, nicht dahin siechen lassen; o Er wird es nicht; Er wird denjenigen, der nur für Ihn auf Erden ist, nicht zur Trennung von *Ihm,* von *Ihm!* verdammen, Er wird mir nicht vorzustellen suchen, daß das Königthum mein wahrer Beruf sei; o ich muß zu Ihm auf Nimmer-Scheiden, das ist mein Beruf; dann kann auch der Geist, das Herz sich entfalten, dann! – Jetzt aber ist mein Herz gebrochen; ich zwinge mich zum leben und ich weiß es, dieß ist keine momentane Stimmung, die wieder vergehen könnte, o nein! nein! – Vereint vermögen Wir viel; hier ist nichts zu erreichen, *hier* ist und wird nie der Boden für Unsre großen Pläne. –

O erwirken Sie mir d. Theuren Zustimmung! Segen und Heil auf Ihn, auf Sie, geliebte Freundin! Nicht die schwierigen politischen Verhältnisse treiben mich zu diesem Entschlusse, das wäre Feigheit, – aber der Gedanke, daß meine wahre Bestimmung nie auf diesem Wege zu erreichen ist, das läßt mich den besprochenen Schritt thun; hier u. unter diesen Verhältnissen kann ich Ihm, dem Theuren, nichts sein; das sehe ich klar ein; dort ist mein Platz, dorthin zu Ihm, an Seine Seite ruft mich das Schicksal! Treu und liebend in Ewigkeit

Ihr

München den 21. Juli 1866. Freund Ludwig.

P.S.

An Sie, theure Freundin, richte ich diesen Brief; ich schrieb Ihm von meinem Entschlusse nicht direkt, die Erregung hätte Ihm schädlich sein können; ich bitte Sie, theilen Sie Ihm den Hauptinhalt dieses Briefes mit Ihren Worten mit. – Allen die herzlichsten Grüße! –

L.

47 *neuesten Kunde*: der Brief vom 21. Juli an Cosima. – *Wilandsflügel*: Vgl. W.s Dramenentwurf *Wieland der Schmied* von 1850. – *in ... Bayreuth ... Lieblingsresidenz*: das (neue) markgräfliche Schloß. W.s Vorliebe für diese Stadt deutet bereits ein Brief an Hans v. Bülow vom 20. Februar 1866 an: »Ich wünschte, der König gäbe mir einen Pavillon des Bayreuther Schlosses zum Ruhesitz«. – *»neu zu stärken...«*: *Lohengrin*, 3. Aufz., 3. Sz. (Gralserzählung). – *Rumford*, *Thiersch*: Die hier als Opfer des bayer. reaktionären Klerikalismus exemplarisch genannten »Wohlthäter des Landes« waren in München tätig – Benjamin Thompson Graf v. Rumford (1753–1814) als Staatsmann und Sozialreformer (»Rumfordsuppe«), Friedrich Theodor Thiersch (1786–1860) als humanistischer Pädagoge. R. mußte 1798 München verlassen, Th. konnte die von ihm konzipierte humanistische Schulreform nicht durchsetzen.

48 *»Wie lieblich...«*: nach *Meistersinger*, 2. Aufz. – *denn mich blendet...*: nach *Tristan*, 2. Aufz., 2. Sz.

49 Die Mitteilung der Verlobung des Königs mit seiner Kusine Sophie Charlotte, einer Tochter des Herzogs Maximilian in Bayern. Ludwig machte die Verlobung im Oktober 1867 wieder rückgängig.

51 *dort gelebt*: 1839–42, 1849/50, 1859–61. *Penkmayer und Dölle*: vom Münchner Hoftheater, ersterer Maschinist.

52 *das glorreiche Werk*: der *Ring*. Nach einem durch verschiedene,

wechselseitig verstimmende Vorgänge bewirkten mehrmonatigen Stillstand der Korrespondenz hatte W. (am 12. März) einen Brief des Königs mit vorwurfsvoll-resignierenden Klagen beantwortet; darin: »Nach dem Siegfried – fragen Sie mich nicht mehr! – Die Trümmer werden einst der Welt bezeugen, wer *ich* war, und was *sie* ist!« – »*Mitleidend leidvoll...*«: Zitat aus dem im August 1865 für den König geschriebenen Entwurf zum *Parsifal*. – *Ich will reißen...*: eines der zahlreichen Zitate bzw. Halbzitate aus Schillers *Don Karlos* in den Briefen des Königs (2. Akt, 2. Auftr.). – *traute Ort*: Haus Triebschen.

53 *Ihr Brief*: vom 16. März. W. war am 17. März nach München gekommen, wohin ihm der Brief nachgeschickt wurde. Obwohl er bis Mitte April blieb, bekam er den König nicht zu sehen. – *So lange Bagart*: Die Geschichte findet sich in dem Volksbuch von den ›Heimonskindern‹, das W. aus Karl Simrocks Sammlung ›Die deutschen Volksbücher‹, 13 Bde., 1845–1867, gekannt haben mochte (allerdings heißt dort das Roß »Baiart«, Rinaldos Pferd Bajardo in Ariosts *Orlando furioso* entsprechend).

54 *Ritterburgen*: erste Erwähnung des Planes zum Bau von Neuschwanstein.

55 Der Brief wurde unmittelbar nach der Uraufführung der *Meistersinger* geschrieben. – *Du siehst nur...*: etwas ungenaues Zitat aus Schillers *Jungfrau von Orleans*, 5. Aufz., 4. Auftr. – *es heißt der Gral*: *Lohengrin*, 3. Aufz., 3. Sz. (Gralserzählung). – *Durch Dich ersann ich...*: *Meistersinger*, 3. Aufz. (Eva zu Sachs).

56 *Was nie geschah*: W. saß während der ganzen Vorstellung in der Königsloge und durfte von dort die Ovationen des Publikums entgegennehmen – für die Zeitgenossen ein unerhörter Gunsterweis.

57 *zum letzten Male*: Gemeint ist die Partiturreinschrift; sie trägt das Schlußdatum »Tribschen 23. Febr. 69«. – *Unterbrechung von zwölf Jahren*: Als Schlußdatum der Orchesterskizze des 2. Aufz. des *Siegfried* hat W. eingetragen: »9. Aug. 57«. Vgl. auch W.s Brief vom 1. März 1871 (Nr. 59). – *Sie wissen diess*: W. hatte am 12. Juli 1865 in einem Privatkonzert für den König mit Stücken aus seinen Werken auch den Schluß des *Rheingold* dirigiert (vgl. den Brief des Königs vom 12. Juli 1865 [Nr. 26]). – *Hohenschwangau-Woche*: Vgl. die Anm. zu W.s Brief vom 11. November 1865 (Nr. 34). – *das altgetreue Siebengestirn*: W. fügte dieses Sternbild in sein (selbst erdachtes) Familienwappen ein. – *Schwert des Orion*: In den an Cosima gerichteten Tagebucheintragungen des ›Braunen Buches‹ lautet eine vom 22. Januar 1866 aus Lyon: »Gute Zeichen, Cosima! – in furchtbarer Stimmung trat ich zum offenen Fenster auf den Balkon heraus. Nacht. – Schlanker zunehmenden Mond! – links das Schwert des Orion mit der Spitze nach Nordosten gekehrt. Schneide, schneide, mein Schwert, dass ein Königsherz fühlt, was wahre Leiden sind!« (»Nordosten«: von Lyon wie auch von Triebschen aus nach München weisend). – *im Nordost: Jupiter*: Vgl. in W.s Brief vom 21. März 1868 (Nr. 53) den an den König gerichteten Gruß: »mein trauter Jupiterstern!«

58 *Sie sehen*: Antwort auf einen Brief des Königs, einer Art Abbitte (»verzeihen Sie Ihrem seine Schuld einsehenden Freunde«) dafür, daß er die Münchner Uraufführung von *Rheingold* (am 22. September 1869) durchgesetzt hatte – gegen den rigorosen Widerstand W.s, der, empört und verbittert über die Unzulänglichkeiten der Einstudierung und Inszenierung, darin ein Sakrileg, gegen das »ungeheure Werk« begangen, sah. Dessenungeachtet veranlaßte der König im folgenden Jahr auch die Uraufführung der *Walküre* gegen den Willen W.s.

59 *von dem Werke*: dem *Ring des Nibelungen*. – *die Erfahrungen*: W. meint die vom König betriebenen Aufführungen von *Rheingold* und *Walküre* (siehe die folgenden Seiten). – *Darlegung des Planes*: ›Über die Aufführung des Bühnenfestspiels »Der Ring des Nibelungen«. Eine Mitteilung und Aufforderung an die Freunde seiner Kunst von Richard Wagner‹, Leipzig 1871. – *Der Ort*: Bayreuth. Das alte Markgrafentheater, das W. dort für seine Aufführungspläne benutzen zu können glaubte, erwies sich bei der ersten Besichtigung als ungeeignet.

60 *»Hier habe Ruhe...«*: frei nach *Fliegender Holländer*, 2. Aufz., 3. Sz. – *»O ich bin...«*: sehr freies Zitat aus der *Jungfrau von Orleans*, 5. Aufz., 4. Auftr. – *»Dieß kannst Du...«*: nach *Walküre*, 2. Aufz., 1. Sz. (Fricka zu Wotan) umformuliert. – *nicht Haus...*: Ludwigs Lieblingszitat, vgl. Anm. zum Brief vom 28. Mai 1864 (Nr. 3).

61 *»Vollendet das ewige Werk!«*: Zitat aus *Rheingold* (2. Bild); zugleich Anfangszeile eines Widmungsgedichts, das W. einer Abschrift der Orchesterskizze zum 3. Aufz. der *Götterdämmerung* beifügte, die er dem König als Geburtstagsgabe übersandt hatte. – *dieß wundervolle Werk...*: modifiziertes Zitat aus *Tristan*, 2. Akt, 3. Sz. (König Marke: »Dies wundervolle Weib...«). – *Wie sie fassen...*: *Tristan*, 2. Aufz., 2. Sz. – *die letzte Vorstellung*: eine von Bülow geleitete Aufführung am 18. August 1872.

62 *Niemann*: Vgl. W.s Brief vom 1. Mai 1866 (Nr. 43). – *der Bürgermeister*: Theodor Muncker. – *Feustel*: Friedrich Feustel, Bankier und Vorsitzender der Stadtverordneten in Bayreuth; als Berater und Verwalter der Finanzen beim Bau des Festspielhauses und der Vorbereitung der Festspiele eine unentbehrliche Hilfe in W.s Bayreuther Unternehmungen. – *diejenige*: Cosima. – *an jenem Tage*: dem Geburtstag des Königs, der die Anfrage W.s, ob er ihn an diesem Tag besuchen könne, mit der Antwort beschied, er verbringe ihn bei der Königinmutter in Hohenschwangau. – *»Trauernder Liebe...«*: Schlußverse einer Passage, durch die W. in der erwähnten Werkausgabe jene dem König so teuere (»Selig in Lust und Leid...«) ersetzte. Sie wurde nicht komponiert.

63 *eine ausgezeichnete Freundin*: Marie v. Schleinitz, Frau des preuß. Hausministers, seit langem mit Cosima und W. befreundet. Sie benutzte ihre hohe gesellschaftliche Stellung, um W.s Bayreuther Unternehmen in bedeutendem Maße zu unterstützen, besonders auch im sog. Patronatverein, durch dessen Mitglieder (Patrone) der Theaterbau und die Festspiele 1876 finanziert werden sollten.

64 *von dem Besuche ... zurückkehrte*: vom Besuch der Generalproben zum *Ring* (6. bis 9. August). – *Ha, jetzt erkenne...*: *Tannhäuser*, am Ende des 1. Aufz.

65 *als Ihre Gäste beherbergten*: Auf Bitten W.s hatte der König eingewilligt, daß die »erlauchten Herrschaften« unter den Besuchern der Festspiele im Bayreuther Schloß wohnten.

66 *Doppelfest*: Geburts- und Namenstag. – *Hoffmann's herrlichen Entwürfen*: Der Wiener Maler Joseph Hoffmann (1831–1904) hatte für W. Dekorationsentwürfe für den *Ring*-Zyklus angefertigt, die W. dem König, der darum bat, zusandte. – *San Marte*: Pseudonym für Albert Schulz (1802–1893), der zahlreiche Werke über Wolfram von Eschenbach, u.a. auch eine Übersetzung des *Parzival*, veröffentlichte: ›Leben und Dichten Wolframs von Eschenbach‹, 2 Bde., 1836/41 (mehrere Auflagen); auch ›Parzivalstudien‹, 3 Hefte, 1860/62. – *die Aufführungen ... nächstes Jahr*: Sie fanden nicht statt. – *Glasenapp*: Karl Friedrich Glasenapp (1847–1915), Germanist in Riga, schrieb die erste große Biographie W.s: ›Richard Wagners Leben und Wirken‹, 2 Bde., Leipzig 1876/77 (in folgenden Auflagen auf sechs Bände angewachsen). – *Wolzogen*: Hans v. Wolzogen (1848–1938) – vgl. über ihn W.s Brief vom 10. Februar 1878 (Nr. 67) – veröffentlichte seit 1876 eine große Anzahl von Büchern und Aufsätzen über W.; die weiteste Verbreitung in vielen Auflagen fand: ›Thematischer Leitfaden durch die Musik zu Richard Wagners Festspiel »Der Ring des Nibelungen«, versuchsweise bestimmt‹, Leipzig 1876. – *Hundingshause*: nach *Walküre*, 1. Aufz.

67 *»Durch Mitleid...«*: W. hat zwei getrennt stehende Zeilen aus *Parsifal* (1. Aufz.) zusammengezogen. – *herrliche Botschaft*: ein Brief des Königs an Cosima vom 27. Januar 1878. – *Heilsbotin*: Cosima. – *Monatsschrift*: die ab Januar 1878 erschienenen *Bayreuther Blätter.* – *Schuré*: Edouard Schuré (1841–1929), französ.(-elsäss.) Schriftsteller. Als Student in München mit W. bekannt geworden, gehörte er zu dessen Freundeskreis und wurde zu seinem publizistischen Vorkämpfer in Frankreich. 1875 veröffentlichte er ›Le drame musical. Richard Wagner, son œuvre et son idée‹. – *Weihnachts-Morgen*: 1870. – *Kapellmeister Levi*: Hermann Levi (1839–1900), seit 1872 Hofkapellmeister in München, Dirigent der Uraufführung des *Parsifal*. – *einen jungen Musiker*: der zur sog. »Nibelungenkanzlei« gehörende Anton Seidl (1850–1898); ab 1886 einer der ständigen Dirigenten der Festspiele. – *»Der Glaube...«*: *Parsifal*, 1. Aufz.

68 *Attentate in Berlin*: zwei A. auf Kaiser Wilhelm I. am 12. Mai und 2. Juni 1878. – *ein letztes Band*: die *Bayreuther Blätter*. – *Freund Porges*: Heinrich Porges (1837–1900), Musiker und Musikschriftsteller, gehörte seit 1861 (Wien) zum Freundeskreis W.s, der ihn auch nach München holte. – *von Hülsen*: Botho v. Hülsen (1815–1886), seit 1851 Generalintendant der kgl. preuß. Theater in Berlin. – *von Perfall*: Karl Theodor Emanuel v. Perfall (1824–1907), seit 1864 Hofmusikintendant, 1872 Generalintendant des Hoftheaters in München.

69 *wie Tell*: Tatsächlich zitiert der König aber aus Schillers *Braut von Messina*, V. 2585 ff.

70 *»ein Sohn ist da!«*: Zitat aus dem Widmungsgedicht, das W. für Cosima dem *Siegfried-Idyll* voranstellte. – *mein Kapellmeister*: Hans Richter (1843–1916); diente W. in Triebschen als musikalischer »Sekretär«, 1868 Chordirektor an der Münchner Oper, 1871 Kapellmeister in Budapest, 1875 in Wien; dirigierte 1876 den *Ring*. – *Rheinberger*: Joseph Rheinberger (1839–1901), Komponist, seit 1877 Hofkapellmeister für Kirchenmusik in München. – *bis auf die Einzige*: die Münchner Uraufführung der *Meistersinger* 1868. – *»Es giebt ein Glück ...«*: *Lohengrin*, 2. Aufz., 2. Sz. – *»Ein glücklicher Abend!«*: kleine musikalische Erzählung W.s aus der Pariser Zeit (1841).

71 *Aufführung des ... »Lohengrin«*: Auf der Rückreise aus Italien, wo er sich von Januar bis Oktober mit seiner Familie aufhielt, besuchte W. in München einige Aufführungen seiner Werke, u.a. auf Einladung des Königs eine Separatvorstellung des *Lohengrin* am 10. November. – persönliche *Leitung*: am 12. November dirigierte W. eine private Aufführung des *Parsifal*-Vorspiels für den König, das dieser zum erstenmal hörte. – *»Wie wär' ich kalt ...«*: *Lohengrin*, 3. Aufz., 2. Sz.

72 *Kimerien*: in Homers *Odyssee* (XI, 14 ff.) das Land der Kimmerer, »ganz von Nebel umwölkt und Finsternis«, wo sich der Eingang zur Unterwelt befindet. – *»Heinrich Vogl«*: 1845–1900, seit 1865 an der Münchner Oper. – *über der Arbeit*: an der Partitur von *Parsifal*, 1. Aufz.

73 *»Wo fänd' ich ...«*: *Lohengrin*, 1. Aufz., 3. Sz. (dort: »O fänd' ich«).

74 *Didaskalie*: griech. Unterweisung, nämlich des Chores im Drama durch den Chormeister (*didaskalos*); dann Bezeichnung für die Urkunden, die man über die dramatischen Wettkämpfe (Ort, Zeit, Dichter, Stücke, Erfolge) schrieb. Erstmals von Aristoteles, dann von den alexandrinischen Gelehrten gesammelt und geordnet in Schriften, die gleichfalls den Namen D. erhielten. – *Gobineau*: Arthur Comte de Gobineau (1816–1882), französ. Schriftsteller und Diplomat. W. lernte ihn im Oktober 1880 in Venedig kennen, im Mai 1881 kam G. für einige Wochen nach Bayreuth. W.s Hochschätzung drückt sich auch in einem Aufsatz ›Graf Gobineau, ein Erinnerungsblatt aus Wahnfried‹ aus (in den *Bayreuther Blättern*, Dezember 1882), »zu dessen Abfassung ich meine Frau bestimmte« – so im Brief an den König. – *»Noch losch ...«*: *Tristan*, 3. Aufz.

Zur Textgestalt

Der Text dieser Ausgabe folgt der Edition:
›König Ludwig II. und Richard Wagner, Briefwechsel. Mit vielen anderen Urkunden in vier Bänden herausgegeben vom Wittelsbacher Ausgleichs-Fonds und von Winifred Wagner. Bearbeitet von Otto Strobel‹, Karlsruhe 1936 (Erster bis Dritter Band: Die Briefe; Vierter Band: Ergänzende Urkunden. Ein fünfter [Nachtrags-]Band: Neue Urkunden zur Lebensgeschichte Richard Wagners 1864–1882, erschien Karlsruhe 1939).

Abweichungen von dem dort gebotenen Text erfolgten ausschließlich in Fällen, in denen Otto Strobel es für erforderlich gehalten hat, den Wortlaut der Briefe zu korrigieren – wobei er nicht nur Verstöße gegen grammatische und orthographische Regeln »ahndete«, sondern auch in den Wortbestand dort eingriff, wo ihm eine Wortwahl verfehlt erschien. Außerdem fielen der von ihm gesetzten Sprachnormierung gewisse herkunftsbedingte Idiotismen (Spuren von Wagners sächsischem Dialekt) zum Opfer. Strobel markierte seine Eingriffe und zitierte in den Fußnoten die originale Fassung, die in der vorliegenden Ausgabe wiederhergestellt wurde. – Ein paar offensichtliche Druckfehler wurden stillschweigend verbessert. Textkürzungen wurden durchweg markiert: [...]. Die reichen Anmerkungen Strobels habe ich dankbar zu Rate gezogen und benutzt.

Nachwort

Als Richard Wagner im März 1864, dem dringenden Rat seiner Freunde folgend, aus Wien abreiste, weil da kein Mittel mehr abzusehen war, der drohenden Schuldhaft zu entrinnen, war er weder zum erstenmal in Geldnöten noch zum erstenmal der Flüchtige, Unbehauste, auf der Suche nach einem Asyl. Aber er war nun über die Frühe, ja längst auch schon über die Mitte seines Lebens hinaus, ein Fünfzigjähriger; und nie zuvor war seine Schuldenlast in so drückende Höhe gestiegen. Kein Wunder, daß er für seine Lage diese knappe, schärfste Beschreibung findet: »Ich bin in keiner Katastrophe, sondern in der Entwickelung meines Endes begriffen.« (An Editha von Rhaden, 14. März.) Bei Schweizer Freunden aus den Zürcher Jahren, im Haus Dr. Willes in Mariafeld, findet er für einige Wochen Aufnahme. Er ist in elender Verfassung, kränkelnd, düster gestimmt; und da er ein großer Träumer ist, dem sich die Wirrungen wie die Wünsche des Tages umgehend in nächtigen Figurationen reproduzieren, stellt sich das passende Traumbild ein: »Ein wirkliches Asyl habe ich nirgends: mir träumte letzte Nacht, ich sei der König Lear« – der Lear auf der Heide, verlassen in Nacht, Gewitter und Sturm.

Dabei ist er entschlossen, dem bürgerlichen Tod, der ihm vor Augen steht, sei es auch um den Preis seiner physischen – und künstlerischen – Existenz, zu begegnen. »Ich werde Alles bezahlen«, schreibt er (am 12. April) an den Freund Dr. Standhartner nach Wien, »auch die Zinsen, bis auf den letzten Kreutzer, und das bis heute über ein Jahr! Aber – mit dem letzten Kreutzer werde ich wohl auch meinen letzten Seufzer ausgeathmet haben. So sehe ich's, – und so wird's sein! Wenn ich es erlebe! [...] Jetzt heißt's, meine Ehre schonen, und dem deutschen Publikum wenigstens nicht die Freude zu machen, mich auch da heruntergebracht zu haben.« Freilich steht dieser Entschlossenheit kaum ein Rat über Mittel und Wege zur Seite. Das Publikum, die Vielen, kann er sich nur noch als schadenfroh-mißgünstige Zuschauer seiner Tragödie vorstellen, obwohl von dort, auf dem Weg über

Theater und Konzertsaal, für den erfolgreichen Kapellmeister und Opernkomponisten am ehesten Hilfe zu erwarten wäre. Doch worauf sich sein Sinn richtet, sind nicht die Vielen, sondern der Eine: »Ein Licht muß sich zeigen: Ein Mensch muß mir erstehen, der jetzt energisch hilft, – dann habe ich noch die Kraft, die Hilfe zu vergelten [...] Ein gutes, wahrhaft hilfreiches Wunder muß mir jetzt begegnen; sonst ist's aus!« (An Peter Cornelius, 8. April.) Ein Notruf, und gewiß nicht zufällig erinnert die Diktion an die mythische Rede, die Wotan führt bei der Beschwörung des »Einen«, der »Not tut«, das Geschick der Götter zu wenden (*Walküre,* 2. Aufzug) – und hinter dem »Wunder« taucht Lohengrin auf, vom Gral nach Brabant delegiert. In den Erwägungen und Rechnungen des Tages imaginiert Wagner diesen Einen noch prosaisch als Kapitalisten: »Mir könnte doch nur Einer helfen – nicht Viele, – nämlich: der Rechte; er existirt gewiß, – aber wie ihn finden? Mir geht der reiche Instrumentenmacher Streicher, der immer eine halbe Million baar bei sich liegen haben soll, nicht aus dem Sinn.« (An Standhartner, 12. April.) Im Traum aber nimmt der Eine, Rechte, eine andere Gestalt an, eine königliche: »Die Nacht träumte ich (im Fieber), Friedrich der Große hätte mich zu Voltaire an seinen Hof berufen. (Ich hatte in seinem Tagebuch gelesen.) So geht es mir mit meinem heimlichen Ehrgeize!« (An Mathilde Maier, 5. April.)

Ende April verläßt er Mariafeld und fährt nach Stuttgart, um dort mit befreundeten Musikern seine nächste Zukunft zu erwägen. Er sucht einen Ort, wohin er sich zurückziehen, verschwinden kann. Ein paar Tage später trifft der Kabinettssekretär des Königs von Bayern, Herr von Pfistermeister, in der Stadt ein, seit Mitte April im Auftrag Ludwigs II. auf der Suche nach Wagner, erst in Wien, dann in Mariafeld, nun endlich erfolgreich. Am 3. Mai spricht er bei Wagner vor: einem, der sie sich erträumte, wird die königliche Botschaft wirklich überbracht.

Unsere Phantasie verlangt nach Geschichten, ja sie ist zum Gutteil geradezu dieses Verlangen und seine Befriedigung; darum gehört es auch zu ihren Beschäftigungen, in der Betrachtung eines Menschenlebens zwischen dem, was einer ist, und dem, was ihm, zum Heil oder Unheil, widerfährt, Verbindungslinien zu ziehen. Wir nennen dann das eine

Charakter, das andere Schicksal, und haben mit dieser scheinbar trennenden Unterscheidung doch auch schon den Boden bereitet, beide in *einer* Ordnung unterzubringen und aufzuheben. In ihr steht nichts mehr als bloßer Sachverhalt für sich allein, alles wird bedeutend und erlaubt, ein individuelles Leben in seinem Sinn, in der Notwendigkeit seines Verlaufs, zu lesen. Dergleichen Verwandlungen des Faktischen in Chiffre oder Symbol gehören in die »Mythologie des Alltags«, in der wir uns wie selbstverständlich bewegen. So versichern wir uns, auf Vergangenes zurückblickend, dies oder jenes habe nur uns passieren können: wechselweise ordnen wir unseren Charakter und unser Schicksal einander zu. Nicht anders steht es mit den Erwartungen, die wir der Zukunft vortragen, ihr nahelegend, sie solle das uns »Zukömmliche« schicken und sich dem, was wir zu sein beanspruchen, wesensgemäß verhalten; darin sind wir alle Aschenputtel, daß wir glauben, der Gunst einer freundlichen Fee würdig zu sein, die uns den Prinzen zuführt. So macht es auch Wagner, wenn er nach dem »Wunder« ruft und zugleich dieses Wunder, das seinem Begriff nach doch jenseits aller Notwendigkeit ist und sich nicht zwingen läßt, wie ein Magier mit seinem »muß« beschwört.

Der Boden, der dieses »muß« trägt, sozusagen der Rechtsgrund, von dem aus Wagner an eine Schicksalsordnung appelliert, sich nach der Notwendigkeit seines Lebens einzurichten, ist sein eigenes Selbst. Aber zu diesem Selbst gehören auch seine Werke: nicht nur die schon geschaffenen, sondern auch, und eigentlich in noch höherem Maße, die noch unfertigen, vor allem das eine Riesenprojekt, der *Ring des Nibelungen*, dessen Komposition Wagner 1857 im 2. Aufzug des *Siegfried* abbrach. Jetzt sind ihm die einen wie die anderen lauter Rufe in die Welt hinüber, die, wenn nicht die Vielen, so doch den Einen herbeiziehen sollen, der sich zur Hilfe berufen fühlt und zu helfen vermögend ist. Daß es gerade das Werkprojekt ist, der *Ring*, von dem der stärkste, wirkungsvolle Appell ausgeht, kennzeichnet das Jahrhundert Wagners – das »bürgerliche« der großen Unternehmer und Unternehmungen mit seiner Vielzahl von entwerfenden Köpfen auf der Suche nach Kapitaleignern, die bereit sind, die Verwirklichung des Entwurfs mitzubetreiben. Der *Ring*, seine kompositorische Vollendung und Aufführung, war es jedenfalls, was Ludwig II. aufs nachhaltigste erregte, seine Hilfe provozierte und seine fortdauernd beschworene und gehaltene »Treue« befestigte. Er übernahm damit einen Part (ja er ging in seiner Darstellung sogar weit über dessen vorgesehenen Umfang hinaus), den Wagner zwei Jahre zuvor buchstäblich öffentlich ausgeschrieben hatte: im Vorwort zur Herausgabe der *Ring*-Dichtung, 1862, wo er nach dem deutschen Fürsten rief, der sich »die Beschaffung der materiellen Mittel« zur Aufgabe machte, die das Großunternehmen des »Bühnenfestspiels« erforderte. »Wird dieser Fürst sich finden?« hatte das Vorwort gefragt und die Provokation der Frage noch dadurch verschärft, daß ein Postskriptum die Resignation des Fragenden bekannte: »Ich hoffe nicht mehr, die Aufführung meines Bühnenfestspiels zu erleben: darf ich ja kaum hoffen, noch Muße und Lust zur Vollendung der musikalischen Komposition zu finden.«

In Wagners Traum von seiner Berufung an den preußischen Hof figuriert als dritte Person Voltaire (mit dem Friedrich der Große, der »Philosoph auf dem Thron«, seit seiner Kronprinzenzeit korrespondiert hatte und der drei Jahre am Hof in Berlin lebte, bis es 1753 zum Zerwürfnis und zu Voltaires skandalumwitterter Abreise kam). Die Frage nach der Bedeutung dieses Dritten liegt nahe. Überträgt man die Traumkonstellation auf die Münchner Traumverwirklichung, dann findet sich für einen solchen Dritten schlechterdings kein Platz. Wessen Wagner bedurfte, waren Gehilfen, Mitarbeiter, Ausführende, die Anweisungen befolgten, wie er sie ja auch umgehend nach München rief, damit sie dort seine Sache (mit)betrieben: Hans von Bülow, Peter Cornelius, Porges und andere mehr. Aber neben ihm einer, der unabhängig von seinem, Wagners, Werk und Wollen, kraft eigenen Werkes und Geistes selbständig hätte da sein wollen und sollen – er wäre sofort in die Rolle des lästigen Störers geraten. Wagners Verhältnis zur Welt, in der er lebte, war das von Kreismittelpunkt und Zirkel; in einer Ellipse, als ein Brennpunkt neben einem zweiten, hätte er es nicht ausgehalten.

Dennoch steckt in dem Traumeinfall, mit dem Wagner sich zum Tischgenossen Voltaires am Königshof machte, etwas recht Sinnträchtiges: Da gesellt sich ein Nachfolger zu seinem Vorgänger. Es gehört zu den Konventionen unserer Geschichtsbetrachtung, Voltaire, diesen »höchsten unter den

Franzosen denkbaren, der Nation gemäßesten Schriftsteller« (Goethe), als den intellektuellen Repräsentanten nicht nur seiner Nation, sondern auch seines Jahrhunderts vorzustellen. Das ist meist nicht nur als Anerkennung zusammenfassender Größe gemeint, sondern auch als deren Einschränkung; denn indem wir ihn zum nationalen und epochalen Genius erklären, markieren wir damit auch die nationale und epochale Relativität dieses Genies. Und darin ist Wagner Voltaires Pendant: als Künstler, in dem das 19. Jahrhundert seinen »vollkommenen Ausdruck« (Thomas Mann) gefunden hat und dessen nationale Repräsentanz schon von den Zeitgenossen im In- und Ausland – sei es rühmend oder ablehnend gemeint – apostrophiert wurde. Daß sie auch zum Glaubensbekenntnis und Programm einer Gefolgschaft wurde, deren Kunstbegeisterung in die Prügelwut einer rassistischen und nationalistischen Ideologie einmündete, ist bis heute Element von Wagners Wirkungsgeschichte geblieben (und vielleicht steht die Reaktualisierung eines solchen »Wagnerianismus« schon vor der Türe).

Wagner selbst hat seine Kunst und das Wesen der Nation mit höchster Entschiedenheit und Insistenz in eins gesetzt; auch seine Briefe an Ludwig II. sind voll davon. Daß er seine Werke als eine Sache Deutschlands und der Deutschen verstanden wissen will, ist ja der Legitimationsgrund für das Pathos seiner Rede und für die Selbstsicherheit, mit der er in dieser Rede die Zuwendung und Zusagen des Königs und diesen selbst in Anspruch nimmt. Er bindet sein kulturrevolutionäres Programm, nun ins Konservative gewendet, dem König von Bayern auf die Seele, damit dieser es als seine deutsche Aufgabe übernehme und sozusagen zu seinem Regierungsprogramm mache: sein eigenes Volk einer »Kunsterziehung« zu unterwerfen, um den Weg zu bereiten zur Bildung einer gesamtdeutschen Kulturnation. Denn das ist die Essenz, der »ideale« Kern aller Münchner Unternehmungen, Umtriebe und Absichten Wagners, mit denen er sich in einem diffusen Zwischenraum zwischen Musik und Politik herumbewegt (und zugleich auch auf eine so handfeste Weise zu agieren versucht): mittels fürstlicher Macht eine Kulturreform oder -revolution in Gang zu setzen, in welcher eine »machtgeschützte Innerlichkeit«, wäre sie nur erst durch die Kunst überhaupt und die Wagnerschen Kunstwerke insbesondere recht bis in ihre Tiefe innerlich geworden, glorreich in eine von solchem Innern gerechtfertigte und konsolidierte nationale Macht umschlagen könne, solle und werde.

Es liegt auf der Hand, daß das Scheitern eines solchen Vorhabens vorprogrammiert war. Von vornherein war nicht nur der Umstand fatal, daß Ludwig II. – zum Unwillen Wagners, der dies eine ziemliche Weile nicht wahrhaben wollte – durchaus kein unumschränkter Herrscher war; innere Schranken, persönliche Eigenheiten des Königs, kamen hinzu. Vor allem war da seine habituelle Menschenscheu und Öffentlichkeitsphobie, die ihn von Anfang an und dann in zunehmendem Umfang danach trachten ließen, sich seinen höfischen und politischen Obliegenheiten zu entziehen. So reichten sein Herrschaftsbewußtsein und -wille kaum darüber hinaus, für sein Land und Volk das Beste zu wollen, im übrigen aber so wenig wie möglich mit ihm zu tun haben zu müssen; und für seine ästhetischen Interessen, die er zweifellos tief und leidenschaftlich ernst nahm, spielte eine große Rolle, daß ihm die Kunst die für ihn so lustvolle Erfahrung vermittelte, »der Welt abhanden gekommen« zu sein. Wenn er in seinen Briefen begeistert auf Wagners Ideen und Pläne antwortet, dann bekundet sich darin nicht Eifer, der ihn zur Mitarbeit bei der Verwirklichung dieser Pläne antreibt, sondern die Lust, sich im Ideengefilde überhaupt zu ergehen. Hier befand er sich im Reich des »Idealen«, das er gerade deshalb als ein so »hohes und hehres« schätzte, weil es der Berührung und Vermischung mit der »Welt« und dem »Tag« nicht bedurfte, um zu sein, was es ist: ein sich selber im Abgehobenen Genügendes. Und wenn dann wieder einmal eines der großen und kleineren Vorhaben Wagners im Sand verlief, den die ministerialen Geschäftsträger ins Getriebe geschüttet hatten, dann war die auf dem Fuße folgende königliche Versicherung der unberührt fortdauernden Zusammengehörigkeit und Übereinstimmung in eben der Gewißheit begründet, daß beide unvertreibbare Bürger jenes Reiches des Idealen seien und blieben: Wagner als der Schöpfer der unsterblichen Kunstwerke und Ludwig als der Erste derer, die fördernd, bewahrend und verehrend dieser Werke würdig waren.

Daß diese Übereinstimmung von prekärster Art war, auf Suggestion und Autosuggestion, Täuschung und Selbsttäuschung beruhte, tritt in beider Briefen deutlich genug hervor; denn auch Wagner hatte es nötig, an sie zu glauben: »Bin ich es nun«, fragt er im Brief vom 16. Oktober 1865, »der aus mir spricht, wenn ich Ihnen rathe? ist es nicht nur, was Sie sind, was Sie wollen, sage ich Ihnen, was ich aus Ihnen errathe? Ich bin nur Ihr Bewußtsein von Sich selbst.« So wie es dasteht und gemeint ist, ist das eine fast groteske Umkehrung des Verhältnisses: Der Sprecher erklärt sich zum Sprachrohr dessen, der doch immer nur Hörender ist, und drückt als Behauptung aus, was als Appell wirken soll. Stellt man den letzten Satz um, tritt die Realität zutage: »Ihr Bewußtsein von sich selbst bin nur ich«; denn tatsächlich stammt das »Bewußtsein« des Königs von sich selbst zum Gutteil – aus Wagners Werken.

Als Max II. von Bayern im März 1864 starb, trat der achtzehnjährige Ludwig viel zu früh und unvorbereitet sein Amt an – wenn man dieses Amt als ein politisches, als Herrscheramt über ein bedeutendes Land, versteht. Daß er die Suche nach Wagner als eine seiner ersten Amtshandlungen einleitete, bekundet die Gesinnung, in welcher er dann seine Regentschaft ausübte. Seine juvenile Lektüre von Wagners Dichtungen (dann auch der kunsttheoretischen Schriften) hatte seinen romantischen Sinn gefangen genommen, der sich an den Bildern germanischen Heldentums und mittelalterlicher Ritterschaft begeisterte; und der erste Besuch einer Aufführung des *Lohengrin* 1861 wurde ihm zu einem Erlebnis, das er später immer wieder als eine heilige Initiationserfahrung sich und Wagner in Erinnerung rief. Romantisch war diese Kunstbegeisterung nicht nur des stofflichen Interesses an den germanischen und mittelalterlichen Mythen, Sagen und Fabeln wegen, auch die Wagnersche Erlösungsthematik berührte ihn unmittelbar; denn sie konnte er einbinden in den ästhetischen Dualismus, der ihm die Kunst zum jenseitigen Anderen von Welt machte. Den Schein und das Scheinen jener wollte er als seine Wirklichkeit haben, die verachtete Wirklichkeit dieser als unwesentlichen Schein empfinden. So spann er sich früh in eine Kunst-Welt ein, umgab sich mit lauter Kunstbildern, füllte sich mit ihnen auf und aus und bereitete sich selber seinen Platz unter ihnen. Wie die Sprache seiner Briefe an Wagner oft genug eine emphatische Zitatenkette ist – in welchem Umfang er Wagners Dichtungen auswendig wußte, wie gegenwärtig ihm auch Diktion und Wortlaut von Schillers Dramen waren, bekundet sich auf Schritt und Tritt –, so zeigt er sich auch selbst gern als persongewordenes Zitat, nennt sich und läßt sich nennen Siegfried oder Parzival, auch Walther (von Stolzing) oder Heinrich (Tannhäuser). Das pubertäre Spiel: »Ich bin nicht, der ich bin«, in welchem sich weniger hochgeborene Adoleszenten in Träumen, heimliche Prinzen zu sein, ergehen, wird von ihm – entsprechend gesteigert – auf dem Königsthron gespielt. Es war kein »Philosoph auf dem Thron«, der Wagner zu sich berief, sondern ein »poetisches Gemüt«, wie Wagner ihn nannte, anderen gegenüber. Im Brief an den König sagte er es vollmundiger: »Größer als der Dichter: das erfüllte Ideal des Dichters!« und: »ein König, der eben so gut zum Dichter gemacht ist!« (21./22. Juli 1865.)

Die Lektüre des Briefwechsels ist dazu angetan, den heutigen Leser in einen Zustand der Verwunderung, wenn nicht Verstörung zu bringen. Die bis ins Hemmungslose gesteigerte Outriertheit, mit der die beiden Korrespondenten sich adressieren, provoziert ein Gefühl des Ungehörigen, und leicht mag unser Bemühen um Verständnis angesichts solcher Befremdlichkeiten mit dem Urteil sich zu helfen versucht sein, etwas Pathologischem zu begegnen. Will man sich den König begreifbar machen, könnte man ihn, in ein heute gängiges Idiom übersetzt, einen »Wagner-Fan« heißen – allerdings einen Fan von jener äußersten Spielart, die den Einen, Verehrten, rückhaltlos und ausschließlich zum Leitstern, ja zur Sache der eigenen Existenz zu machen bereit ist. So ist Ludwigs Dienst- und Folgewille beschaffen: mit seinem durch und durch ernstgemeinten Einfall, auf den Thron zu verzichten, um bei und mit Wagner forthin zu leben, und mit seinen wiederholten Versicherungen, daß er das eigene in den Dienst von dessen Leben stellen wolle und dessen Tod auch der seine sein werde. Solchen Empfindungen korrespondieren seine verbalen Ausschweifungen, in denen er, um seiner Verehrung des Künstlers, dessen Kunst ihm das Höchste bedeutet, auch den höchsten Ausdruck zu geben, eben auch nach den höchsten Ausdrucksformen greift, die ihm verfügbar sind: nach denen religiöser Adoration, die ihn Wagner vergöttlichen, ihn Heiland und Erlöser nennen lassen.

Dieser »Fan« war aber zugleich ein König, der durch das, was er für Wagner tat, von diesem gleichfalls mit einem gewissen Recht »Erlöser« genannt werden konnte; denn er nahm ihm ein für alle Male die materielle Lebenssorge ab und gab ihm die Freiheit, nur mehr für die Verwirklichung seiner selbstgesetzten Ziele da zu sein. Überdies war Wagner seinerseits von dem schönen, liebenswürdigen und klugen jungen Herrscher – der ihm, indem er ihn »rettete« aus »dieser schwärzesten Todesnacht meines Daseins« (an Mathilde Maier, 5. Mai 1864), auch noch so überschwenglich huldigte – tief beeindruckt, so daß es ihm leicht fiel, dem jugendlichen Schwärmer schwärmerisch zu begegnen (»dass dieser Jüngling der schönste und edelste Mensch ist, [...] ich muss gestehen, dass diese Ueberzeugung sich zu einer wirklich exstatischen Schwärmerei in mir ausbildet«; an August Röckel, 15. Juli 1865). Auf der anderen Seite gebot der Umgang mit dem König, der von seiner herrscherlichen Würde tief durchdrungen war und peinlich auf ihre Respektierung achtete, auch die Befolgung eines Zeremoniells, das die Bekundung alles Persönlichen und Unmittelbaren wenn nicht untersagte, so doch einer Überformung und Umprägung unterwarf, in der die Person zum Untertan wurde und Unmittelbarkeit beiseite trat, um der Ehrerbietung Platz zu machen. Endlich noch: Gegenüber standen sich ein unfertiger achtzehnjähriger König, der die ihm bestimmte Daseinsrolle gerade erst übernommen hatte, und ein fünfzigjähriger Mann mit überlegener Lebenserfahrung, entschiedenem Selbstbehauptungswillen und fester Zielgerichtetheit, dessen Selbstbewußtsein von seinem immer noch wachsenden Ruhm bekräftigt wurde.

Bedenkt man diese vielfältigen und unterschiedlichen Faktoren, dann wird einsichtig, daß die Rollenverteilung und das Rollenspiel im brieflichen Verkehr der beiden durchaus nicht einfach vorgegeben war. Und Wagners Part war dabei der eindeutig schwerere – was in seinen Briefen deutlich hervortritt. Die des Königs sind sozusagen in einer Tonart geschrieben und bleiben sich, insgesamt gesehen, ziemlich gleich; in denen Wagners hingegen sticht gerade der vielfache Tönewechsel hervor, der oft sprunghafte und forciert anmutende Übergang von einer Sprachgebärde in die andere, wobei die Konstellation, die sich in der Rede herstellt, zusammen mit der jeweils übernommenen Rolle vielfach modifiziert wird: nun vertrauteste Nähe, dann von Etikette und Zeremoniell diktierter Abstand, hier die Sprache des wissenden Lehrers und Beraters, dort die eines Begnadeten, der mit Lobpreis und Bewunderung dankt. Dazwischen immer wieder eine Art von Freundschafts- und Liebesrede, die seltsam anachronistisch jene verbale Intimität zu wiederholen scheint, die wir aus den »empfindsamen« Korrespondenzen des 18. Jahrhunderts kennen. Das disproportionierte, letztlich unausgleichbare Verhältnis der beiden brachte so einen auf Schrauben gestellten Briefverkehr in einer Sprache hervor, die gelegentlich sonderbare Blüten trieb. Es ist zwar unverkennbar, daß sich im späteren Verlauf ein gewisser Ausgleich des Unstimmigen herstellt, doch ganz und gar ist es bis zum Schluß nicht aufgehoben. Wagner selbst wußte es und wurde das Unbehagen darüber nie los; die Aufzeichnungen in Cosima Wagners Tagebüchern bezeugen das an vielen Stellen. Da wird das Schreiben an den König »ein immer schwerer werdendes Tun« genannt (21. Dezember 1872); »etwas Künstliches« (27. März 1879), eine »notgedrungene Künstlichkeit« (1. April 1880) hätten diese Briefe; »da herrscht kein guter Ton« (10./11. Juli 1878); und, das Urteil des späteren Lesers antizipierend: »Von seinen Briefen an den König spricht er, daß die Nachwelt, so sie Kenntnis davon erhielte, sie den Ton darin nicht verstehen würde« (18. Juli 1878). Auf Cosimas Antwort, er habe sich ein jedes Verhältnis, in dem er stand, »idealisirt«, entgegnet er: »Ich habe große Sehnsucht, zuweilen furchtbar da die Wahrheit zu sagen.«

Die Wahrheit – doch wohl die über das Verhältnis, in dem er zum König, der König zu ihm stand. Aber was war diese Wahrheit? Trat sie in der von Selbstironie tingierten Klage hervor, »ihm müßte dies widerfahren, daß eine königliche Begeisterung als Monomanie ausfiele« (24. April 1869)? Oder bestand sie in der »Schmach, von diesem König abhängig zu sein«, was ihm »unerhört und unerträglich« dünkte (27. Juli 1871)? Die *ganze* Wahrheit sprachen solche Äußerungen auch nicht aus; denn diese Wahrheit war komplex und setzte sich aus Widersprüchlichem zusammen: »daß diese Briefe immer eine Art Krampf seien«, heißt es in einer Aufzeichnung (28. Mai 1879), »er fühle sich nicht wahrhaftig, und wie viel müsse man sich dann vormachen, um sich zu beweisen, daß es dennoch Wahrheit sei.« »Dennoch Wahrheit« war zum Beispiel die Dankbarkeit, die er zeitlebens empfand und als seine Schuld gegen den König bekannte, der ihm das Leben, das er seitdem führte, ermöglicht hatte und ohne den »er und seine Werke gar nicht mehr vorhanden wären« (25. Juni 1869).

Alle Wahrheiten, die eine Künstlerexistenz betreffen, haben wohl ihre Tages- und Nachtseite, sind aus Wach- und Traumwelt zusammengesetzt. Der Eintritt Ludwigs II. in Wagners Leben war eine Traumerfüllung, die dessen tagesweltliche Suchanzeige nach einem millionenschweren Kapitaleigner von der Art des Instrumentenmachers Streicher erledigte. Es ist eine Pointe, die ein großer Humorist hätte erfunden haben können, daß Wagners letztes, von Cosima überliefertes Wort über sein Verhältnis zum König, zwei Wochen vor dem Tag seines Todes gesprochen, zu jener Erfüllung zurückkehrt und sie revidiert: »er schämt sich [...] des ganzen Verhältnisses. Beklagt es, daß nicht Rothschild ihm eine Million geschenkt« (30. Januar 1883). Daß diese Sätze »von fremder Hand mit Tinte unkenntlich gemacht« wurden – so die Anmerkung des Herausgebers –, mag man als Pointierung der Pointe lesen; denn der damit versuchte Widerspruch gegen das Widersprüchliche behielt offenbar nicht das letzte Wort.

*

In der vorliegenden Auswahl aus der Korrespondenz zwischen Richard Wagner und Ludwig II. ist etwa ein Achtel des überlieferten Bestandes von beinahe 600 Briefen und Telegrammen enthalten. Es ist unvermeidlich, daß in einem solchen Falle die Quantität in Qualität umschlägt, also die Verminderung jener eine Einbuße an dieser bewirkt. Verloren ging vor allem die Geschichte, die sich in dem neunzehn Jahre währenden und mehr oder minder kontinuierlich fortbestehenden Briefwechsel abzeichnet: die Geschichte dieser Beziehung selbst, die Lebensgeschichte Wagners (die des

Königs verdeutlicht sich darin weit weniger), die Geschichte seines Schaffens, seiner Werke und ihrer Aufführungen. Von dem allen treten hier nur mehr Bruchstücke zutage, aus denen der Leser das Ganze nicht zu rekonstruieren vermag (weshalb es wohl unumgänglich ist, zu diesem Behufe eine Wagnerbiographie zu Rate zu ziehen). Auch die Sachverhalte und -zusammenhänge, die vielfach wiederkehrenden Themen, das Mosaik der Selbstdarstellungen geben sich nur noch unvollständig zu erkennen, und Nuancen verdeutlichen sich nicht, weil auch alle Grundtönungen, von denen sie sich abheben, nur andeutungsweise wahrnehmbar werden.

Um mit solcher editorischen Verlegenheit zurecht zu kommen, boten sich zwei Möglichkeiten an, für die ich mich aber nicht entschieden habe: eine Auswahl als Sammlung von Briefstellen, die thematisch von besonderem Interesse oder für die Beziehung der beiden Korrespondenten und ihre Persönlichkeit vorzüglich erhellend wären; oder die Konzentration auf einen bestimmten, kürzeren Zeitraum, etwa die Münchner Jahre 1864/65, um so eine lückenlose Folge von Briefen vorzulegen.

Ich bin statt dessen der Regel gefolgt, die ausgewählten Briefe ungekürzt und Kürzungen die Ausnahme sein zu lassen – nur bei einer Reihe von sehr umfangreichen Briefen waren sie unerläßlich; und ich habe, zum anderen, zwar deutlich mehr Briefe aus den ersten Monaten und Jahren der Korrespondenz aufgenommen, auf den Abdruck von späteren Briefen aber nicht verzichtet. Beides schien mir erforderlich, um zu erreichen, daß auch in dem so beschränkten Umfang dieser Ausgabe zum Vorschein komme, was man – wie man vom Genius loci spricht – den Genius eines Briefwechsels nennen könnte: das, was ihn einzigartig und zu einer (komplexen) Einheit macht.

Von einem gewissen Maß an gewonnener Nähe und Verbundenheit an wird, über alles Typische hinaus, aus jedem Verhältnis zweier Menschen etwas Einmaliges. So wie jeder von beiden sich vor dem anderen zeigt und für ihn da ist, so bringt er sich, innerhalb der Grenzen des Möglichen, die ihm gesteckt sind, nur in diesem Verhältnis hervor. Ein Briefwechsel ist die schriftliche Vergegenständlichung eines solchen Verhältnisses. Die Briefschreiber drücken darin *sich* aus, stellen *sich* dar, und sind doch zugleich Echo des Ausdrucks und der Darstellung des anderen; jeder teilt sich mit und provoziert durch die – vom anderen provozierte – Art seiner Mitteilung wiederum die des Gegenübers. So *korre*spondierend, machen sich beide über ihr Einzeln-Sein hinaus zu dieser unverwechselbaren Gemeinschaft ihres Briefwechsels, in dem sie vereinigt und aufgehoben sind. – Jede Korrespondenz über einen längeren Zeitraum hin ist aber auch ein Prozeß, in welchem sich manifestiert, was zu allem Lebendigen gehört: die Dauer im Wechsel und der Wechsel in der Dauer. Als sich verändernde Gleiche kehren sie sich über die Jahre hin einander zu, und jeder wird für den anderen wie für sich selbst zur Geschichte, an der beide mitgeschrieben haben und in die sich eingezeichnet hat, was beide einander verdanken und was sie sich schuldig geblieben sind, was sie füreinander zu sein und nicht zu sein vermochten; endlich auch das, womit sie, kraft eigenen Wirklich-Seins, zur eingreifenden Wirklichkeit des anderen wurden, und das, womit sie sich nur in einem versuchten, mißlingenden Rollenspiel verfingen, weil ihr Vermögen, sich zu transzendieren, an seine Grenze geriet und wir sie in jene Art von Isolationshaft eingesperrt sehen, die den Namen Ich trägt.

Ein solches Schauspiel bietet jeder bedeutende Briefwechsel, und auch in dem, den Richard Wagner und Ludwig II. von Bayern führten, deckt sich ein gerüttelt Maß vom Glanz und Elend menschlicher Beziehungen auf.

Kurt Wölfel

Über dieses Buch

»Bayreuth«, schreibt Nietzsche, auf das erste Festspieljahr 1876 zurückblickend, »bedeutet den größten Sieg, den je ein Künstler errungen hat«. Der Singularität dieses Sieges entspricht die Einzigartigkeit des Briefwechsels zwischen dem Künstler, Richard Wagner, und dem König, der nicht erster Diener seines Staates, sondern eines Kunstwillens sein will. Selbstbewußt bis zur Rücksichtslosigkeit diktiert der Künstler sich und seinem 32 Jahre jüngeren, königlichen Freund, »wozu wir bestimmt sind«, nämlich gemeinsam die »Kette, welche die Welt an unsre Werke binden soll«, zu schmieden; und in gelegentlich fast taumelnder Hingerissenheit antwortet der König als identifikationsbereites Echo auf die Wünsche, Verheißungen und Verfügungen seines Kunst-Heilands. Von der Möglichkeit, den heillosen Gegensatz zwischen Kunst und Leben, dem Ideal und der Wirklichkeit aufzuheben, redet die bürgerliche Epoche von der Zeit an, wo sie diesen Gegensatz konstatierte. In den Briefen Wagners und Ludwigs II. nimmt diese Rede ihren unermüdlichen Fortgang mit Entwürfen und Utopien, Erkenntnissen und Verkennungen, Einsichten und Blindheiten.
Kurt Wölfel, geboren 1927, ist Präsident der Jean-Paul-Gesellschaft und lehrt Neuere deutsche Literaturgeschichte an der Universität Bonn. Zahlreiche Veröffentlichungen zur Ästhetik und Literatur des 18. Jahrhunderts; ›Jean-Paul-Studien‹ (1989).

ISBN 3-7757-0414-0
Satz, Druck und Reproduktionen: Offizin Chr. Scheufele, Stuttgart
Buchbinderische Verarbeitung: Großbuchbinderei Koch, Tübingen
Gestaltung: Peter Steiner, Stuttgart

Printed in Germany

Umschlag
Richard Wagner. Fotografie von Pierre Petit & Trinquart, Paris, Frühjahr 1860. Bayreuth, Nationalarchiv der Richard-Wagner-Stiftung.
Ludwig II. von Bayern. Kolorierte Fotografie, um 1864. Bayreuth, Nationalarchiv der Richard-Wagner-Stiftung.

KORRESPONDENZEN

ist der Titel einer neuen Reihe im Verlag Gerd Hatje, die den Briefen von Künstlern und Schriftstellern der Moderne gewidmet ist. Die einzelnen Bände halten eine prägnante Epoche im Leben der Briefschreiber fest, sei es durch das freundschaftliche Gespräch mit dem Briefpartner, sei es durch eine Kontroverse, oder sei es im Monolog, der den anderen nur als Folie einer Selbstbesinnung braucht. Die *Korrespondenzen* möchten dem Leser gerade solche Wendepunkte verständlich machen. Die Herausgeber wählen die Texte nach den besten Editionen aus, kommentieren knapp einzelne Sachverhalte und erhellen durch ein Nachwort die historische und biographische Situation, in der der Briefwechsel entstanden ist. Besonders bei Malern und Bildhauern fördern zahlreiche Abbildungen die Anschaulichkeit ihrer Korrespondenz.

Bereits erschienen:

KORRESPONDENZEN 2
Pierre Bonnard und Henri Matisse
Briefe und Karten
Vorwort von Jean Clair
Einführung und Anmerkungen von Antoine Terrasse
Aus dem Französischen von Annette Holoch
Broschur, 13 × 22 cm, 132 Seiten
mit 37 Abbbildungen
ISBN 3-7757-0415-9

KORRESPONDENZEN 3
Wassily Kandinsky und Arnold Schönberg
Der Briefwechsel
Herausgegeben von Jelena Hahl-Koch
Broschur, 13 × 22 cm, 120 Seiten
mit 10 Abbildungen
ISBN 3-7757-0434-5

KORRESPONDENZEN 4
Dalí Lorca Buñuel
Aufbruch in Madrid
Herausgegeben von Ralf Schiebler
Broschur, 13 × 22 cm, 184 Seiten
mit 15 Abbildungen
ISBN 3-7757-0457-4